“행복시대”를 위한
# 개인자산관리의 이해

승자를 위한 이른바 ‘성공시대’는 이제 막을 내려야 한다.

성공시대는 서열화를 의미한다.

인간의 삶이 궁극적으로 행복의 추구에 있다면

이제는 객관이 아니라 주관의 시대로 넘어가야 한다.

행복시대는 주관화의 시대를 의미한다.

행복의 함수는 개인이 창출하며

삶의 의미를 행복의 극대화에 둘 때

모든 사람은 이것을 성취할 수 있다.

신종욱 저

비앤엠북스

# 서문

이윤을 추구하는 금융산업이 개인, 특히 고소득자와 부자를 주목하면서 이들을 대상으로 하는 영업을 강화하기 시작하였고 또한 인류의 장수현상이 심화되면서 지속적이고도 장기적인 자산관리의 필요성이 대두되었는데, 이러한 배경을 가지고 등장한 자산관리라는 용어는 현대인에게 있어 더 이상 낯설지 않은 단어가 되었다.

이 책은 '자산관리' 라는 단어의 출현과 성장을 바라보면서 '제대로 된' 자산관리란 과연 무엇이고, 암묵적인 목적이라 볼 수 있는 부의 유지와 확대, 혹은 한 발짝 더 나아가 이른바 '성공' 을 향한 몸짓과 노력이 진정한 자산관리의 측면에서 어떠한 문제점과 부작용, 모순점을 가질 수 있는지 고민해보고 검토해보고자 한다.

현실생활 속에서 매일 체험하는 바와 같이 오늘날 많은 사람들은 부의 축적 그리고 그 형제라고 볼 수 있는 성공을 꿈꾼다. 아니 과거에 비해 부와 성공에 대한 갈망은 좀 더 강도를 더해가고 있다. 그러나 이러한 '부자 되기' 와 같은 '성공시대' 가 우리들 대부분의 삶을 더 풍요롭게 했다는 증거는 어디에서도 찾아볼 수 없다. 오히려 짙은 절망이 사람들의 얼굴 속에 숨겨져 있다.

이 책은 자산관리에 대한 방법론을 논의하기에 앞서 우리가 추구하는 '부' 와 '성공' 의 궁극적 목표가 무엇인지를 묻는다. 그리고 만일 그 목표가 인간 모두가 추구하는 바임에 대해 반론이 많지 않은 이른바 '행복' 이라면 이에 따른 구체적인 자산관리방법은 어떻게 되어야 하는지를 언급한다.

우리가 개인자산관리를 논하면서 성공이 아닌 행복에 초점을 맞춰야 하고 또한 그럴 수밖에 없는 이유는, 이것이 우선 검증된바 인생의 진리를 다루기 때문이기도 하지만 또 하나는 글로벌화의 시대는 이른바 소수의 승자와 대다수의 패자를 낳을 수밖에 없다는 현실이 있기 때문이다.

성공은 달콤한 유혹이다. 하지만 인생의 경험을 통해 우리는 지금까지 무엇인가 잘못된 것을 추구해왔음을 깨닫기도 한다. 엘리자베스 퀴블러 로스는 그의 책 『인생수업』에서 "…(임종을 앞둔) 사람들은 자신들이 성취해낸 것들을 자랑스럽게 회상하면서도 삶에는 그것보다 중요한 것이 있음을 발견합니다. 너무나 많은 사람들이 항상 생산적이고 성공적이어야 하며 끊임없이 무엇인가를 이루어야 한다는 강박관념에 시달립니다. 지금 세대의 사람들은 일하는 법은 알지만 존재하는 법은 잘 모릅니다. …지난 삶을 되돌아보면서 그들이 가장 많이 하는 후회는 '인생을 그렇게 심각하게 살지 않았어야 하는 건데' 하는 것입니다"라고 말한다.

자산관리라는 매우 현실적이고도 실천적인 주제를 다루고 있지만 행복을 기조로 삼는 이 책의 관심사는 사랑이다. 왜냐하면 행복의 반려자는 사랑이며 인간—우리—은 비유하면 사랑의 개울에서 헤엄치는 한 마리 물고기이기 때문이다. 그리고 인간이 아름다움, 명성, 부 등을 추구하는 이유는 이것들이 다른 사람의 인정을 얻어내고 관심을 끌기 때문이라는 알랭 드 보통과 의견을 같이하기 때문이다.

좀 더 구체적으로 우리가 '성공의 불안'에서 해방되며 궁극적으로 행복해질 수 있는 방법에 대해 이 책은 우선 삶의 기쁨을 가져다주는 것들로 다음을 전제한다. 상대적 측정이 가능해 보이는 돈이나 직업적 성공, 명예 등은 그 절대적 크기를 키우기도 결코 쉽지 않지만 기본적으로 한계효용체감의 법칙 즉 그 규모나 회수가 커짐에 따르는 추가적인 만족감의 증가는 나아갈수록 줄어든다는 법칙의 적용을 받고 있다고 보기 때문에 행복을 늘리는 것은 상당히 제한적일 수밖에 없다는 전제가 그것이다. 그렇다면 행복을 증진시키는 여타 항목들 즉

# 서문

삶의 의미라든가 도덕적 가치 등을 생각해봐야 하는데 이것들 역시 면밀히 검토할 경우 궁극적으로 다른 사람에게 받을 수 있는 사랑 혹은 인정으로 통역되고 귀결된다.

지금까지 개인재무관리 혹은 개인자산관리, 그리고 좀 더 포괄적으로 보면 이른바 '성공'을 위한 자기계발서들이 많이 나와 있다. 하지만 이러한 책들의 대부분은 위에서 언급한 바와 같이 개인이 궁극적으로 무엇을 추구하고 있느냐 하는 '목적'에 대한 정의가 없이 그저 경제적 안정 혹은 부의 축적을 위해 관리나 계획이 필요하다고 언급하는 데 불과하다. 이와 관련하여 알랭 드 보통은 그의 책『불안』에서 "19세기 초부터 서양의 서점들은 자수성가한 영웅들의 자서전이나 아직 자수성가하지 못한 사람들을 겨냥한 조언집, 인격을 일괄적으로 개조할 수 있고 금세 엄청난 부와 큰 행복을 얻을 수 있다고 주장하는 교훈담으로 독자들에게 영감을 주었고 또 의도와는 달리 그들을 슬프게 했다"라고 지적하고 있다.

또한 기존의 개인재무관리 책들은 저축, 투자, 위험관리, 절세계획, 은퇴계획 등 관련 주제를 논하는 과정에서 이것들이 서로 일관성 있게 연결되도록 하지 못하고 있다.

이 책은 행복을 기조로 하고 있기 때문에 자산을 단지 돈과 관련된 물질적, 유형적 자산 즉 재산에 국한하지 않는다. 왜냐하면 행복의 생산은 돈 이외에도 건강과 화목한 가족 등 다양한 요인에 의해 이루어지기 때문이다. 따라서 자산을 행복을 생산하는 생산요소라고 정의한 다음 재산과 같은 유형적 자산뿐 아니라 시간, 지식, 건강, 신용, 가족 등의 무형적 자산을 모두 편입시켰다. 그리고 행복의 추구라는 통일적인 관점에서 볼 때 투자와 재산형성 등의 접근방식

# Preface

이 과거와는 상당히 다를 수 있다는 점을 보여주고자 하였다.

이 책을 통해 이르는 결론 중의 하나는 우리의 목을 죄고 있는 그리고 소수의 승자를 위해서만 존재하는 이른바 '성공시대'는 이제 막을 내려야 할 필요가 있다는 것이다. '성공시대'는 서열화를 의미한다. 그러나 인간의 삶이 궁극적으로 추구하는 것이 행복이라면 이제는 객관적 서열화가 아니라 주관적 득의(得意)의 시대로 넘어가야 한다. 행복의 함수는 개인이 창출하며 삶의 의미를 행복의 극대화에 둘 때 모든 사람은 이것을 성취할 수 있다.

이것은 또한 '비교'의 시대에서 '비중'의 시대로 넘어감을 의미한다. '비중의 시대'는 행복을 가져다주는 비중이 각 개인에게 놓여 있으며 이런 측면에서 신앙 등의 역할이 중요하다. 왜냐하면 신앙에 있어 인간의 평가기준은 비교 및 순위가 아니라 진리에의 '적합성'에 있기 때문이다.

18세기의 철학자이자 사회개혁가인 제레미 벤담이 역설한 '최대 다수의 최대 행복'은 아직도 유효하다. 하지만 행복을 위한 '관리'의 문제는 여전히 개인의 몫이며 '제대로 된' 개인자산관리는 향후 오랫동안 우리 모두의 숙제로 남아 있을 것이다.

이 책이 출간되는 데 물심양면으로 성원해주신 여러분께 감사하다. 또 좋은 책이 되도록 큰 힘이 되어준 정광식 사장께 진심으로 감사를 드린다.

2011년 8월

신종욱

## 차례

# I. 개인자산관리의 기초

Contents

# II. 재산형성과 부채관리

차례

Contents



# Ⅳ. 거래성 자산의 관리와 투자

# 차례

Contents

차례



# V. 개인위험관리와 보험

Contents

차례

# VI. 세금관리

Contents

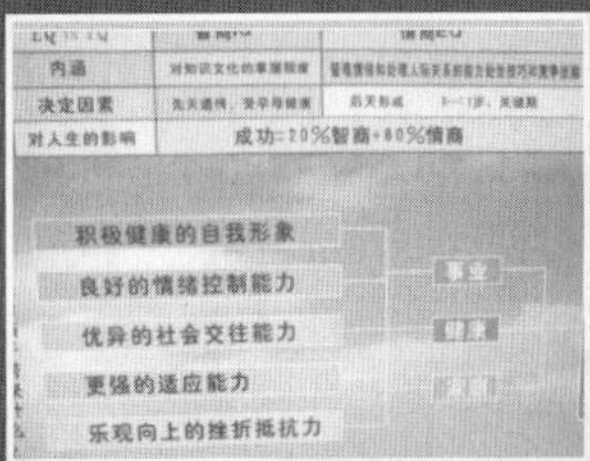

内涵
决定因素
对人生的影响
成功=20%智商+80%情商
积极健康的自我形象
良好的情绪控制能力
优异的社会交往能力
更强的适应能力
乐观向上的挫折抵抗力

# 개인자산관리의 기초

# I

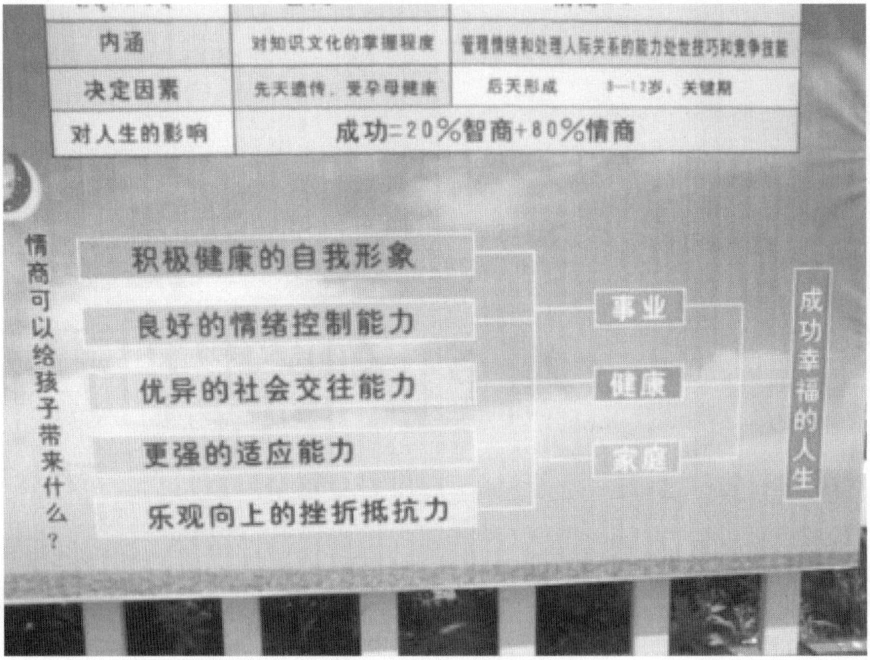

중국의 한 초등학교 앞에 게시되어 있는 성공과 행복에 관한 안내문

Give me neither poverty nor riches, but give me only my daily bread.
Otherwise, I may have too much and disown you and say,
'Who is the Lord?'. Or I may become poor and steal,
and so dishonor the name of my God. –Proverbs 30:8–9

우리에게 우리 날 계수함을 가르치사
지혜의 마음을 얻게 하소서. –시편 90:12

*Personal Asset Management*

# 제 1 장

# 개인자산관리의 전제요건과 행복

# | 들 | 어 | 가 | 기 | 에 | 앞 | 서 |

'개인자산관리' 라는 교양과목을 대학에서 개설하고 종종 왜 이 과목을 굳이 선택하였는지 학생들에게 물어보았을 때 가장 흔하게 듣는 대답은 '돈 혹은 부에 대한 관심 때문에' 라는 것이다. 물론 좀 더 솔직하고 간결하게 표현한다면 아마도 '어떻게 하면 쉽게 그리고 빨리 돈을 벌 수 있는지' 그 방법을 알고 싶어서라고 해도 다르지 않을 것이다.

이에 대해 금융 분야를 전공하고 실전경험도 만만찮게 쌓은 교수가 수업 초기에 일찌감치 그리고 단호하게 제시하는 결론은 '없다' 이다. 왜냐하면 실제로 그런 방법은 동서고금을 막론하고 존재하지 않기 때문이다.

그렇다면 이 과목 혹은 이 책에서 말하고자 하는 것은 무엇인가?

간단히 줄이면 '제대로 된 자산관리란 무엇인가' 하는 것인데 구체적으로 두 가지이다. 첫 번째는 기존의 자산관리(실제적으로는 주로 재산관리 및 세금관리)의 최종 목표가 이것을 통해 나 자신의 삶을 만족스럽게 혹은 행복하게 하고자 함에 있다면 자산의 정의는 달라져야 한다는 것이다. 자산에는 주식, 부동산 등의 재산 외에도 비록 보이지는 않지만 시간, 건강, 지식 등 이른바 개인의 행복감에 영향을 미치는 개인의 모든 소유물이 포함되어야 하기 때문이다.

그렇다면 이것은 과거의 접근방법과 무엇이 다른가?

우리는 흔히 주식, 부동산 등에 대한 투자행위에 있어 '돈' 만 투자되었다고 생각하지만 그렇지 않다. 이제 우리는 돈뿐만 아니라 소중한 자산의 하나인 시간, 그리고 때로는 손실에 대한 우려 등으로 인한 건강 역시 동시에 투자되었다고 인식해야 하며, 이에 따라 투자수익률 자체를 '돈+시간+건강' 에 대한 종합적 투자수익률로 따져봐야 한다.

두 번째는 비록 단기간에 이룰 수 있는 것은 아닐지라도 높은 수익률을 낼 수 있는 혹은 부자가 될 수 있는 자산관리방법 자체가 과연 존재하는가에 대한 답변이다. 이것은 '그렇다' 이며, 그 구체적인 내용은 '거래성자산의 관리와 투자' 에서 논할 것이다.

이 장은 개인자산관리의 개요로, 개인자산관리에 대한 개념 정리 혹은 다른 말로 학문적 고찰을 통해 우리가 알고자 하는 바가 무엇인지를 일단 소개한다. 그리고 이어서 개인자산관리의 전제조건과 가정에 대해 언급한다. 투자론을 포함하는 경영학은 사회과학에 속하는데 사회과학은 특정한 전제조건과 가정이 주어진 상태에서만 어떠한 결론에 도달할 수 있다. 따라서 우리가 개인자산관리에 관한 내용을 본격적으로 다루기 전에 이러한 과정을 거치는 것은 당연하다고 할 수 있다.

이 장에서 다루는 마지막 주제는 인간의 행복에 관한 내용이다. 개인자산관리에서는 우리가 자산관리를 하는 이유가 궁극적으로 행복의 추구에 있다고 보며 이에 따라 인간의 행복이 어떻게 달성되는지를 알아보는 것은 중요하다.

## 1. 개인자산관리의 개요

현실에서 볼 수 있는 자산관리가 가지고 있는 목표는 기존 자산(재산)의 안전한 유지와 나아가 손실의 가능성을 개인이 감당할 수 있는 허용치 이내로 조절한 상태에서의 자산(재산)의 확대라고 볼 수 있다.

그러나 우리가 자산관리를 하는 궁극적 이유는 단순히 자산(대부분 재산)의 운용과 확대에 있지 않고 그것을 통해 개인이 이루고자 하는 목표, 예를 들어 주택자금이나 자녀학비의 확충, 노후생활비 충당 등을 달성하고자 하는 것에 있다. 그리고 여기서 한 발짝 더 나아가면 이것을 통해 개인의 만족감 혹은 행복을 달성하고자 하는 것이라고 볼 수 있다.

이 책에서 다루는 개인자산관리는 이러한 현실적 사실(fact) 혹은 경험을 근거로 하며 이에 따라 다음과 같이 개인자산관리의 개념을 정리해보았다.

개인자산관리(personal asset management)란 글자 그대로 단체가 아니라 개인에 관한 문제요, 또한 선천적 혹은 후천적으로 주어진 자산(asset)에 관한 문제요, 그리고 마지막으로 관리 혹은 경영(management)에 관한 문제를 다루는 것이다. 개인자산관리를 한 문장으로 줄이면 '개인이 오직 한 번 주어진 인생을 살아가면서 자신에게 주어진 자산을 어떻게 관리할 것인가 하는 문제를 궁구해보는 것' 이다.

상식적으로 여기에는 정답이 없다. 일견 가시적인 물적 자산이 별로 없어 관리할 대상이 없는 경우도 흔히 있고, 불확실성이 가중되어 비록 계획을 세운다 하더라도 자신이 컨트롤할 수 있는 영역이 별로 없어 보이는 현실 속에서 무엇인가를 관리하고 계획한다는 것이 얼마나 의미 있는지 하는 지적 회의나 방기로 연결될 수도 있다. 게다가 이러한 문제에 대한 대답은 궁극적으로 개개인의 인생관과 세계관 등에 기초할 수밖에 없기 때문에 어떠한 형태의 귀결이든 답을 찾는 것 자체가 너무나 단순한 발상처럼 보일 수 있다.

이러한 의문들에 대한 답변은 다음과 같다. 우선 마지막 의문에 관해서는, 사람의 얼굴 모양만큼이나 서로 다른 개인가치의 다양성에도 불구하고 대부분의 우리는 의식하든 그렇지 못하든 유사한 형태의 삶을 살아간다. 지역을 달리하고 언어를 달리하고 지적, 경제적 수준을 달리하지만 살아가는 방식은 크게 다르지 않고 또한 통신 및 운송수단의 발달로 인한 지구촌 개념의 확대는 개인이 처한 경제적, 사회적 상황을 보다 유사하게 만들고 있다. 즉, 개인 경제생활의 일반적인 측면들을 중심으로 한 자산관리방법을 연구할 필요성은 어느 정도 확보되어 있다고 해도 과언은 아니다.

다음으로 적극적인 자산관리가 필요한 이유는 자산가치의 유동성과 상대성 때문이다. 무슨 말인가 하면 지금 당장 관심을 가지고 관리해야 할 자산이 없고 특별히 자신이 나서서 할 수 있는 일이 없어 보일지 모르지만 그냥 그대로 막연히 있는 그야말로 무위의 상태 역시 상당한 결과를 만들어내고 있다는 사실이다. 우선 개인에게 있어 가장 유한하며 소중한 자산인 시간이 소비되고 있다. 다음으로 만일 빚이 있는 경우라면 이 순간에도 빚은 복리라는 과정을 거쳐 기하급수적으로 불어나고 있다. 그리고 건강 역시 지속적으로 시간을 투자하고 관리하지 않는 이상 나이라는 단 하나의 이유만으로도 조금씩 쇠퇴해가고 있으며 정보와 지식이 생산성을 결정하는 현대에 정지되고 낡아버린 지식은 쓸모가 없다. 한마디로 자산관리의 세계에서 부동은 대부분 후퇴를 의미하는데 이것은 마치 서 있는 자동차가 달리는 자동차에 비해 뒤처지고 있을 뿐 아니라 점차 기능을 잃어가며 녹슬어가는 것에 비유할 수 있다.

이 책에서 다루는 개인자산관리의 가장 큰 특징은 자산관리의 목표를 '행복의 극대화'에 두고 이에 따라 자산의 종류를 유형적 재산에 국한시키지 않고 궁극적으로 행복을 생산할 수 있는 것들까지 포함시킨다는 것이다. 그러므로 이 책에서 말하는 자산에는 행복을 생산하는 생산요소라는 개념하에 시간, 지식, 건강, 신용, 가족 등의 무형적 자산까지도 모두 편입된다.

그 이유는 몇 가지가 있다. 우선, 비록 우리에게 만족을 가져다주는 재화나 용역으로 바꿀 수 있는 가시적 자산을 모으는 것에 가장 많은 관심을 둔다고 하더라도 궁극적으로 우리가 추구하는 것은 행복, 만족 등과 같은 비가시적인 것이기 때문이다. 예를 들어 한 개인이 많은 재산을 축적했다고 하더라도 그 과정에 나타난 문제로 말미암아 가족의 해체를 겪고 더불어 많은 고통을 겪는다면 자산 혹은 재무관리는 결코

그림 1-1» 다양한 개인자산의 종류

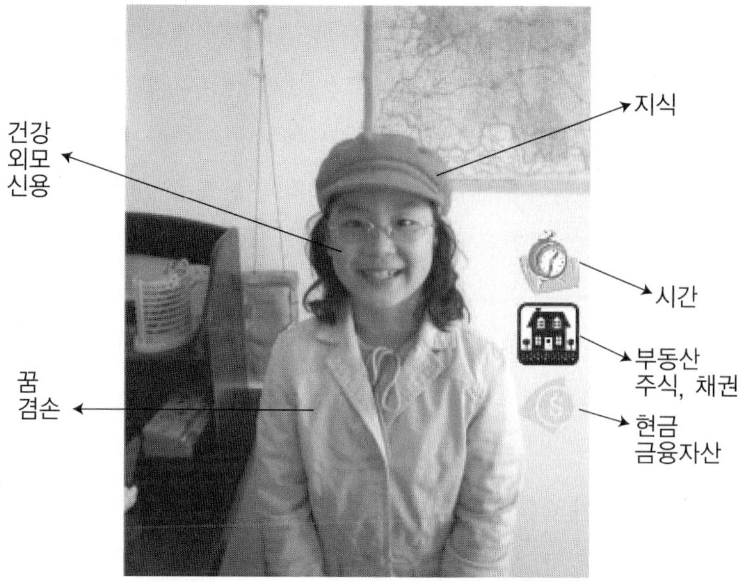


성공적이라고 볼 수 없다. 다음으로 현대에 들어서 상대적 가치가 커지는 자산들이 점차 무형화되고 있기 때문으로, 지식이나 건강, 신용이 대표적이다. 마지막으로 유·무형의 자산들은 여러 방식으로 밀접하게 연결되어 있기 때문이다. 예를 들어 우리가 가지고 있는 집이라는 부동산만 하더라도 그 가치는 지식과 시간 등이 투입된 종합적 산출물이며, 그 가치 자체도 무형적 자산에 의해 변할 수 있는 특성을 가지고 있다.

## 2. 개인자산관리의 전제조건과 가정

### 1) 인간의 조건

이 책에서 논의되는 개인자산관리에는 두 가지 전제와 세 가지 핵심적인 가정이 있다. 두 가지 전제는 인간의 삶이 유한하며 불가역하다는 것과 자산확보 및 유지의 불확실성이다. 그리고 세 가지 가정은, 우선 인간은 자산관리를 통해 궁극적으로 행복을 추구한다는 것이다. 따라서 이 경우 행복을 생산하는 모든 것은 당연히 자산에 포함되어야 한다. 두 번째 가정은 한계효용(행복)체감의 법칙으로, 이것은 자산의 크기가 증가할수록 만족 혹은 행복감이 증가하지만 그 증가 정도는 자산의 크기가 커질수록 감소한다는 것이다. 마지막으로 세 번째 가정은 인간이 자산의 보유를 통해 실제적으로 느끼는 행복감은 보유자산의 크기에 대한 기대치와 반비례관계가 있다는 것이다.

이러한 전제들과 가정들이 등장하는 이유는 자산관리의 대상이 비록 자산이지만 결국 자산을 소유하고 향유하는 주체는 인간이기 때문인데, 구체적으로 들면 다음과 같다.

우선 첫 번째 전제조건인 인간수명의 유한성과 불가역성은 자산관리에 있어 제한조건으로서의 의미를 가지고 있다. 사회과학 특히 경제학처럼 인간의 현실적인 상황을 다루는 학문에서는 인간의 선택에 있어 제한조건을 중시한다. 예를 들어 재화를 구매하는 소비자는 무엇을 구매할 것인가를 결정할 때 어느 재화가 자신의 만족도를 상대적으로 더 크게 할 것인가를 고민하게 되는데 그 배경에는 무엇보다 자신이 가진 돈이 제한되어 있다는 것이다. 마찬가지로 인간의 경우도 되돌릴 수 없는 단 한 번의 인생이 주어져 있고, 또한 이 인생은 시간적으로 매우 제한적이다. 그런데 이 시간은 마치 개인의 경제적 선택에 있어 돈처럼 다른 자산으로 바꿀 수 있는 환자산성을 가지고 있다. 즉, 시간은 건강, 지식 혹은 노동을 통한 소득을 통해 실질적 재화로 바뀔 수 있는 특징을 가지고 있으며 따라서 시간은 자산 중에서도 매우 유용하며 또한 그 자체로 높은 가치를 지닌 자산이라고 볼 수 있다.

두 번째 전제조건인 자산확보 및 유지의 불확실성 역시 현실생활과 밀접한 관계를 가지고 있다. 자산은 본래 획득이나 소유 자체가 불확실하다. 어느 누구도 개인이 원하는 어떤 자산을 분명히 가질 수 있다고 말할 수 없으며 또한 비록 그 자산을 보유한다고 하더라도 그 보유기간을 통제할 수 있는 능력을 가지고 있지 못하다. 결국 인간은 언제든지 현재 보유하고 있는 자산을 잃어버리게 될 가능성을 가지고 있다. 예를 들어 집, 건강, 명예, 가족 등 모두가 이러한 영역에 들어 있다.

그리고 세 개의 가정 중 첫 번째 가정은 인간은 자산의 소유 및 관리를 통해 궁극적으로 행복을 추구한다는 것이다. 이 가정은 사실 논란의 여지가 있으며 '인간이란 무엇인가?'라는 인간이 지금까지도 해답을 찾기 위해 노력 중인 철학의 가장 근원적이요 핵심적인 문제와 연결되어 있다. 그리고 행복이란 무엇인가에 대해서도 정의되어야 한다. 그러나 행복에 대한 정의가 사람마다 다양하다 하더라도 단지 욕구하는 바가 갖추어진 이른바 안락하고 편안한 상태가 아니라 비록 육체적으로 안락하지는 못하더라도 일반적인 '마음의 만족스러운 상태'를 의미한다고 할 때 인간이 행복을 추구한다는 가정은 큰 무리가 없을 것이다. 왜냐하면 대부분의 사람들이 자신에게 주어진 시간 등 자산의 관리를 통해 명예, 부 등 이른바 사회적 가치를 추구하는 것도 결국은 이것들이 흡족한 마음의 상태를 가져다줄 것으로 믿기 때문이며, 또한 간단히 말했을 때 정상적인 인간으로서 정반대의 개념인 '불행'을 추구하는 사람은 없을 것이기 때문이다.

두 번째 가정은 한계효용(행복)체감의 법칙이다. 이것은 실제적으로 개인자산관리에 있어 가장 중요한 가정인데 비록 재산이 아무리 많고 더 큰 지위와 명예를 가지더라도 인간의 만족감(행복)이 크게 늘어나지 않는 것은 현실의 생활 속에서도 얼마든지 볼 수 있는 현상이다. 만일 자산의 크기와 만족감이 비례한다면 이 세상에서 제일 행복한 사람은 제일 돈 많은 부자가 되어야 하고 가장 높은 권력을 가진 자가 되어야 하지만 현실은 결코 그렇지 않다. 게다가 두 번째 가정은 두 번째 전제조건, 즉 현재 가지고 있는 자산은 자신의 완벽한 통제 안에 들어 있지 않다는 것과 연관되어 있다. 인간은 어떤 자산을 보유하게 되는 순간 그것을 잃어버릴 염려로 인해 불안해하며 더구나 그 가치가 크게 느껴질수록 더욱 그러하다. 이러한 속성을 가진 대표적 자산으로 바로 권력이나 명예와 같은 것들을 들 수 있다.

세 번째 가정은 흔히 하는 이야기처럼 기대가 크면 실망도 크다는 것이다. 즉, 자신이 최소한 어느 정도의 자산을 가져야 한다고 하는 일종의 최소기대치가 존재한다면 그 자산의 보유를 통해 느끼는 행복감은 그 최소기대치가 클수록 줄어들며 작을수록 늘어날 것이다(〈그림 1-2〉 참조).

**그림 1-2》 인생의 기대치와 행복지수**

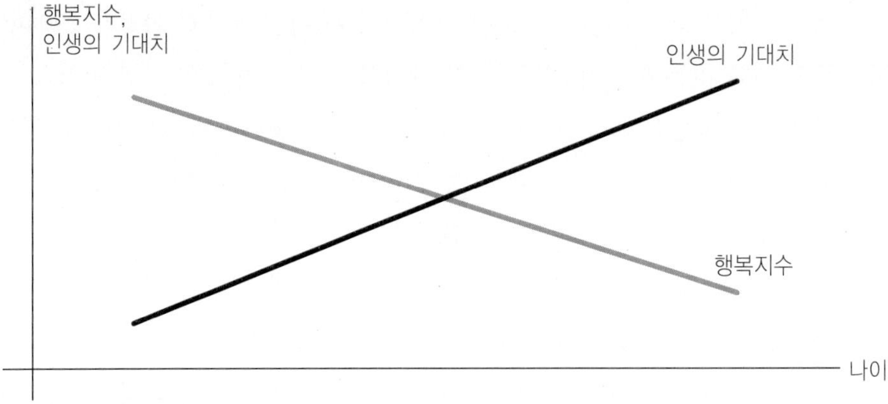


예를 들어 운동경기에서 접전하였으나 패해 2위에 그친 것보다 예상치도 못한 3위를 했을 때 선수들이 더 기뻐한다고 한다.[1)]

그러면 이상의 두 가지 전제와 세 가지 가정이 조합되는 경우 개인자산관리에 있어 의미하는 바가 무엇일까?

우선 시간상 일직선상에 놓여 있어 불가역적인 인생은 다시 한 번 반복할 수 없다. 따라서 인생의 총체적인 행복을 위해서는 어느 특정시기마다 반드시 이루어야 할 일이 따로 있다는 것을 의미한다. 예를 들어 대부분의 가정에서 40대 가장은 직업적인 일과 관련하여 가장 활발하고 바쁜 시기이며 따라서 시간의 가치가 가장 커지는 시점이다. 그런데 공교롭게도 이 시기는, 우리나라의 많은 가정에서, 자녀들이 중학교에 재학 중에 있고 또한 사춘기를 맞기 때문에 부모의 관심과 배려 그리고 함께 보내는 시간이 절실해지는 때이기도 하다. 그런데 만일 이 시기에 주식이나 부동산 등 이른바 위험자산에 투자한 가장이 투자문제로 많은 시간을 보내면 어떻게 될까. 비록 재산을 조금 더 늘려나갈 가능성은 커질망정 자녀의 인생에 많은 영향력을 미칠 수 있는 그리고 다시는 돌아오지 않을 자녀와의 소중한 시간을 놓쳐버리고 가족이라는

1) 오스트레일리아 국가대표팀의 수석 심리학자 그레엄 윈터스의 말임. 리즈 호가드, 『행복 : 영국 BBC 다큐멘터리, 행복 전문가 6인이 밝히는 행복의 심리학』(이하 『행복』으로 표기함), 예담, 2006, p. 33 참조.

행복자산에 대한 손상을 초래하게 될 것이다.

다음으로 인간의 유한성과 행복의 추구는 주어진 시간 내에 무엇을 해야 하는지 우선순위를 정하기를 요구한다. 결국 자신의 많은 자산이 투입된 그 무엇이 인생의 총체적 행복을 극대화하는가를 따져보도록 하는데, 이 경우 자신을 인생의 결산시점인 죽음을 맞는 시점에 내려놓고 삶을 반추하는 형식을 취했을 때 내리는 결론이 무엇인지 상상해볼 필요가 있다. 대문호 톨스토이를 비롯하여 많은 사람들이 죽음에 이르러 자기 인생의 가치에 대해 궁구할 계기를 갖게 되었을 때 대부분의 경우 우리가 평소에 추구하는 부나 명예, 그리고 아름다움 등과는 전혀 다른 것들을 대안으로 내놓았다.

마지막으로 두 번째 전제와 두 번째 및 세 번째 가정은 개인의 행복을 결정하는 것으로 외부요인보다 내부요인이 더 중요함을 말하고 있다. 즉, 자산 확보와 유지가 불확실하며 또한 결코 쉽지 않은 자산의 확대가 행복의 달성에 있어 체감법칙의 적용까지 받는다면 행복감을 늘리는 데 있어 보다 효율적인 방법은 내부요인을 컨트롤하는 것, 즉 기대치의 조정이 될 수 있다.

그림 1-3» 개인자산관리의 두 가지 전제조건과 세 가지 가정

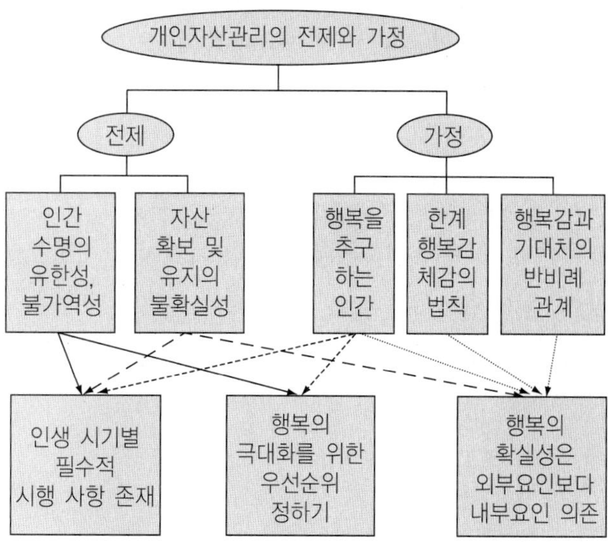

## 2) 행복과 불행의 조건

위에서 언급한 바와 같이 개인자산관리와 관련하여, 인간은 자산을 통해 궁극적으로 행복을 추구하며 그리하여 행복의 극대화가 자산관리의 목표가 될 수 있다고 한다면, 가장 근본적인 질문은 인간에게 행복의 조건은 무엇이며 어떤 사람이 행복한가 혹은 불행한가가 될 것이다.

행복학에 대한 이론과 이론에 대한 사회적 실험을 시도했던 리즈 호가드(Liz Hoggard)는『행복 : 영국 BBC 다큐멘터리, 행복 전문가 6인이 밝히는 행복의 심리학』에 행복의 조건이나 상태에 대하여 흥미로운 내용들을 담아놓았다.

예를 들어 사회학자들이 바라본 행복은 직업적 성공이나 돈, 권력, 명예 등 거창한 것이 아니라 '친밀한 가족, 공동체, 쾌적한 환경, 사람에 대한 신뢰, 스트레스가 적은 출퇴근'처럼 훨씬 단순하다.[2] 또한 돈과 관련하여 이 책은 〈포브스〉 선정 세계 최고의 부자 400인의 행복수준은 동아프리카 마사이족의 목동과 동일하며,[3] 미국의 경우 복권 당첨자들과 그렇지 않은 사람들의 행복수준 역시 별 차이가 없었다고 말한다.[4]

이러한 내용을 보면 행복의 조건은 우리 사회에서 현실적으로 많은 사람들에 의해 추구되는 것들과는 다소 거리를 두고 있음을 알 수 있으며 톨스토이가『안나 카레리나』의 서두에서 말한 바와 같이 불행의 사유가 다양하고 복잡한 반면 행복의 이유는 비교적 단순하다고 하는 것에 공감할 수 있다.[5]

한편 행복을 제대로 이해하기 위해서는 일반적으로 불행하다고 느끼는 몇 가지 여건들에 대해 생각해볼 필요가 있다. 왜냐하면 행복은 불행의 조건들이 어느 정도 배제된 상태여야 하며 행복에 비해서는 불행의 여건이 상대적으로 단순하여 행복에 대한 개념을 보다 쉽게 하기 때문이다.

---

2) 리즈 호가드, 앞의 책, p. 11.
3) 리즈 호가드, 위의 책, p. 124.
4) 리즈 호가드, 위의 책, p. 38.
5) 윤석철,『경영, 경제, 인생 강좌 45편』, 위즈덤하우스, 2005, p. 139.

불행의 개념을 단순화하기 위해 불행으로 연결되는 대표적인 것들을 들자면 병과 같은 육체적 고통, 가난과 같은 경제적 고통, 그리고 심리적 고통들이 있는데 예를 들어 감금, 불안, 심한 열등의식 등이다. 여기서 경제적 고통에는 절대적 빈곤과 상대적 빈곤이 있으며, 상대적 빈곤의 경우 비록 의식주와 같은 절대적 빈곤문제가 해결된다 하더라도 다른 사람들과의 비교를 통해 느끼게 되는 빈곤감을 말한다. 물론 불안이나 공포를 부르는 전쟁, 실직, 사고, 그리고 상실감, 고독을 야기하는 실연이나 이별 등과 같은 사건 혹은 이벤트들이 불행의 상태를 초래하기도 한다. 하지만 이러한 것들은 개인의 통제하에 놓여 있지 않거나 혹은 궁극적으로 위에서 언급한 육체적, 경제적, 심리적 고통 등에 연결되어 있으며, 따라서 자산관리라는 주제의 논의 대상이 되지 않는다. 더구나 그러한 고통의 특징은 인간의 본능적 욕구인 생존문제와 결부되어 있고 또한 상당히 예외적인 상황이기 때문에 개인자산관리의 고려사항에는 포함되지 않는다.

불행에 대해 언급한 문헌상의 내용들을 찾아보면 다음과 같다. 불행의 한 형태라고 볼 수 있는 고독과 불안에 대하여 실존철학자 키르케고르는 인간은 의지할 곳이 없어지면 고독해지고 고독은 결국 불안으로 이어진다고 하였나.[6)]

불행의 한 형태라고 볼 수 있는 불안을 가져다주는 원인에 대해서 알랭 드 보통(Alain de Botton)은 『불안』에서 매우 흥미롭고 날카로운 지적을 한다. 그는 현대인이 지위를 바라고 이것을 얻지 못하거나 잃을까 봐 불안해하는 원인에 대해 네 가지로 정리한다. 사랑결핍, 인간의 속물근성, 기대, 능력주의, 불확실성 등이다.

우선 사랑결핍과 관련하여 알랭 드 보통은 인간은 천성적으로 세상이 주는 사랑 혹은 다른 사람의 관심을 필요로 한다고 말한다. 태어날 때부터 자신의 가치에 확신을 갖지 못하고 괴로워할 운명을 타고 태어났기 때문인지 모르지만 우리는 이러한 관심을 받지 못할 때 고통에 이르기까지 한다는 것이다. 이러한 인간의 성향과 관련하여 그는 "우리의 에고나 자아상은 바람이 새는 풍선과 같다. 늘 외부의 사랑이라는 헬륨을 집어넣어주어야 하고 무시라는 아주 작은 바늘에 취약하기 짝이 없다"고

6) 윤석철, 앞의 책, p. 140.

지적한다.[7)]

한편 인간이 추구하는 돈, 명성, 영향력에 대해 드 보통은 "그 자체로 목적이라기보다는 사랑의 상징으로서－그리고 사랑을 받을 수 있는 수단으로서－더 중시되는 것인지도 모른다"[8)]라며 돈을 모으려는 노력을 경제적인 이유만으로는 결코 설명할 수 없으며 오히려 "부자가 자신의 부를 즐거워하는 것은 부를 통해 자연스럽게 세상의 관심을 끌어모은다고 생각하기 때문이다"[9)]라고 설명한다.

드 보통이 제시하는 사회적 지위를 얻지 못함에 대해 느끼는 불안의 두 번째 원인은 인간의 속물근성이다. 그는, 속물들은 "사회적 지위와 인간의 가치를 똑같이 본다는 것"[10)]을 그 특징으로 하며 그들과 함께 살아가는 인간으로서 어쩔 수 없이 지위에 대해 연연할 수밖에 없다고 한다.[11)]

사회적 지위를 얻지 못함에 대해 느끼는 불안의 세 번째 원인은 기대이다. 우리가 우리 자신의 여건에 대한 기대를 높일수록 그리고 우리의 이웃이나 친구 등과의 비교를 통해 상대적 부족감을 느낄수록 우리의 실망감 혹은 불만족은 커진다는 것이다. 즉, 자신의 내부에서 설정한 기대수준과 외부적 혹은 사회적 기대수준 두 가지 모두가 인간의 행복감에 영향을 미치는데 후자와 관련하여 드 보통은 "부나 존중의 적절한 수준은 결코 독립적으로 결정되지 않는다. 그것은 준거집단, 즉 우리와 같다고 여기는 사람들의 조건과 우리의 조건을 비교하여 결정된다"[12)]라고 말하고, 이어서 "질투심을 일으키는 것은 우리와 다른 사람들 사이의 커다란 불균형이 아니라 오히려 근접상태다"[13)]라고 지적한다.

인간이 가진 기대수준이 행복감에 미치는 영향력은 다른 예를 통해서도 짐작해볼

---

7) 알랭 드 보통, 『불안』, 이레, 2005, p. 22.
8) 알랭 드 보통, 위의 책, p. 15.
9) 알랭 드 보통, 위의 책, p. 18.
10) 알랭 드 보통, 위의 책, p. 29.
11) 속물근성과 관련하여 드 보통은 "오만 뒤에는 공포가 숨어 있다. 괴로운 열등감에 시달리는 사람만이 남에게 당신은 나를 상대할 만한 인물이 못 된다는 느낌을 심어주려고 기를 쓴다"고 말한다(알랭 드 보통, 위의 책, p. 35).
12) 알랭 드 보통, 위의 책, p. 57.
13) 알랭 드 보통, 위의 책, p. 59.

수 있다. 리즈 호가드의 『행복』에서는 나이가 많은 사람들이 젊은 사람들에 비해 오히려 더 행복하고 또한 뇌졸중이나 쇠약성 질병을 앓고 있는 사람, 하반신이 마비된 사람들이 모두 단기적으로는 고통에 빠지지만 머지않아 어느 정도 행복수준을 회복한다고 말한다.[14] 이러한 경향에 대해서는 그 이유를 분명히 밝히고 있지 않지만, 현실적 상황이 분명히 악화되었음에도 불구하고 나타나는 이러한 결과는 궁극적으로 개인의 행복함수가 변했다는 것을 보여준다. 즉, 개인의 여건이 변하면서 기대수준 역시 내려갔거나 혹은 기존에 보유하고 있던 것에 대하여 새로이 눈을 떴음을 추측해볼 수 있는 것이다.

사회적 지위를 얻지 못함에 대해 느끼는 불안의 네 번째 원인은 능력주의이다. 가난하거나 지위가 낮은 것은 결국 그 사람의 능력부족으로 말미암는다는 사회적 인식으로 인해 불안해한다는 것이다.

마지막으로 다섯 번째 원인은 불확실성이다. 이것은 사회적 '지위'를 얻기 위해서는 변덕스러운 재능, 운, 고용주, 고용주의 이익(시장에서 이윤을 내는 능력), 세계경제 등의 불확실한 요인들이 자신에게 유리한 방향으로 움직여줘야 하는데 실상은 그렇지 못한 데 따른 것이다. 고용문제와 관련하여 드 보통은 "무슨 일을 하느냐 하는 질문에 우리가 어떤 대답을 하느냐에 따라 사람들은 우리를 대접하는 방식을 결정한다. …그래서 (사랑에 대한) 우리의 요구와 세상의 불확실한 조건 사이의 불균형은 지위에 대한 불안을 끈질기게 들쑤시는 다섯 번째 이유가 되는 것이다"라고 말하고 있다.[15]

### 3) 행복을 위한 이론과 실천 개요

지금까지 행복과 불행을 가져오는 여러 요인들에 대해 정리해보았다. 그러면 우리가 행복하고 동시에 불행해지지 않기 위해서는 무엇이 중요하며 또한 이를 위한 실천상의 방법은 무엇일까.

---

14) 리즈 호가드, 앞의 책, p. 31 · 32 · 38 참조.
15) 알랭 드 보통, 앞의 책, p. 143.

우선 불행과 그리고 불행의 원인이 되는 불안에 대한 내용들을 종합해보면 한 가지로 귀결된다고 하겠다. 즉, 인간은 행복해지기 위해 궁극적으로 사랑을 필요로 한다는 것이다. 키르케고르의 '고독' 그리고 알랭 드 보통이 언급한 '사랑의 결핍', '인간의 속물근성', '(외부적) 기대', '능력주의', '불확실성' 모두 인간은 결국 다른 사람의 관심을 원한다는 것을 반복적으로 확인하는 것에 불과하다. 구체적으로 보면 고독은 기본적으로 다른 사람의 이목을 끌지 못하고 관심의 대상에서 제외되는 경우를 주로 말한다. 속물근성은 낮은 사회적 지위로 인해 다른 사람의 관심을 끌지 못하지 않을까 하는 두려움으로 연결된다. 외부적 기대는 자신을 타인에게 대비했을 때 상대적 열위를 가지게 되는 경우 직면하게 될 타인의 차가운 시선을 의식한 경우로 봐야 하며, 능력주의와 불확실성 모두 같은 선상에 놓여 있다고 볼 수 있다.[16] 예를 들어 경제적 가난이라는 것이 육체적 고통이 아닌 수치감의 문제라고 하지만 결국은 관심과 사랑의 상실이라는 두려움을 배후에 지고 있다고 해도 무리는 아니다.[17]

**그림 1-4» 사랑의 필요, 사랑의 기대수준에 대한 명언**

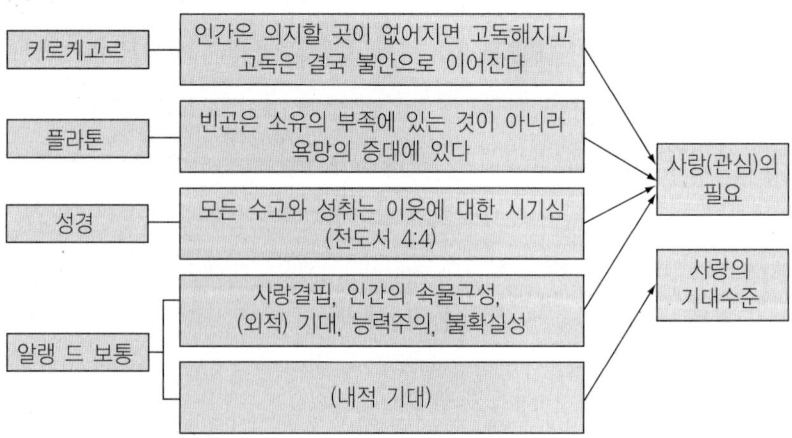


16) 리즈 호가드의 『행복』에는 다음과 같은 내용이 있다. 자신이 10만 파운드를 받는 대신 동료가 25만 파운드를 받는 것과 자신이 5만 파운드를 받는 대신 동료가 2만 5천 파운드를 받는 것 중 어느 것을 택하겠느냐고 하는 질문에 대해 응답자 모두 후자를 택하겠다고 대답했다(pp. 124–125 참조).

17) 알랭 드 보통, 앞의 책, p. 251 참조.

그런데 사랑과 관심을 공급하는 대상은 반드시 사람이지 않을 수도 있으며 예를 들어 신적 존재나 정치적 이념 같은 것일 수도 있는데 이 경우 정치적 이념은 실체적인 사랑의 제공자가 되지 못하기 때문에 그 이면에는 그 이념을 존중하는 사람들의 관심과 사랑을 기대하고 있는 것으로 간주할 수 있다.

다른 사람의 관심 혹은 사랑과 행복의 상관관계는 행복의 요인들을 봐도 알 수 있다. 예를 들어 리즈 호가드의 『행복』에서는 과학적으로 입증이 된 행복의 가장 영향력이 있는 여섯 가지 요소로 '정신건강, 만족과 안정감을 주는 일, 안정적이고 애정이 넘치는 사생활, 안전한 공동체, 자유, 그리고 도덕적 가치'를 꼽는다.[18)]

그런데 행복의 수준은 사랑에 대한 내적 기대수준에 의해서도 영향을 받는다. 만일 다른 사람의 사랑을 많이 기대하는 경우, 즉 기대수준이 높은 경우 행복감은 상대적으로 줄어들 것인데 이에 대해서는 개인자산관리의 핵심적 가정에서 언급한 바 있다.

그러면 개인자산관리의 전제조건과 가정들을 포함하여 지금까지의 논의된 것들을 고려했을 때 행복을 극대화할 수 있는 방법은 무엇인가. 구체적인 실천방법은 뒤에서 알아보기로 하고 그 요지만 적어보면, 우선 자신이 받을 수 있는 사랑과 행복을 극대화할 수 있어야 한다. 시간을 포함하여 유한한 자원을 가진 인간에게 극대화란 효율성을 의미하는데 이에 따라 사랑과 행복을 제공하는 원천을 확인하고 또한 인생 시기별 사랑과 행복의 극대화를 위한 실천의 우선순위가 정해져야 한다.

다음으로 자산의 크기와 맞물리는 사랑과 행복에 대한 기대수준을 낮추어야 한다. 기대수준을 낮추기 위해서는 두 가지가 병행되어야 한다. 즉, 상대적 기대수준을 조정하고 동시에 개인의 절대적 기대수준을 낮추어야 한다. 여기서 상대적 기대수준을 조정한다는 것은 다른 사람과의 비교를 중지함을 의미한다. 알랭 드 보통이 말하는 불안이나 혹은 불행 역시 기초적인 생활수준이 마련된 상태에서는 대부분 다른 사람과의 비교에서 오는 것으로 상대적 기대수준의 조정을 위해서는 다소 철학적인 접근이 필요하다.

상대적 기대수준을 조정하는 방법에 대해 드 보통은 몇 가지를 제시한다. 즉, 철

18) 리즈 호가드, 앞의 책, p. 118.

그림 1-5» 행복의 극대화와 실천적 방법

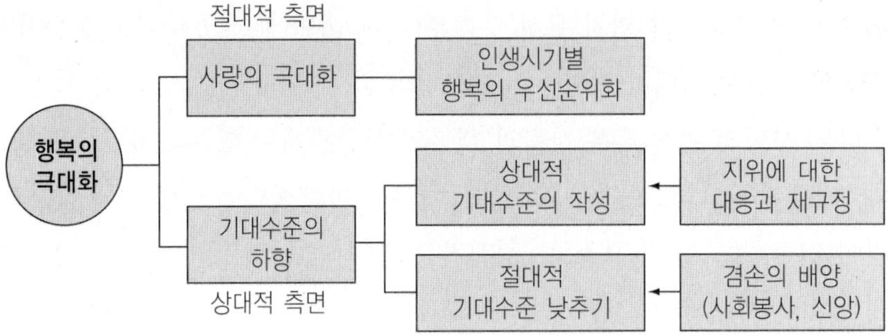


학, 예술, 정치, 기독교 등을 통해 수동적인 입장에서 기존의 지위에 대한 개념과 가치에 대해 맞서거나 아니면 보다 능동적으로 재규정하는 것인데, 예를 들면 철학이나 예술 등의 지적 인식과정을 통해 세상의 기준에 대해 대응할 수도 있고[19] 정치나 기독교를 통해 지위와 성공의 개념을 아예 바꿔버릴 수도 있다. 드 보통은 기독교에 대해 "기독교는 위계의 개념을 없앤 것이 아니라 성공과 실패를 윤리적이고 비물질적인 방식으로 재규정했다. 가난과 선이 공존할 수 있고 초라한 직업이 고귀한 영혼과 공존할 수 있다고 주장한 것이다"라고 말한다.[20]

그 밖에도 드 보통은 지위와 분리된 인간은 실제 서로 다르지 않다고 하는 이른바 동일성을 바라보도록 강조함으로써 지위를 통해 나눠지고 또한 이 때문에 불안을 가지게 되는 문제를 극복하도록 제시하고 있다. 그는 먼저 "우리가 공유하는 약점을 인정하면 우리는 서로 붙들고 묶일 수 있다. 우리의 약점에는 늘 두 가지 요소가 있다. 공포와 사랑에 대한 욕망이다"[21]라고 지적한다. 그리고 이어서 "기독교의 주장에 따르면 낯선 사람이란 없다. 다른 사람이 우리와 같은 요구와 약점을 공유하고 있

19) 알랭 드 보통은 소크라테스와 같은 철학자들처럼 이른바 세속적, 사회적 실패에 대응하는 방법을 스스로 찾아내거나(알랭 드 보통, 앞의 책, p. 156), 아니면 쇼펜하우어처럼 사람들의 진정한 성격, 즉 지나치게 야만적이고 어리석은 것을 파악함으로써 다른 사람들의 환심을 사려는 욕망에서 벗어날 수 있다고 제시한다(알랭 드 보통, 위의 책, p. 165).

20) 알랭 드 보통, 위의 책, p. 340.

21) 알랭 드 보통, 위의 책, p. 329.

다는 사실을 인식하지 못하는 데서 나오는 낯설다는 인상만 있을 뿐이다. 우리가 중요한 부분에서는 근본적으로 다른 사람과 다를 것이 없다는 인식이야말로 가장 고귀하고 인간적인 깨달음이다"[22]라고 말한다.

한편 절대적 기대수준을 낮춘다고 하는 것은 흔히 말하는 인간의 덕목인 '겸손'과 관련되며 주어진 현재조건에 대해 감사하는 마음과 일맥상통한다. 행복을 추구함에 있어서 겸손해지고 기대수준을 낮추는 것의 장점은 재산, 건강, 지식 등의 증대를 통한 만족감의 제고와 달리 외부여건에 의존하지 않기 때문에 가장 결과가 확실하고 또한 자신의 통제 안에 들어 있다는 것이다.[23]

그런데 자신 혹은 자신의 기대수준을 낮추는 일은 일회성 작업이 아니다. 왜냐하면 인간은 어떤 수준에 오르면 그것을 지속적 혹은 불변의 여건으로 간주하고 기대수준을 거기에 고정시키는 경향이 있는 반면 인생의 불확실성은 결코 그러한 현상유지를 허락하지 않기 때문이다. 게다가 기대수준이 높아지는 경우 기존에 누리던 삶의 수준이 무너지는 것에 대한 두려움이 동반되며 이것은 새로운 불안과 불행의 씨앗이 된다.[24]

22) 알랭 드 보통, 앞의 책, p. 330.

23) 사람을 부자로 만드는 방법에 대해 루소는 두 가지를 들었다. "더 많은 돈을 벌거나 욕망을 억제하는 것이다."(알랭 드 보통, 위의 책, p. 81)

24) 알랭 드 보통은 이와 관련하여 "우리는 조상보다 훨씬 더 많은 것을 기대한다. 그 대가는 우리가 현재의 모습과 달라질 수 있는데도 실제로는 달라지지 못하는 데서 오는 끝없는 불안이다"라고 말한다(알랭 드 보통, 위의 책, p. 82).

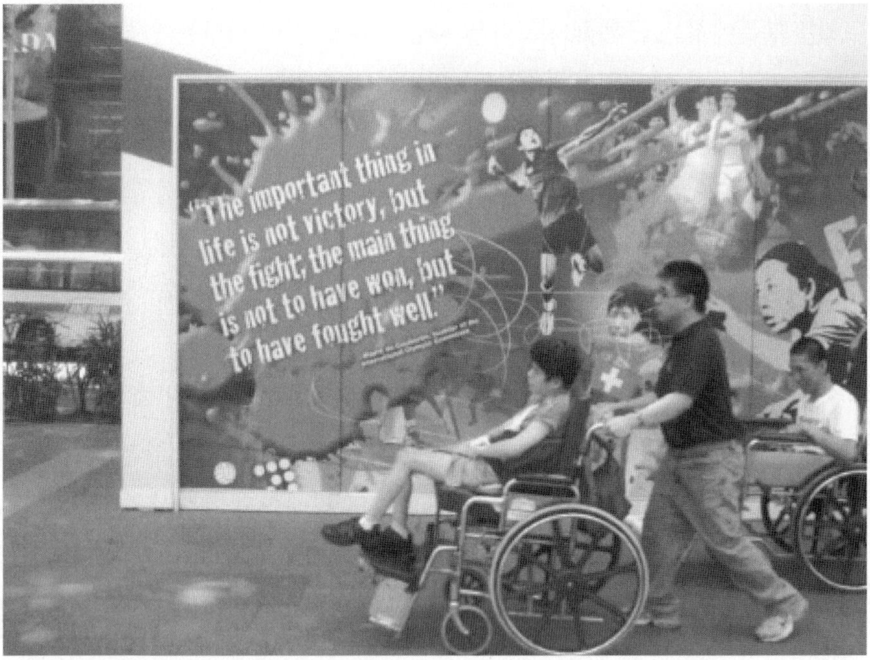


국제올림픽위원회 창시자 피에르 쿠베르탱의 경구 앞을 지나가는 장애우

행복은 삶의 의미이며 목적이고
인간존재의 목표이며 이유이다. - 아리스토텔레스

인생에 주어진 의무는 다른 아무것도 없다네.
그저 행복하라는 한 가지 의무뿐.
우리는 행복하기 위해 세상에 왔지. - 헤르만 헤세

*Personal Asset Management*

# 제 2 장

# 개인자산관리의 핵심과 이론적 기초

# | 들 | 어 | 가 | 기 | 에 | 앞 | 서 |

1장에서는 개인자산관리에 대한 개념과 개인자산관리의 전제조건과 가정에 대해 정리하였다. 2장에서는 행복의 극대화라는 개인자산관리의 궁극적 목표를 전제한 상태에서 먼저 개인자산관리에 대한 정의를 내리고 이러한 정의를 통해 개인자산관리가 세 가지 핵심적 사항으로 귀결된다는 것을 살펴본다. 이 세 가지 사항은 위험관리, 기본적(생존적) 욕구의 충족, 효율성이다. 이 중에서도 위험관리는 개인자산관리를 기존의 자산관리와 구분시키는 중요한 기준이 되는데, '다다익선(多多益善)' 즉 무엇이든지 많으면 많을수록 좋다는 자산관리의 전통적 추구목표에서 벗어나 있음을 강조한다. 그리고 개인이 삶의 완성도를 높이기 위해 추구하는 이른바 완성적 욕구를 달성하는 것을 방해하는 요소들을 통제하는 것이 바로 자산관리의 핵심임을 설명한다. 예를 들어 아무리 원대한 꿈과 이상, 그리고 이를 달성할 수 있는 실행계획과 자금력을 가지고 있다고 하더라도 건강이 발목을 잡고 있다면 이 경우 제대로 된 개인자산관리가 이루어졌다고 볼 수 없다.

다음으로 개인자산관리가 기존의 자산관리와 어떻게 다른지를 '행복시대와 성공시대의 자산관리상 차이'를 대비하여 소개한다. 참고로 '성공'을 추구하는 자산관리방법의 난점은 사회적으로 성공한 사람들의 자살문제를 설명할 수 없다는 것이다. 그 이유에 대해 정신과 의사들은 실패에 대한 공포를 제시하고 있는데 높은 곳에 있는 사람들의 '저소공포증' 문제는 결코 가진 자의 만용으로 치부할 수 없다.

마지막으로 개인자산관리의 경제적 모델을 소개함으로써 개인자산관리가 나름대로 이론적 접근이 가능함을 알리고자 하였다.

## 1. 개인자산관리의 핵심

### 1) 개인자산관리의 정의

처음에 언급한 바와 같이 개인자산관리란 한 개인에게 일생 동안 주어지는 자산들의 관리문제를 다룬다. 그리고 좀 더 구체적으로 표현하는 경우 다음과 같다. 즉, 개인자산관리란 기본적 욕구를 충족시키는 상태에서 완성적 욕구를 산만케 하거나 차단하는 것을 최소화하는 것을 목적으로 하며 이를 위하여 지식, 건강, 신용, 시간, 가족, 재산 등 행복을 생산하는 각종 자산을 효율적으로 관리하는 방법을 제시하는 것이다.

여기서 '완성적 욕구'란, 기존의 개인자산 혹은 재무관리가 경제적 자산인 재산에 초점을 두는 데 비해, 이 책의 개인자산관리가 행복의 극대화와 같은 보다 추상적 개념을 추구한다는 점을 강조한다. 만일 타인을 위한 사회봉사 등이 완성적 욕구로 표현되는 경우 비록 자산관리 자체가 타인을 향하고 있다 하더라도 이것은 결국 개인의 행복과 직결되어 있다고 볼 수 있으며 따라서 행복의 극대화를 그 목표(goal)로 한다고 봐도 무리는 없다.

하지만 개인자산관리가 비록 사랑의 제조와 증폭을 통한 행복의 극대화를 추구하더라도 관리상의 주된 관심 혹은 목적은 이러한 목표를 달성하는 것을 방해하는 요소들을 통제하는 데 있다. 다소 소극적인 위험관리 형태라고 하겠는데 그 이유는 이렇다. 우선 비록 자산관리의 목표가 '행복의 극대화'로 단순하게 표현될지언정 실제로 개개인이 선택하는 길은 워낙 다양하기 때문에 자산관리상 선택의 폭을 넓히고자 하는 의도가 있다. 다음으로 현실적으로 봤을 때 재산과 같은 물적 자산을 늘리는 일이 결코 쉽지 않으며 이것을 맹목적으로 추구하는 경우 가족, 건강 등 다른 중요한 자산에 적지 않은 피해를 입히는 경우가 많다. 또한 인생은 오르막이 있으면 내리막이 있기 마련인데 여기에 대한 대비가 없는 경우 목표에 이르지 못한 것보다 오히려 인생의 만족도를 기준으로 더 나쁜 결과를 낳는 수가 있다.

한편 개인자산관리는 기본적 욕구가 충족되는 경우를 가정한다. 인간은 사랑(행복)과 같은 완성적(충족적) 욕구 이외에 생존본능, 종족번식 등과 같은 기본적(생존적) 욕구를 가진다. 인간은 어떠한 경우에도 의식주와 같은 기본적 욕구는 충족되어야 하며 그렇지 않은 상태에서 개인자산관리를 통해 완성적 욕구의 충족을 추구하는 것은 사실상 무의미하다고 볼 수 있다. 실제적으로 개인자산관리가 개인재무관리 혹은 유형적 자산인 재산관리에 속하고 개인의 개별성을 막론하고 일반적으로 통용되는 관리방법이 존재한다는 함의를 갖지만 그보다 먼저 기본적(생존적) 욕구가 일단 해결되어야 한다는 당위성은 결코 과장할 수 없는 냉엄한 현실이기 때문이다.

물론 부 혹은 돈과 행복의 관계에 대해 좀 더 고고한 자세를 취할 수도 있을 것이다. 예를 들어 근대의 성공적 삶이라는 이상이 돈과 행복을 연결시키는 것임을 부정하고,[25] 이미 언급한바 과학적으로 입증이 된 행복에 가장 영향력이 있는 여섯 가지 요소 즉 정신건강, 만족과 안정감을 주는 일, 안정적이고 애정이 넘치는 사생활, 안전한 공동체, 자유, 그리고 도덕적 가치 등에 돈이 들어가 있지 않다는 것을 지적할 수는 있을 것이다.[26] 하지만 자세히 살펴보면 모두 기본적(생존적) 욕구의 만족을 가정한 상태에서나 가능한 것들이다.

돈과 행복 혹은 만족감과의 관계는 "부는 건강과 같다. 없으면 불행하지만 있다고 다 행복해지지는 않는다"[27]라는 말 속에 잘 나타나 있듯이 개인자산관리의 가정들에서 이미 언급한바 '한계행복감체감의 법칙'이 가장 잘 적용되는 부분이기도 하다. 그런데 여기에는 음미해볼 만한 내용이 담겨 있다.

〈그림 2-1〉에서 보는 바와 같이 이 법칙은 비록 재산이 만족을 제공할 다양한 재화나 서비스의 구매를 가능케 함으로써 우리의 만족감을 향상시키는 것은 틀림없으나 다양한 순자산(재산)의 크기가 만족감에 미치는 영향력은 자산의 크기가 커질수록 줄어든다는 것을 가정한다. 리즈 호가드의 『행복』에서도 "유전자와 교육이 행복

25) 알랭 드 보통, 앞의 책, p. 258 참조.
26) 리즈 호가드, 앞의 책, p. 118.
27) 리즈 호가드, 위의 책, p. 119.

그림 2-1» 자산의 크기와 행복(한계행복감체감의 법칙)

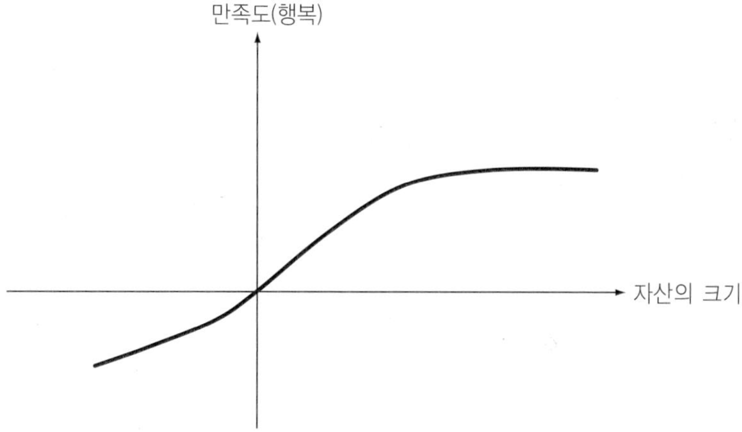


을 유발하는 요인 중 50%를 차지한다면 우리가 처해 있는 상황(소득과 환경)은 겨우 10%에 불과하다. 일단 기본적 욕구가 충족되고 나면 여분의 돈이 더 있다고 해서 인생이 더 만족스럽거나 행복해지지는 않는다"[28]라고 하여 이것을 뒷받침해주고 있다.

그러나 우리가 종종 보게 되는 경제적 현실은 x좌표의 오른쪽이 아닌 왼쪽에 놓여 있다. 이 경우의 가장 심각한 문제는 순자산이 마이너스가 되는 경우 이로 말미암은 이자의 발생 등은 이러한 상태에 가속도를 가져옴으로써 상태를 급속히 악화시키는 경향이 있다는 것이다. 그리고 부채나 혹은 학자금마련 실패와 같은 현실적 문제들이 닥치는 경우 이로 말미암은 고통의 절대값은 x축 오른쪽의 같은 분량의 자산에 해당되는 (+)행복감에 비해 상대적으로 작지 않은 것이 또한 현실이다.

마지막으로 개인자산관리는 효율성을 강조한다. 효율성이란 산출물(output)이 정해진 상태에서 투입물(input)을 최소화하거나 혹은 투입물이 정해진 상태에서 산출물의 극대화를 의미하는데 개인에게 주어진 유한한 자원 혹은 자산을 고려하는 경우 반드시 고려되어야 하는 사항이라고 볼 수 있다. 특히 사랑을 경유한 행복의 극대화는 그 투입자원 가운데서도 타인으로부터 빌리거나 혹은 비축이 곤란한 자원인 시간

28) 리즈 호가드, 앞의 책, p. 31.

의 영향을 가장 많이 받는다. 따라서 개인자산관리는 시간의 효율적 사용에 많은 관심을 기울이지 않을 수 없다. 그리고 〈그림 2-1〉에서와 같은 효율성의 문제는 인생 시기별 행복의 우선순위화와도 관련이 있다. 즉, 개인자산관리는 직선의 시간을 살아가는 인간에게 인생의 총체적 행복을 극대화하기 위해 삶의 각 시기에서 우선적으로 해야 할 일이 있다는 것을 인식하고 이것을 기준으로 구체적인 시간배분을 할 것을 요구한다는 것이다.

결론적으로 이 책의 자산관리는 기본적으로 인간의 의식주문제가 해결되는 것을 전제로 하여 시간의 절약과 적절한 배분을 통해 행복의 극대화를 추구한다고 봐도 무리는 아닐 것이다.

## 2) 행복시대와 성공시대의 개인자산관리상 차이

이제 이 책에서 다루는 개인자산관리의 특징을 구체적으로 알아보자. 개인자산관리를 좀 더 논리적으로 이해하기 위하여 수식을 통해 정리해보면 다음과 같다.

행복을 마음의 만족한 정도라고 보면 이것은 경제학에서 말하는 효용(utility)이라는 용어로 대체가 가능하다. 이때 특정 시점(*i* 시기)의 만족도 즉 $Utility_i=Ui(n1, n2, n3, n4 \cdots)$라는 함수로 요약할 수 있고, n1(재산), n2(건강), n3(지식), n4(가족 : 가족간 단합 혹은 애정의 크기) 등은 만족을 가져다주는 투입요소가 된다.

여기서 만족도를 제고할 수 있는 방법은 무엇인가. 우선 개인이 가지고 있는 함수 자체를 긍정적으로 변화시키는 방법이 있다. 즉, 상대적으로 적은 투입물을 가지고도 만족도를 보다 상승시키는 방법을 마련하는 것인데 주로 〈그림 1-5〉에서 보는바 기대수준의 하향으로 나타난다. 다음으로 각각의 투입요소들의 크기를 늘리거나 혹은 만족도함수를 보다 효율적으로 만드는 방법이 있다.

지금까지 이른바 '성공'을 목표로 하는 '성공시대'의 자산관리는 대부분 먼저 재산이나 시간, 그리고 건강 등 필요자산의 부족문제를 집중적으로 조명하였다. 그런 다음 궁극적으로 추구하는 바를 모호하게 내버려둔 상태에서 또 인생시기별 구분을 두지 않은 상태에서 단지 어떻게 하면 재산이나 건강, 가용시간 등을 크게 할 것인가

하는 자산(투입물)의 증대 혹은 자산(투입물)의 효율적 생산만을 주창해왔다.

이러한 관리방법에 전제되어 있는 가정은 재산과 건강, 지식 등 개인자산의 효율적 확대만 이루어진다면 이것과 인생 전체의 총체적 행복의 일대일 대응이 가능하고 나머지 문제는 그다지 중요하지 않거나 아니면 개인이 알아서 해야 될 문제라는 논리이다.

이러한 접근방법은 '만족' 혹은 '행복' 자체를 궁극적인 목표로 삼고 있는 〈그림 2-2〉와 비교했을 때 몇 가지 차이점이 있다. 우선 '성공'에는 우선순위라는 개념이 없겠지만 행복을 기준으로 했을 때는 분명히 시기별 자산관리상 우선순위가 있다고 볼 수 있다. 그런데 시기별 우선순위가 있음을 강조하는 것과 이것을 개인이 알아서 해야 할 것으로 여기는 것은 인생의 총체적 행복을 고려하는 경우 분명히 차이가 있는데, 이것은 마치 개인재무관리의 중요성을 강조하면서 시기별 재무계획을 세우도록 하지 않는 것과 같다.

다음으로 기존의 자산관리방법은 투입물인 자산의 확대 자체가 기본적으로 어렵고 또한 타인이나 경제여건 등의 영향을 많이 받는 등 자신의 통제하에 놓여 있지 않다는 사실을 크게 문제 삼지 않는 경향이 있다. 그런데 현실을 보면 경제의 글로벌화

그림 2-2» 개인자산관리의 핵심

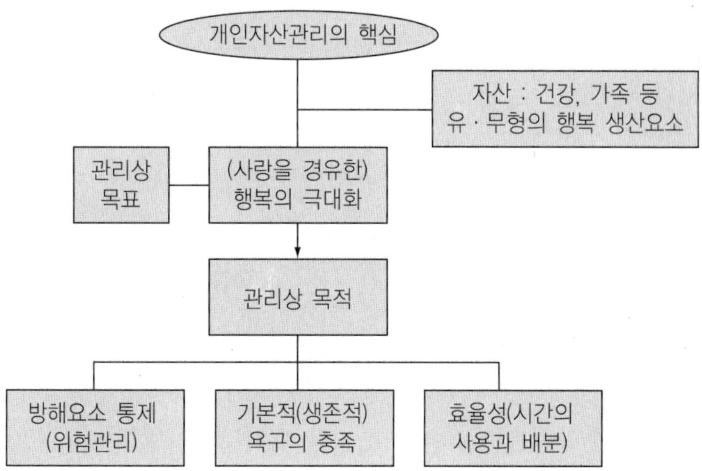

등으로 갈수록 경쟁이 심해지고 따라서 경쟁을 이겨내고 성공한 승자가 되는 것이 더욱더 어려워지고 있다.

세 번째로 성공시대의 자산관리는 항상 순방향 즉 정상에 오르는 것에만 관심을 쏟을 뿐 그 이후의 과정에 대해서는 고려하지 않는다. 그러나 실제 인생은 등산과 마찬가지로 어느 정도 성공의 단계를 거친 후 원하든 그렇지 않든 내려오는 과정을 거쳐야 한다. 그리고 이 과정은 정상이 높을수록 허탈함 등 심리적 측면에서 더 큰 어려움을 동반하는 경우가 많다. 또한 정상에 있는 순간에도 내려감에 대한 부담을 이미 지고 있는 경우가 많은데, 한마디로 정상의 기쁨은 짧은 반면 내려감의 고통은 상대적으로 길다는 것을 의미한다.

그 밖에도 자산 또는 투입물의 확대가 만족의 증가를 가져온다고만 가정할 뿐 투입물 간 상쇄작용이나 한계만족도체감의 법칙 등이 무시되고 있다. 재산이나 지식 등 어떤 자산이든지 크기가 커질수록 그 자체를 통한 만족감의 증대 정도는 갈수록 줄어드는 데다가 또한 머지않아 그 자산에 대한 관리부담이 늘어나면서 다른 자산에 부정적인 영향력을 미칠 수 있다. 예를 들어 부자가 된 경우나 이른바 성공을 한 경우 그 자체로 많은 시간과 에너지가 필요해지며 이에 따라 가족 등 다른 자산에 투자할 시간 등의 자원부족현상을 겪는다.

그러면 행복시대의 자산관리는 어떠한가. 〈그림 2-3〉에서 보는 바와 같이 행복시대의 자산관리는 성공시대와는 대부분 반대의 입장을 취한다. 특히 행복시대는

i) 개개인이 가장 잘 이해하고 있는바 인생의 행복을 추구한다.

ii) 행복생산에 있어 피동의 시대에서 능동의 시대로, 그리고 불확실성에서 확실성으로 옮겨간다. 이것은 자산의 확대보다는 겸손과 감사로 인한 기대수준의 하향으로 나타나는데 달리 표현하면 타인이나 불확실한 외부여건 등에 대한 의지로부터 자기 자신에게로 무게중심을 이동하는 것을 의미한다.

iii) 성공시대에서 가장 중요한 자산은 자신이 소유한 재산, 지식, 건강, 신용 등이지만 행복시대에서 가장 중요한 자산은 가족과 타인을 위해 사용하는 시간이다. 그 이유는 궁극적 목표인 행복의 원인이 되는 사랑을 생산함에 있어 가장 효율적인 방법은 이러한 관계를 통하는 것이기 때문이다.

**그림 2-3» 성공시대와 행복시대의 자산관리상 차이**

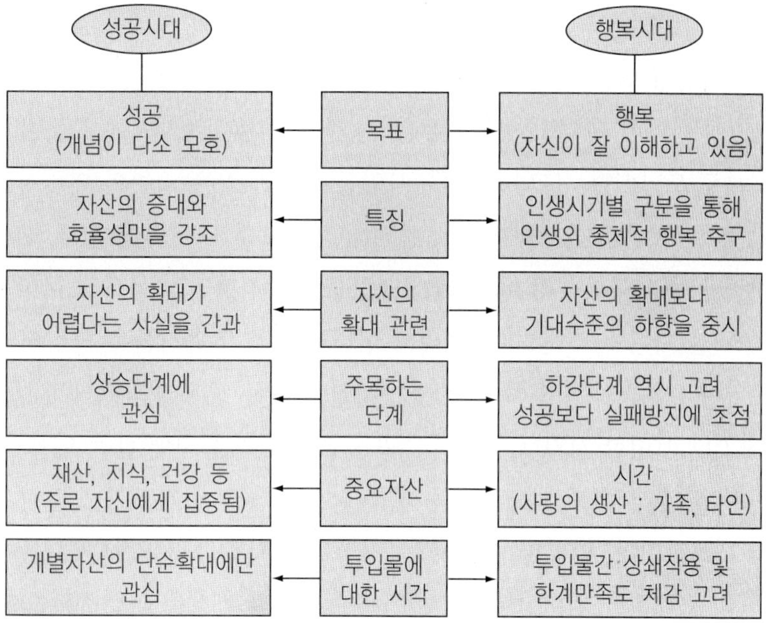


iv) 성공이란 타인의 관심과 외면적 사랑이 집중되는 시기를 말한다. 따라서 일단 성공의 반열에 올라 이것을 향유하는 경우 그동안 전혀 문제가 되지 않았던 그 무엇이 어느 날 갑자기 문제로 다가올 수 있다. 그것은 바로 지금의 성공이 내게서 떠나갈 때 나에게 무슨 일이 일어날까 하는 두려움이다. 이에 따라 과거의 성공시대가 상승단계에만 주목한 데 비해 행복시대는 필연적인 하강단계를 인식하고 이에 대비하는 것을 또 하나의 특징으로 한다.

가장 근본적인 문제해결방식은 오직 자신만을 중심에 두는 성공 자체를 목표로 하지 않고 타인과 함께 바라보는 '꿈'의 실현을 목표로 삼는 것이라고 할 수 있다. 그리고 실현이 다소 어려울 테지만 기대수준의 하향과 같은 효용함수 자체의 변화, 즉 감사와 겸손의 마음가짐을 평소에 가지도록 노력하는 것 역시 하강단계에 대한 대비책이 될 수 있을 것이다.

이와 유사한 맥락에서 행복시대의 자산관리는 '성공의 달성'이 아닌 '실패의 방지' 에 초점을 두며 실패가 가지는 중요한 특성을 보여주고 알게 하여 이에 대한 대비를 하도록 하는 데 의의를 둔다.

구체적 내용은 각 단원에서 언급되겠지만 대부분의 심각한 실패는 '무감각성' 혹은 '비현실성' 으로 인한 안일함에서 배태된다. 대표적인 것이 부채문제와 노후문제인데 이 두 가지 문제의 공통인수는 '습관' 과 '시간' 이다. 예를 들어 부채문제는 대체적으로 도난이나 사고, 빚보증, 사업실패 등과 같은 일종의 외부적 요인에서 발생하지 않으며 만일 발생하더라도 문제해결은 그렇게 어렵지 않다. 왜냐하면 이러한 가시적인 충격 혹은 '적' 에 대해서 사람들은 즉각적인 반응을 보이며 문제해결을 위해 총력을 다하기 때문이다. 그리고 이러한 부정적 충격들은 긍정적 충격과 일반적으로 같은 그룹 안에 속해 있다. 즉, 사업을 하는 경우라면 경제적 어려움에 빠지기도 하지만 어떠한 계기를 얻어 어려움을 회복하는 동시에 큰 수입을 얻을 수도 있기 때문이다. 결국 외부적 충격보다 더욱 심각한 것은 내적 요인으로서 안일한 생활습관이 대표적이다. 안일한 습관이란 "지금은 문제가 조금 있지만 나중에 어떻게든 되겠지" 라는 태도를 의미한다. 이것은 마치 육체적 건강을 위협하는 암과 같아서 문제의 심각성이 초기에 쉽게 드러나지 않고 이에 따라 상당한 기간에 걸쳐 진행된다. 그리고 시간이 누적된 결과가 현실화됐을 때는 이미 문제해결이 어렵고 그 중간에 어느 정도 문제가 드러나기 시작한 경우라 하더라도 비록 심각성은 인식한다지만 굳어진 습관으로 인해 상황을 역전시키기가 매우 힘들다.

## 2. 개인자산관리의 이론적 기초

### 1) 개인자산관리의 경제적 모델

위에서 언급한 바와 같이 이 책에서 다루고 있는 개인자산관리는 단순히 저축이나 투자, 경제적 노후준비 등 개인의 재정문제만을 대상으로 하지 않는다. 개인자산관리는 무엇보다 각각의 개인들이 궁극적으로 행복을 추구한다는 것을 전제로 한다. 그런 다음 이러한 준행근거를 만족시키기 위해 각 개인들이 시간, 건강, 지식, 재산 등의 기초자산들을 어떻게 총체적으로 관리할 것인가 하는 문제를 주로 다루는 것이다.

이러한 접근방식의 이론적 모델은 게리 베커(Gary S. Becker),[29] 요람 벤포라(Yoram Ben-Porath),[30] 마이클 그로스맨(Michael Grossman)[31] 등에 그 근거를 두고 있다. 개인의 자산에 대한 개념을 단순히 물질적 자산, 이른바 재산의 개념에서 벗어나 시간, 건강, 그리고 지식 등과 같은 인적자본(Human capital)을 포함하는 유무형의 총체적 자산으로 간주하는 이러한 접근방식의 특징을 보면 먼저 개개인이나 가계가 시시각각 의사결정을 해야 하는 경제적 주체임을 전제로 한다. 따라서 개인은 가용자원을 사용하여 인생 전반을 통한 최대한의 행복을 추구하는 것으로 가정되며, 이때 개인이 궁극적으로 추구하는 행복에 대한 경제적 개념은 이론상 만족의 정도를 나타내는 효용(utility)으로 대체된다.

다음으로 이러한 접근방식은 전통적인 경제학에서 흔히 다루고 있는 바와 같이 개인 혹은 가계를 소비자의 측면에서만 보지 않는다. 즉, 노동이나 자본을 투입함으로써 소득을 창출하고 또한 이것의 투자를 통해 경제적 재산을 축적하지만 궁극적으로 상품이나 서비스와의 교환을 통해 만족 혹은 효용(utility)을 달성하는 소비의 주체만으로 보지 않는다는 것이다.

오히려 생산자의 측면이 강조되는데 이런 시각은 교육에 대한 투자와 같은 인적자본에 대한 투자가 가지는 생산적 측면을 인식하기 시작하면서부터이다. 마이클 그로스맨[32]이 언급한 바와 같이 지식 등의 인적자본에 대한 투자는 시간과 비용을 동반

---

29) Gary S. Becker, "A Theory of the Allocation of Time", *Economic Journal* 75 (September), 1965, pp. 493-517.

30) Yoram Ben-Porah, "The Production of Human Capital and the Life Cycle of Earnings", *Journal of Political Economy* 75 (August), 1967, pp. 353-367.

31) Michael Grossman, "On the Concept of Health Capital and the Demand for Health", *Journal of Political Economy* 80, 1972, p. 223.

32) Michael Grossman, 위의 책, p. 223.

한 소비임에도 불구하고 궁극적으로 생산성을 높이는 데 사용된다. 즉, 인적자본에 대한 투자가 경제의 시장부분에서는 금전적 수입을, 그리고 비시장부분 혹은 가계부분에서는 가족에 대한 봉사와 같은 개인의 만족 혹은 효용을 높이는 용도로 사용된다는 것이다.

한편 이러한 잠재적 생산성 제고를 고려하는 경우 인적자본에 대한 투자는 바람직한 것이지만, 이 투자는 노동을 통해 소득을 낳을 수 있는 시간과 수업료 등 한정된 자원의 사용을 필요로 하기 때문에 주어진 자원을 통한 최대한의 만족(효용)을 추구해야 하는 개인으로서는 비용문제를 의식하지 않을 수 없다. 구체적으로 이러한 투자의 비용에는 가시적 시장상품이나 서비스(예 : 교육)의 구입에 따른 직접비용과 노동 등 다른 용도로 사용 가능한 시간을 사용함에 따른 기회비용이 있다.

어떤 시기($i$)에 이루어지는 개인자산관리를 수식을 통해 간단히 표현하는 경우 다음과 같다.[33)]

$$Maximize\ U = U(y_0, y_1, y_2, \cdots, y_n)$$
$$\text{단, } l(y_0, y_1, y_2, \cdots, y_n) = y \text{이며 } y_i = y_i(x_i, T_i; nt_i)$$

여기서 $U$는 개개인의 효용함수이며 $l$은 시간과 시장을 통해 구매되는 상품을 포함한 개인이 일생 동안 가용한 자원의 한계조건을 나타내는 함수이다. 구체적으로 개인이 일생 동안 사용하는 상품들의 현재가치는 평생 동안의 수입의 현재가치에 기존자산의 가치를 더한 것이다. 그리고 시간의 경우는 단지 노동시간만이 아니라 수면, 오락, 자기계발 등 모든 활동을 포함한 시간을 그 제한조건으로 한다.

$y_i$는 $i$시기에 사용되는 것으로서 극장 관람, 여행 등과 같이 거래성 상품을 통해 생산되며 개인의 만족감(효용)에 직접 영향을 미치는 모든 가치대상(commodity)을 의미한다. $x_i$는 시장을 통해 구매되는 상품을 말한다. 예를 들어 수면의 경우는 집, 침대 등이 필요하지만 $x_i$는 이러한 직접적인 상품이 아니라 이것들이 제공하는 서비스를 의미한다.

---

33) Gary S. Becker, 앞의 책, pp. 495–496 ; Michael Grossman, 앞의 책, pp. 225–226 참조.

$y$는 이른바 가계 혹은 개인의 생산자로서의 특징을 나타내는 생산함수이다. 개인은 $x_i$와 시간 $T_i$를 사용하여 자신에게 만족을 가져다주는 각종 수요대상(commodity)을 만들어낸다. 그런데 $y_i$의 생산은 당시 개인이 가지고 있는 인적자본 $nt_i$의 크기에 의해서도 영향을 받는다고 가정할 필요가 있다. 여기서 인적자본은 주로 비거래성 자산(건강, 지식, 신용 등)을 나타내며 이러한 자산은 마치 경제학에서 흔히 다루는 생산함수의 기술처럼 가계 혹은 개인의 생산효율성을 제고시키는 기능이 있다. 예를 들어 지식이나 건강이라는 인적자본을 구축한 경우는 그렇지 않은 경우보다 고용시장에서 상대적으로 더 높은 수입을 창출할 수 있으며, 가족과의 어울림 등 비시장적 부문에 있어서도 그 활동의 가치를 더욱 높일 수 있다.

$n$은 개인의 예상 수명을 의미한다.

위의 수식이 나타내는 의미를 보면, 개인자산관리란 결국 개인에게 효용 즉 만족을 가져다주는 여러 물품과 서비스의 소비나 기타 활동을 통해 최대한의 만족을 추구하는 방법을 찾는 과정이며 이것은 일생을 거쳐 끊임없이 이어진다.

그런데 이 책에서 가장 중점을 두고 있으며 또한 우리가 관심을 갖는 내용은 인적자본에 관한 것이다. 왜냐하면 저축이나 투자와 같은 개인의 재정문제보다는 지식이나 신용 등과 같은 인적자본의 형성문제가 개인의 직업이나 수입 등에 대한 영향력을 통해 개인의 행복이나 만족도에 미치는 비중이 상대적으로 커지고 있기 때문이다. 이 경우 우리의 관심사는 건강, 지식 등에 대한 매 의사결정시기의 최적투자량과 함께 최적인적자본의 크기 등을 결정하는 문제가 될 것이다.

이론적으로 인적자본에 대한 최적투자량은 특정시기를 기준으로 투자의 한계비용(marginal cost)의 현재가치와 투자로 인한 한계혜택(marginal benefit)의 현재가치를 일치시키는 선에서 결정된다. 이론을 실제 생활에 적용시켜 정확한 투자량을 결정하는 것은 거의 불가능하지만 한 단위 추가적 투자로 인한 비용을 지금 시점에서의 가치로 평가해보고 이어서 이 투자로 말미암아 향후 발생하리라 예상되는 이익을 현재시점에서의 가치로 할인한(discount) 다음 두 가지를 비교하도록 노력해야 한다. 그리고 만일 특정시기에 평가한 한계비용이 한계혜택보다 큰 경우는 투자를 줄여야 하며 반대의 경우는 투자를 늘려나가야 한다.

그림 2-4» **인적자본에 대한 최적투자량의 결정**

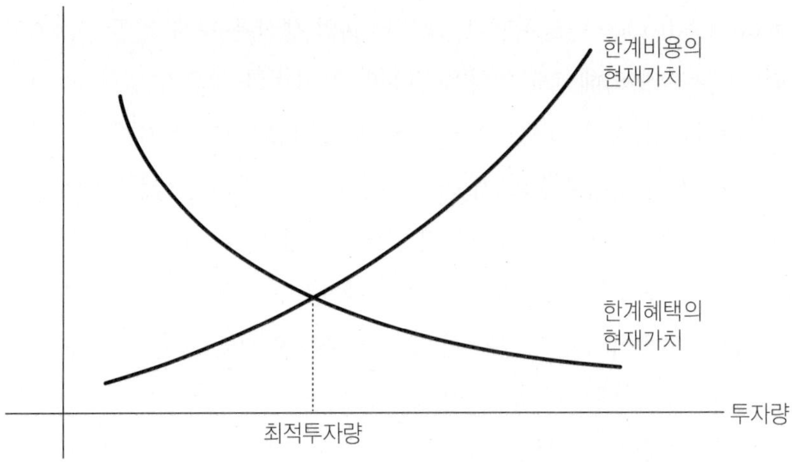


그림 2-5» **최적인적자본의 크기(stock)**

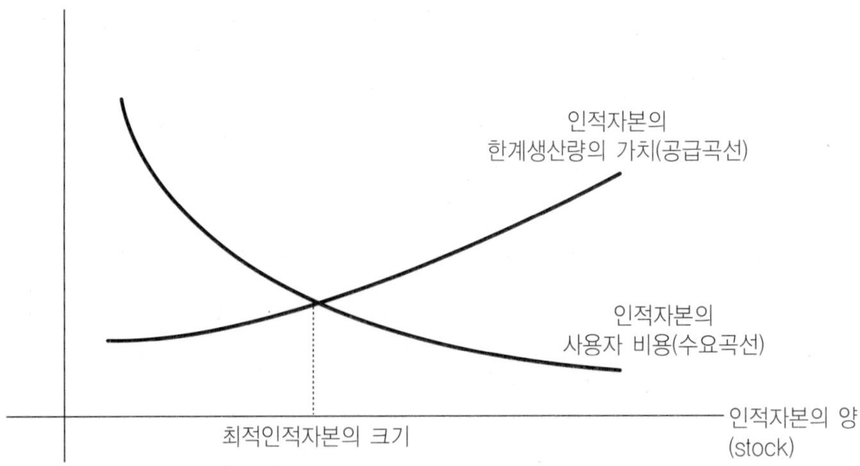

다음으로는 어떤 시기에 있어서 최적인적자본의 양의 결정, 즉 건강이나 지식을 얼마나 보유하고 있어야 하는가 하는 문제를 알아볼 필요가 있다.

최적인적자본의 양(stock)은 인적자본 투자에 대한 금전적인 한계투자수익률 혹은 인적자본의 한계생산량의 가치와 인적자본에 대한 투자의 가격 혹은 인적자본의 사용자 비용이 같아지는 지점에서 결정된다. 사실 이것은 위의 인적자본에 대한 최적 투자량을 결정하는 문제보다 좀 더 추상적인 내용이지만 이론적인 기준은 확인할 필요가 있다.

필리핀 시골의 행복한 아이들

삶, 즉 사랑의 힘, 기쁨의 힘, 감탄의 힘을
모두 포함하는 삶 외에 다른 부는 없다. - 존 러스킨

*Personal Asset Management*

# 제 3 장

# 마이너스형 관리의 중요성과 개인자산관리의 실제

# 들 어 가 기 에 앞 서

개인이 소유하고 있는 여러 자산을 각각 어떻게 관리할 것인가 하는 이른바 개인자산관리의 각론에 앞서 이 장에서는 개인자산관리 전반에 걸친 실천적 사항들을 제시함으로써 그동안 언급된 개인자산관리의 개념들을 정리하고 이것들이 현실과 어떻게 연결되는지를 보여주고자 한다.

우선 개인자산관리의 실천적 자산관리방법을 '마이너스형 자산관리'라고 명명한다. 그 이유는 기존의 자산관리방법이 '플러스형 자산관리' 즉 가능한 한 재산을 포함한 그 무엇인가를 키우거나 늘리는 데 집중하지만 이 책에서 언급하는 개인자산관리는 오히려 정반대의 입장을 취하고 있기 때문이다.

개인자산관리에서 주장하는 '마이너스형 자산관리'의 핵심은 한 가지 자산(재산 혹은 건강, 지식 등)에만 집중함에 따른 지금까지의 자산관리의 오류와 한계점에서 벗어나 통합적 자산관리를 추구함에 있다.

예를 들어보자. 성공, 부 등은 대부분의 사람들이 추구하는 바이다. 물론 이러한 것들은 개개인이 열심히 고민하고 노력하여 얻는 것이 틀림없다. 그런데 우리가 간과하고 있는 사실은 이것을 만들어내는 과정에서 건강, 시간, 가족 등 여러 소중한 자산이 투자 혹은 희생되었으며 아울러 이것의 성취 여부는 애초부터 불확실하였고 또한 우리가 현실에서 가끔 보는 성공사례는 소수에 불과하다는 것이다.

개인자산관리는 결코 성공과 부를 부정하지는 않는다. 다만 우리가 무엇인가를 이루고자 계획하는 경우 이것을 달성함에 있어 무엇이 투입되고 있는지 그리고 투입물 대비 수익률은 적절한지 냉철하게 따져보자는 것이다.

지금까지의 내용들을 정리해보면 다음과 같다. i) 우리 인간이 살아감에 있어 많은 것을 원하고 또한 향유하고 싶어하지만 궁극적으로 행복을 추구한다고 가정하는 경우 사랑이 무엇보다 중요하다. ii) 이에 따라 행복의 극대화를 목적으로 하는 개인자산관리는 사랑의 극대화(절대적 측면)와 기대수준의 하향(상대적 측면)이 중심과제가 된다. iii) 마지막으로 이른바 관리라는 측면에서 볼 때 개인자산관리의 목적은 기본적인 욕구를 충족시키고 행복의 극대화를 방해하는 요소들을 통제하며 동시에 효율성을 달성함에 있다.

## 1. 개인자산관리의 선행사항 및 실천과제

이제 개인자산관리와 관련하여 현실적으로 실행되어야 할 사항들을 알아봐야 하는데 이것을 논하기에 앞서 선행되어야 할 일이 있다. 즉, 개인자산관리의 세 가지 핵심적인 존재와의 관계를 설정하는 것이다. 이것은 개인자산관리에 있어 기본적 자세를 결정하는 것에 비유할 수 있다. 이러한 관계설정이 필요한 이유는 인간은 무인도나 우주공간에 고독하게 던져진 존재가 아니라 결국 관계 속에 살아가기 때문인데 행복의 근원이 되는 관심과 사랑은 이러한 관계 속에 내포되어 있다고 볼 수 있다. 그 핵심적 존재 중 하나는 자기 자신이요, 두 번째는 자신 이외의 타인, 그리고 마지막으로 절대적 존재 혹은 이념이 있다.

실천적인 측면에서 볼 때 행복의 극대화를 위한 개인자산관리의 성공 여부는 사실 이 세 가지 존재들 각각과 개인자산관리를 실행하는 개인과의 관계를 어떻게 설정하느냐에 상당부분 달려 있다. 즉, 나 자신과의 관계, 나와 타인과의 관계, 그리고 나와 절대적 존재 혹은 이념과의 관계설정이 관건이 되는 것이다.

우선 자신과의 관계설정은 당연히 평화적이어야 한다. 물론 자신에 대한 불만과 질책은 개선을 낳고 이른바 자기계발을 가져오지만 행복을 위해서는 자기 자신을 있는 그대로 받아들이는, 그리고 절대적 존재와의 관계 등을 통해 자신의 가치를 스스로 인정하는 것이 매우 중요하다. 인간은 결코 완벽할 수 없으며, 『인생 수업』에서는 "배움을 얻는다는 것은 다른 사람이 아닌 자기 자신의 인생을 사는 것을 의미합니다. 갑자기 더 행복해지거나 부자가 되거나 강해지는 것이 아니라 세상을 더 깊이 이해하고 자기 자신과 더 평화롭게 지내는 것을 의미합니다. …삶의 배움을 얻는다는 것은 삶을 완벽하게 만드는 것이 아니라 있는 그대로 삶을 받아들일 줄 알게 되는 것입니다"라고 말한다.[34)]

두 번째 자신 이외의 타인은 비교를 위한 대상이 되며 또한 자신에게 관심과 사랑을 제공하는 원천이다. 우리는 생물체로서 생존적 욕구가 충족되는 이상 지리적으로나 시간적으로나 혹은 계층상으로나 비교대상이 아닌 것과는 비교를 하지 않는 것이 일반적이고 따라서 이것은 우리의 행복에 별로 영향을 미치는 않는다. 그러므로 원칙적으로 자신과 가까운 친구, 동료, 이웃과의 비교를 가능한 한 중지해야 하며 또한 이들의 애정을 얻는 일에 노력해야 한다. 애정을 얻는 가장 확실한 지름길은 타인들을 사랑하는 것이며, 이것은 다시 자기 자신을 있는 그대로 받아들이고 그리고 자신에 대한 행복의 기대수준을 낮추고 겸허해지는 것에 의해 이루어진다.

세 번째로 절대적 존재 혹은 이념과의 관계이다. 절대적 존재 혹은 이념이란 자신을 규정하고 타인을 규정하며 그리고 자신과 타인과의 관계를 규정하는 기준이 되는 그 무엇을 말하며 신앙이나 철학 혹은 개인의 신념 등이 여기에 해당된다.

상당히 추상적, 개념적, 주관적이라고 할 수 있는 세 가지 관계설정이 이루어졌다면 개인자산관리의 대강이 잡힌 것으로 볼 수 있고 이제 개인자산관리의 실천적 과제를 생각해봐야 한다. 이와 관련하여 가장 중심적인 사항이 있다면 과연 무엇을 통해 그리고 어떻게 사랑을 차고도 넘칠 정도로 넉넉히 받을 것인가 하는 것이 될 것이다. 왜냐하면 이 책은 인간에게 있어 모든 행복의 원리는 생존상의 육체적, 경제적 기초가 마련된다는 전제하에 결국 나 자신 외에 다른 주체로부터 인정과 사랑을 받음에 놓여 있다고 가정하였기 때문이다.

사랑을 그리고 행복을 추구하는 우리가 실천해야 할 사항들은 다음과 같다.

34) 엘리자베스 퀴블러 로스, 『인생 수업』, 이레, 2006, p. 19.

그림 3-1» 개인자산관리의 선행사항 및 실천과제

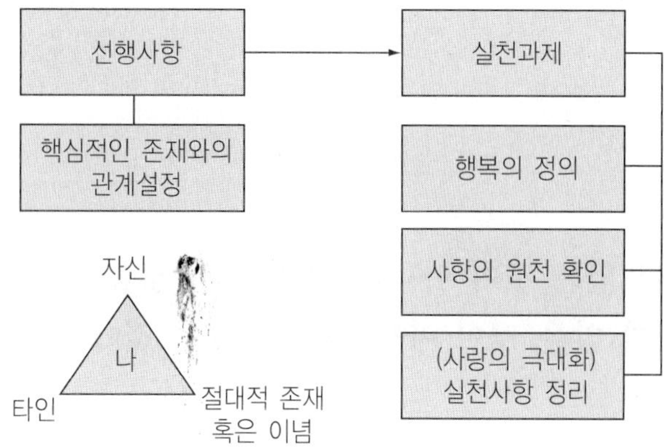


㉮ 가장 먼저 행복한 삶이 무엇인지 스스로 정의해본다. 정의는 문제를 단순화하며 문제해결에 대한 집중력을 키운다.

㉯ 만일 행복이 결국 사랑에 연결되어 있다면 우리에게 지속적으로 사랑을 가져다주는 따라서 진정으로 소중한 것이 과연 무엇인가를 스스로 확인한다. 흔히 사람들은 자신에게 사랑을 주는 사람보다 자신이 사랑하는 사람과의 관계에 더 치중하며 상대적으로 더 많은 시간과 에너지를 쏟아붓는 경향이 있는데 행복은 어떠한 경로를 통하든지 궁극적으로 사랑을 받음으로써 생산된다.

㉰ 앞에서 확인된 것을 중심으로 하여 행복의 극대화를 목적으로 우선적으로 실천에 옮겨야 할 것들을 정리해본다.

여기서 ㉯의 경우 가족, 봉사활동, 도덕적 가치, 신앙, 직업, 재산 등이 현실적인 대안으로 떠오른다. 하지만 어느 것을 선택하느냐 하는 것은 결국 개인의 몫이다. 다음으로 ㉰와 관련하여서는 일반적으로 통용될 수 있는 몇 가지 실천사항이 있다. 이것을 일컬어 이 책에서는 '마이너스형(소극적) 자산관리'라고 부르는데, 이것은 실체가 없는 이른바 '성공'을 추구하는 기존의 적극적 혹은 플러스적 자산관리법에 대비되는 개념이다.

## 2. 마이너스형 자산관리

마이너스형 자산관리는 다음과 같은 특징을 가지고 있다.

### 1) 더 많이 얻는 것이 아니라 크게 잃지 않음에 치중한다. 마찬가지로 가지고 있지 않은 것이 아닌 가지고 있는 것에 주목한다

재산이나 지식 등 더 많은 것을 추구하는 것 자체는 문제가 없다. 그러나 이미 살펴본 바와 같이 이러한 자산의 대부분은 i) 한 가지 자산을 더 키우려고 할수록 최소한 이에 상응하는 시간 등의 투입물이 추가적으로 소요됨에 비해 만족감은 비례해서 커지지 않는 이른바 한계만족감체감의 법칙이 적용되며, ii) 자산의 확대는 항상 불확실성에 놓여 있는데 만일 예상 외로 반대의 결과가 나타나는 경우 이때 느끼는 고통은 〈그림 3-2〉에서 보는 바와 같이 체증하는 경향이 크고, iii) 자산의 확대를 추구하는 것은 결국 행복의 원천인 사랑으로 연결되기를 바라기 때문인데 실제 둘 사이의 연계성은 불확실하거나 아니면 시간자산의 부족(예를 들어 가족과의 시간) 등으로 말미암아 오히려 역의 결과를 낳을 수도 있다.[35]

〈그림 3-2〉는 한계만족도체감의 법칙을 보여주고 있는데 이것은 위험관리와 자산의 분산투자를 중심으로 하는 마이너스형 자산관리가 중요하다는 것을 시사한다.

가지지 못한 것보다 가지고 있는 것에 주목하는 것은 지금까지의 자산관리가 주장하는 이른바 '다다익선'의 논리, 즉 많이 가지면 가질수록 더 행복해진다는 주장으로부터 빠져나오는 것을 의미한다. 실제적으로 재산이나 시간 등과 같은 자산은 부

35) "경제적으로 성공하면 가진 것에 감사하는 마음은 어느새 사라지고 아직도 가지지 못한 것에 집착하게 된다. …여론조사기관인 로퍼 리서치가 1978년과 1994년에 실시한 조사결과를 보면 미국인들에게 '행복한 삶'을 위해 필요한 물건 목록을 작성해보라고 했을 때 이미 그런 물건들을 갖춘 사람일수록 목록이 더 길었다"고 한다(리즈 호가드, 앞의 책, p. 126).

그림 3-2» 자산의 크기와 한계만족도(행복감)체감의 법칙

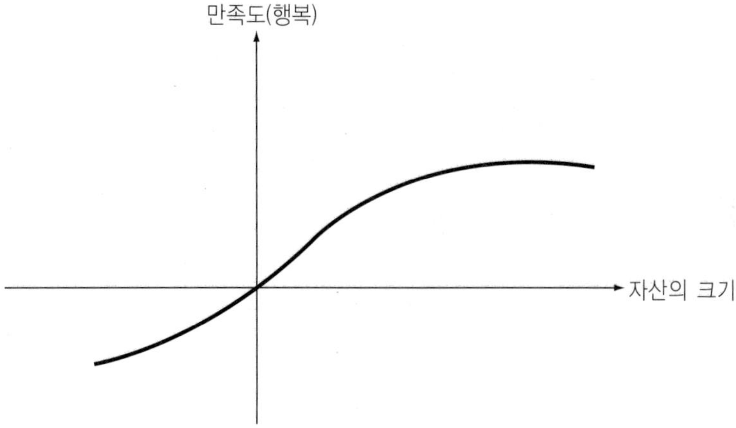


족한 것이 문제가 아니라 사용의 우선순위가 잘못되었기 때문이라고 볼 수 있다. 그리고 건강 등 현재 가지고 있는 것들은 다만 자신이 느끼지 못할 뿐 그 자체가 상당히 소중한 것이기 때문이고, 또한 가지지 못한 것을 바라본다는 것, 비교한다는 것은 기대수준을 높임으로써 인생의 만족감에 전혀 도움을 주지 못하기 때문이다.

## 2) 소득보다 소비에 주목한다

'Ⅱ. 재산형성과 부채관리'에서 자세히 언급되겠지만, 소득과 소비는 개인재정에 있어 두 개의 큰 축을 형성하지만 한 가지 점에서 확실한 차이를 가지고 있다. 즉, 소득은 불확실하나 소비는 확실하다는 것이다. 소득은 자신이 원한다고 해서 얻을 수 있는 부분은 아니지만 소비는 자신의 통제가 가능한 부분이며 또한 아무리 소득이 많다 하더라도 지출이 크면 결국 마이너스 상태에 빠지게 된다. 마이너스형 자산관리는 효율성을 추구하는바, 시간과 건강 등 많은 투입물을 필요로 하는 자산의 확대보다 투입물이 필요 없고 개인재무상 보다 확실한 결과를 가져다줄 수 있는 소비에 주목하는 것은 당연한 논리이다.

### 3) 자신의 장점 못지않게 단점을 바라본다

자신의 단점을 바라본다는 사실은 〈그림 1-5〉에서 보여주는 행복의 극대화에 있어 기대수준을 낮추는 것과 주로 연결된다. 성공은 자신의 잘난 점을, 행복은 못난 점을 아는 데에서 출발한다고 볼 수 있는데, 이것은 단점을 바라보는 경우 무리한 자산의 확대를 추구하지 않으며 기대수준을 낮춤으로써 적은 자산으로도 동일한 행복감을 느낄 수 있기 때문이다.

그런데 꿈을 갖는 것과 자신의 단점을 바라보며 또한 기대수준을 낮추는 것은 분명히 다르다. 꿈은 욕심이나 욕망에 근거를 두지 않으며 기대수준과 꿈과의 간격을 감사함으로써 채우는 반면 욕심이나 욕망은 기대수준 자체를 높이는 것이기 때문이다.

자신의 단점을 보고 기대수준을 낮춘 상태를 겸손이라고 하는데 겸손은 실제적으로 자산으로서의 기능도 가지고 있다. 왜냐하면 인간은 자신과의 비교와 개체보호라는 본능을 가지고 있어서 겸손을 갖춘 사람에게는 편안함을 느끼는 동시에 방어기능을 해제하기 때문인데, 이것은 모두 그 사람에 대한 호의로 나타난다. 이처럼 겸손은 사랑의 전초병이며 겸손-사랑-행복으로 이어진다.

겸손을 통해 행복해지기 위한 실천사항 중에는 우리 모두에게 예외 없이 존재하는 자신만의 약점을 찾아보고 인정하며 또한 이것을 다른 사람과 솔직하게 나누는 것 등이 있다.

### 4) 자신보다 형편이 어려운 타인을 살피고 자신보다 남을 위해 쓰는 것에 주목한다

이것은 도덕이나 윤리적인 측면의 접근이라기보다 행복의 증진을 위한 상당히 현실적인 자산관리방법이다. 상식적인 수준에서도 비교적 어려운 타인을 바라보는 경우 기대수준을 낮출 수 있고 또한 남을 위해 소비를 하는 경우 그 사람의 관심과 사랑을 기대할 수 있다.

성경에서도 가난한 사람을 위한 구제가 결국 자신을 위한 자산증진의 한 방법이 됨을 강조한다. 예를 들어 "흩어 구제하여도 더욱 부하게 되는 일이 있나니 과도히 아껴도 가난하게 될 뿐 아니라, 구제를 좋아하는 자는 풍족하여질 것이요 남을 윤택하게 하는 자는 윤택하여지리라"(잠언 11:24-25), "가난한 자를 구제하는 자는 궁핍하지 아니하려니와 못 본 체 하는 자에게는 저주가 많으니라"(잠언 28:27) 등이 있다.

**사례연구 '한국의 슈바이처' 선우경식 원장**

미국에서도 공부를 하고 의사로서 편안한 삶을 살 수 있었음에도 불구하고 노숙자와 극빈층의 환자들을 평생 동안 돌보다가 64세에 선종한 요셉의원의 선우경식 원장은 한 언론에서 이런 말을 한 적이 있다. 무료환자로서 의사에게 아무것도 줄 수 없는 환자들이야말로 진정 의사가 필요한 환자이며, 이 환자들은 자신에게 있어 '선물' 이었다고.

선우 원장의 말은 겸손을 보여주기도 하지만 한편으로는 상당히 합리적이라고 볼 수도 있다. 왜냐하면 진료의 대가로 돈을 지불할 수 없었던 어려운 형편의 환자들은 의사에게 진료비 대신 진정 어린 감사를 드렸을 것이고 이러한 감사와 사랑은 진료비를 훨씬 뛰어넘는 가치를 가지고 선우 원장의 삶에 행복감을 가져다주었을 수 있기 때문이다.

## 5) 일하는 것 못지않게 휴식에 주목한다

이것은 흔히 이야기하는 휴식이 계속적인 생산활동을 위한 투자라는 관점과는 다르다. 오히려 휴식 혹은 가족 등과 보내는 시간이 인생의 만족도제고라는 측면에서 더 생산적인 활동임을 강조하는 말이다. 그러나 휴식이 가지는 가치는 고정적이지 않으며 인생의 시기별로 각각 다른데 그것은 재산증식의 측면에서 시간단위당 생산성을 비교하는 것이 아니라 행복을 생산함에 있어 그 시간의 기여도가 어느 정도이냐 하는 것을 고려하기 때문이다.

### 6) 위험이 내재된 투자를 통한(극단적으로는 레버리지 효과의 동원) 추가소득의 확보보다 소비의 축소, 즉 저축을 통한 자산 형성에 주목한다

기존의 투자관련 책들은 재산형성을 위해 투자를 하는 경우에 있어 투자위험은 필수불가결하며 위험은 수익률과 동반관계에 있는 만큼 나름대로 가치가 있음을 강조해왔다. 그러나 이 책에서 논하는 개인자산관리의 입장에서 봤을 때 투자위험은 수익률과 관계가 있을 뿐 아니라 시간, 건강 등 다른 귀중한 자산을 동시에 소비하고 있음을 지적한다. 따라서 만일 투자위험이 수익률 제고를 가져다줄 가능성은 있지만 시간과 같은 귀중한 자산의 추가적 사용을 요구하고 있고 이러한 모든 것을 고려한 총체적 비용이 그 기대수익률 제고에 비추어봤을 때 과대하다고 평가된다면 투자위험의 감수가 전혀 의미 없다고 볼 수 있다.

한편 투자가 아닌 소비의 절제 혹은 저축을 통해 재산을 형성하고 경제적 안정감을 달성하는 것은 시간이나 에너지와 같이 매우 제한적인 개인자산의 소비를 필요로 하지 않는다는 특징 외에도 추가적인 의미를 가지고 있다. 사치와 낭비의 정반대 개념으로 소비의 절제 즉 저축은 무엇보다 스스로를 낮추는 기능을 가지고 있는데, 이러한 겸양은 개인의 효용함수를 확대시키는 의미가 있을 뿐 아니라 가치관이나 습관의 형성을 통해 향후에도 동일한 효용함수를 유지시키는 까닭에 매우 유용한 방법이다.

### 7) 삶의 목표가 아닌 목적을 향한다

개인자산관리는 행복을 추구하며, 이 행복은 단순히 자산의 증대가 아니라 삶의 의미 혹은 목적을 추구하는 사람에게서 주로 발견된다.

### 8) 보이는 것보다 보이지 않는 자산들에 더 관심을 기울인다

유명한 경제지 〈이코노미스트〉는 인터넷 버블이 꺼지고 세계적인 불경기가 도래한 후 한 기사에서 "기본으로 돌아가자!(Back to the Basics!)"라고 외치며 기업들이 정직, 검약하고 미래를 준비하는 자세(Be Honest, Be Frugal, Be Prepared)로 돌아갈 것을 주장했다. 이것은 개인의 경우에도 마찬가지로 적용되며 따라서 정직, 검약, 그리고 미래를 준비하는 마음은 일종의 자산이라고 봐야 한다.

건강, 가족 등은 한 번 손상되면 회복이 어려운 반면 개인의 행복에 큰 영향력을 미친다는 측면에서 그리고 건강, 신용이나 지식, 시간 등 역시 결국 소득창출로 이어지고 갈수록 그 가치가 커짐을 고려할 때 눈에 보이지 않는 재산에 대해 더 많은 관심이 필요하다.

### 9) 재산형성은 수익률이 아닌 시간과 제도(세제혜택)로 승부한다

수익률 제고를 위해 투자위험을 선택하는 것은 문제가 많다는 것을 앞에서 지적한 바 있다. 그러면 무엇을 통해 재산을 형성해야 할 것인가를 생각해봐야 하는데 지금과 같이 고도로 발달된 자본주의 체제하에서 재산의 형성능력은 기본적으로 기존재산의 크기에 대부분 의존한다. 즉, 목돈을 가지고 있을수록 이자 등의 도움을 받기가 용이하고 또한 예측할 수 없는 투자위험에 대해서도 버텨나갈 능력이 있어 절대적으로 유리한 입장에 있다

목돈이 없는 일반 사람들의 경우도 무기는 있으니 시간과 세제혜택과 같은 서민을 위한 제도적 지원 등이 바로 그것이다. 목돈이 부족하다면 조기에 그리고 세제혜택이 있는 상품이나 제도에 투자하여 자본력의 열세를 보완해야 한다.

### 10) 끝보다 시작이 중요하다

글을 쓰는 경우 서문이 어렵고 '시작이 반'이라는 속담도 있듯이 시작하기가 어렵지 일단 시작하면 일을 끝마치기란 그리 어렵지 않다. 투자자들은 끝 부분 즉 투자수익률에 관심이 많지만, 개인자산 특히 개인재무관리에 있어서는 무엇보다 시작이 중요하다. 'Ⅱ. 재산형성과 부채관리'에서 자세히 언급되지만 한 개인이 재산을 형성

하느냐 아니면 돌이키기 힘든 부채를 형성하느냐 하는 것은 대부분 어떻게 시작하느냐에 달려 있다. 소득보다 지출이 적은 경우나 그 반대의 경우 모두 이자라는 가속도를 받아 그 규모가 나날이 커지는 특징이 있다.

행복을 추구하는 개인자산관리는 사실 지식보다는 습관이 더 중요하다고 봐야 한다. 따라서 우리가 행복을 추구하기 위해서는 이상에서 언급한 것들이 제대로 실천되어야 하며 이 경우 새로운 습관과 태도를 갖추는 것이 무엇보다 중요할 수 있다.

**그림 3-3» 마이너스형 자산관리**

- 마이너스형 자산관리
  - 더 많이 얻는 것이 아니라 크게 잃지 않음에, 자신의 부족이 아니라 우선순위 조정에 치중
  - 소득보다 소비에 치중
  - 자신의 장점 못지않게 단점을 바라봄
  - 자신보다 형편이 어려운 타인을 살피고 자신보다 남을 위해 쓰는 것에 주목
  - 일하는 것 못지않게 휴식에 주목
  - 위험 내재된 투자를 통한 추가소득의 확보보다 저축(소비축소)을 통한 자산형성에 주목
  - 삶의 목표가 아닌 목적을 향함(행복은 삶의 의미 혹은 목적을 추구하는 사람에게서 발견)
  - 보이는 것보다 보이지 않는 자산들에 더 관심을 기울임
  - 재산형성은 수익률이 아닌 시간과 제도(세제혜택)로 승부
  - 끝보다 시작이 중요 (이자는 부채와 재산을 가속화)

## 3. 시기별 개인자산관리의 실제

개인자산관리의 관리상 목적은 〈그림 2-2〉에서 보는 바와 같이 행복의 극대화를 방해하는 요소들을 통제하고 효율성(주로 시간상)을 달성함에 있다. 따라서 시기별 개인자산관리에 있어서는 무엇보다 먼저 인생시기별로 발생할 수 있는 문제들을 예상하고 이에 대해 준비하는 자세가 필요하며 나아가 시간의 사용이 행복의 극대화에 맞추어지도록 해야 한다.

아래의 〈그림 3-4〉에서는 인생시기별로 발생할 수 있는 문제점들과 함께 무엇을 준비해야 하는지를 개괄적으로 보여준다. 대부분의 내용들은 이미 잘 알려지고 이해되고 있는 것들이지만 세 가지 정도는 주목할 필요가 있다.

첫 번째, 10대 중반에서 20대까지 이어지는 시기에는 자기발견이 필요하다. 현실적으로 인생의 행복 정도를 결정하는 중요한 요소들 중의 하나는 자기가 좋아하고 잘할 수 있는 일 또는 직업을 찾는 것이나. 왜냐하면 자신이 좋아하는 일을 하는 경

그림 3-4» 인생시기별 문제들과 준비

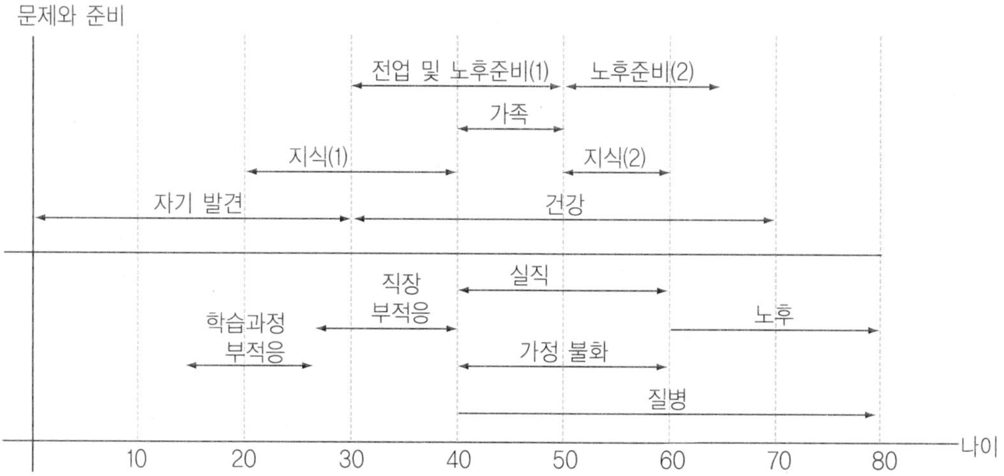

우 일 자체가 취미 내지 오락활동으로 변하게 됨으로써 그 자체로 행복해질 수 있으며 또한 이 경우 대부분 유능함으로 이어져 다른 사람의 인정과 관심을 받도록 하기 때문이다. 따라서 적성검사나 여행, 그룹활동 등 다양한 방법을 통해서 의식적으로라도 자신을 찾아가는 작업을 계속해야 한다.

두 번째, 이미 지적한 바와 같이 40대에는 가족에 대한 시간투자가 절대적으로 필요하다. 이것이 중요한 이유는 우선 대부분의 가정에 있어 이 시기는 아이들이 사춘기 등을 지내면서 많은 심적 갈등을 겪는 때로 부모의 관심이 필요하기 때문이며, 또한 이 시기가 지나고 나면 부모의 자식에 대한 금전적 역할은 남아 있지만 정서적 역할은 별로 중요해지지 않기 때문이다. 즉, 인생에 있어 거의 유일하면서도 중요한 자식과의 시간을 보내는 시기로 비록 다른 사안들이 시간을 요구하더라도 우선적으로 여기에 시간을 투자해야 한다.

세 번째, 인생 전체를 놓고 볼 때 이른바 성공이 아닌 인생의 위험관리가 더욱더 중요하다. 사람들은 나이가 들면서 결국 타인이 아닌 자신에게로 돌아오기 때문에는 특히 30, 40대에 무리한 투자와 각종 자산의 소비를 통해 타인의 관심을 끌려 하고 그러다가 자칫 실패의 계곡으로 빠져드는 경우를 만들지 않아야 한다. 구체적으로 보면 대부분의 사람들은 20대를 거쳐 30대까지는 성공을 꿈꾸고 남보다 뛰어나고자 하는 이른바 타인을 의식하는 삶을 살아간다. 하지만 40대에 들어 중년의 위기를 겪고 난 후 죽음 등을 인식하고 50대에 이르러서는 인간으로서 자신의 약점과 단점을 알게 되며, 이윽고 60대로 넘어가면서 다른 사람들에게 깊은 인상을 주겠다는 생각을 더 이상 갖지 않는다고 한다.[36)]

지금까지 다룬 자산관리의 내용을 바탕으로 우리가 현실 속에서 참고로 적용할 수 있는 자산관리의 실제에 대해 정리해보면 다음과 같다.

㉮ 자신의 소득보다 평균소득이 낮은 지역을 주거지를 삼는다. 이곳에서 감사를 배우고 평균소득대비 잉여소득을 저축으로 돌린다.

---

36) 외르크 W. 크노프라우흐 외, 『시간의 기술 : 행복한 인생을 만드는』(이하 『시간의 기술』로 표기함), 들녘, 2006, p. 206.

㉯ 20, 30세 등 매 10년 단위의 시작시기마다 10년 동안 삶의 목표를 정한다. 이때 일생의 삶의 목표와 대비하는 기회를 갖는다.

㉰ 최선의 투자수익은 소비의 절제, 즉 호주머니에 대한 투자에서 나온다는 것을 인정한다.

㉱ 시간, 건강, 지식, 가족에 대한 사랑과 헌신, (정직)신용이 돈과 같은 자산임을 인정하고 어느 하나도 최저치를 밑돌지 않도록 주의한다.

㉲ 나도 늙어감을 인정하고 퇴직연금 등 세제혜택을 통해 국가가 지원하고 기업이 지원하는 제도(주로 연금제도)에 대해서는 최대로 가입한다.

㉳ 카드는 없애든가 아니면 가족용 하나만 마련한다.

㉴ 각종 사고와 위험, 치명적 질병에 대한 대비가 되어 있는지를 확인한다.

㉵ 철학이든 신앙이든 자신이 가장 낮아지고 자아가 위협 받는 시기에 의지할 곳을 가진다.

㉶ 가족 등 투자실패의 위험이 적은 곳에 대한 투자를 늘린다. 이미 언급한바 사랑의 극대화는 효율성의 측면에서 볼 때 내가 진정한 사랑을 공급해주는 원천을 중시하고 사랑의 공급량에 따라 시간 및 모든 자산의 배분순서를 정한다는 것을 의미한다. 가족이란 무조건적인 사랑을 공급해주는 극히 얼마 되지 않는 원천이기도 하며 또한 외부상황에 크게 좌우되지 않기 때문에 가족에 대한 투자는 자산관리상 실패의 확률이 적은 분야이기도 하다.

# 재산형성과 부채관리

## Ⅱ

싱가포르 '구찌' 매장 앞의 노점상과 가난한 음악인

망령되이 얻은 재물은 줄어가고

손으로 모은 것은 늘어가느니라. - 잠언 13:11

# 제 4 장

# 부와 부채 : 그 근원과 전개방식

# 들어가기에 앞서

많은 사람들이 부자가 되기를 원하며 결코 빚쟁이가 되기를 원하지 않는다. 그리고 어떻게 하면 부자가 될 수 있을까 하는 궁금증과 부자가 되고 싶은 갈망은 인류가 존재하면서 이미 시작되었을 것이다.

그런데 알고 보면 부와 부채는 살아가는 곳만 서로 다른 일란성 쌍둥이에 비유할 수 있다. 한 아이는 내 집(내 돈)에서 또 다른 아이는 남의 집(남의 돈)에서 이자라는 음식을 먹고 자라나는 것이다.

사람들을 여러 기준으로 양분할 수 있지만 자본주의 사회에서 우리 모두는 채권자 혹은 채무자 둘 중에 하나에 속한다. 어느 것이 좋고 어느 것을 선택하고 싶은지에 대한 대답은 자명하다. 그런데 대부분의 사람들이 어느 하나의 그룹에 편입되는 과정이 매우 간단하다는 사실을 잘 알지 못하고 막연히 돈을 잘 버느냐 그렇지 못하냐에 따라 나뉠 것이라고 생각한다. 이 장은 이 간단한 과정이 무엇이냐를 다룬다.

결론적으로 부자가 되는 것은 '지출 〈 수입'이라는 간단한 공식에서 시작하며 그 결과를 좌우하는 것은 흔히 생각하듯이 오른쪽이 아니라 왼쪽이다. 그런데 대부분의 사람들은 이 과정을 힘들다고 여기고 종종 횡재에 의해 간단히 해결할 수 있는 방법이 있는가에 골몰하다가 결국 비운을 맞이한다. 단순하게 말하면 부자가 되지 못하는 것이 아니라 스스로 부자가 되기를 포기한 결과이다. 그 이유는 간단하다. 흔히 종자돈이라고 일컫는 부자를 향한 첫 번째 징검다리를 놓는 과정이 고통스럽기 때문이다.

## 1. 부와 부채의 근원

부와 부채는 개념상 극단에 있는 것처럼 보인다. 하지만 실제적으로 부와 부채는 자금의 측면에서 볼 때 같은 지점에서 시작되거나, 오히려 부채(부채를 가진 사람의 경우)가 상대적으로 더 앞선 지점에서 시작되는 경우가 많다.

자본주의 사회에서 부와 부채는 처음부터 큰 부채를 짊어진 경우가 아닌 이상 돈에 대한 마음가짐에 그 근원을 둔다. 그리고 어느 정도 기간이 지나면 이자 혹은 투자수익률이라고 하는 자본의 수익력에 의해 그 상태가 가속화되는 특성이 있다.

부와 부채의 생성방식은 단순하다. 수입과 지출의 크기가 어떤 상태로 일정기간 유지되느냐에 달려 있다. 수입이 지출보다 크다면 나머지 잉여자금은 투자자금으로 변하고 여기에 지속적으로 이자가 합해지게 된다. 부채의 경우도 마찬가지인데 다만 그 가속도가 이자율의 차이로 말미암아 다소 크다는 특징이 있다. 그리고 어느 정도 기간이 지난 상태에서는 이자율 등 외부적인 여건이 다소 악화되더라도 부는 그대로 유지되는 경향이 있다. 왜냐하면 이 시기에는 이미 부의 크기가 일정규모를 넘어서서 어느 정도 충격에 대해서는 내성을 가지고 있기 때문이기도 하지만, 그보다 더 중요한 것은 그동안의 과정을 거치면서 소비에 대한 절제력, 이른바 소비습관이 어느 정도 길러지고 확인되었다고 볼 수 있기 때문이다.

부와 부채의 근원이 되는 마음가짐이란 '절약' 혹은 '검약'이라는 말로 표현할 수 있다. 그런데 여기서 절약이란 할인쇼핑 등을 통해 소비상품을 저렴하게 구매하는 것이 아니라 수입이 지출을 초과하는데도 일반 사람이 느끼기에 꼭 필요한 소비라고 판단되는 것조차 피하는 상태를 의미한다. 왜냐하면 소비는 거의 대부분 선한 의도에서 행해지는 경우가 많아 소비를 줄이는 것 자체가 현실적으로 매우 어려운 일이기 때문이다.

다음으로 부와 소득의 관계에 대해 생각해볼 필요가 있다. 소득 혹은 수입은 자금의 플러스 흐름을 말하고, 부는 자금의 마이너스 흐름이 공제된 상태에서 모아진 돈

그림 4-1» 부와 부채의 근원과 전개

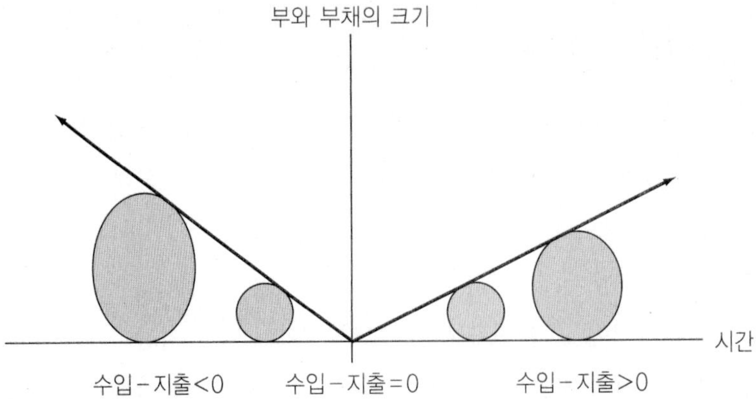


의 합계를 의미한다. 흔히 부와 소득은 같은 방향으로 움직인다고 생각하지만 소득은 지출이라는 파트너를 가지고 있기 때문에 그렇지 못하며, 부를 가진 이른바 부자는 소득이 아닌 지출의 통제에 따른 결과이다.[37)]

부와 부채를 결정하는 가장 큰 요인은 소득이 아니라 소비이다.[38)] 그 이유는 단순하다. 소비의 확대는 소득의 확대에 비해 매우 쉬우며 또한 시간상 제약을 받지 않는 반면 소득은 한마디로 생성 자체가 불확실하다. 그러나 현실적으로 많은 사람들이 소비의 절제보다는 불확실하며 시간, 건강 등 많은 자산을 소비하는 소득의 단기적 증대에 주력하고 있는데, 이와 관련하여 성경은 "충성된 자는 복이 많아도 속히 부

37) 예를 들어 토마스 J. 스탠리와 윌리엄 D. 댄코는『이웃집 백만장자』에서 1,000달러짜리 양복을 소유한 기준으로 봤을 때 미국의 특정지역에서는 백만장자가 아닌 사람들이 백만장자보다 6배는 더 많았다고 조사보고 한다. 또한 "부자가 아닌 사람들이 열심히 일하고 돈을 벌고 자신을 희생하는 것은 사실 남에게 과시하기 위함인 것이다. 이런 사람들은 진짜 부유층 사람들의 생활방식을 좇으려 한다. 재미있는 것은 이러한 '진짜 부유층 사람들' 이 실제로 존재하는 것이 아니라 상상으로 만들어진 것이다"라고 말한다.

38) 큰돈을 벌었음에도 불구하고 과도한 소비로 인해 재정적 어려움을 겪는 유명인에 대한 보도가 종종 있다. 1970년대 중반 엘비스 프레슬리(Elvis Presley) 이외에 1990년대에는 많은 유명인들의 파산선고가 있었다. 대표적으로 영화배우 킴 베이싱어(Kim Basinger), 버트 레이놀즈(Burt Reynolds), 그리고 엘튼 존(Elton John) 등이 있으며, 엘튼 존의 경우는 일주일에 신용카드로 40만 달러를 소비하면서 발생한 빚을 청산하고자 4,000만 달러를 빌렸다는 헤드라인이 보도되기도 했다(Arthur J. Keown, *Personal Finance*, PrenticeHall, 2001, p. 28 참조).

하고자 하는 자는 형벌을 면치 못하리라"(잠언 28:20)라고 언급한다.

소득이 아닌 절약을 통해 부를 형성하는 경우의 장점은 몇 가지가 더 있다. 우선 절약은 소비에 대한 그리고 경제적 삶에 대한 기대수준을 낮춘 상태에서 이루어지기 때문에 같은 소득과 소비수준을 가진 사람에 비해 행복감이 높다. 그리고 재산형성이 이루어질 경우 돈으로 인한 경제적 걱정으로부터 놓일 수 있고 동시에 걱정의 시간을 보다 생산적인 것에 투자할 수 있다.

## 2. 외적 충격과 부와 부채에 대한 영향

부자들에 대한 연구내용을 담고 있는 『이웃집 백만장자』에서는 부를 축적하는 부자들의 경우 자산을 가지되 대부분 그 가치가 커지는 자산을 보유하는 반면 부자가 아닌 사람들은 자산을 가지더라도 자동차와 같이 그 가치가 하락하는 일종의 소비재를 지니고 있다고 말한다.[39]

한편 부와 부채를 형성함에 있어 근간이 되는 요인들은 개인의 부에 대해 영향을 미칠 수 있는 세금, 인플레이션 등 외부적인 충격에 대해서도 각각 다른 결과를 낳도록 한다.[40] 앞에서 부를 형성함에 있어 가장 중요한 요인은 소비라고 하였는데 부의 생성이 소비의 절제 즉 절약을 통해 이루어지는 경우 비록 소득이 많더라도 대부분 세금이 따라오는 소비에 연결되지 않고 소득공제 혹은 투자소득에 대해 인출시기까지 과세를 연기하는 것과 같은 세제혜택이 있는 금융상품(연금상품 포함) 등을 통해 투자되기 때문에 세금의 영향력을 크게 받지 않는다. 이에 비해 부채는 대부분 소비습관에 의해 만들어지고 이에 따라 그 반대의 결과가 나타난다.

인플레이션의 경우도 마찬가지이다. 인플레이션은 결국 상품가격의 인상으로 나타나는 까닭에 소비가 많은 사람에게 더욱더 큰 의미를 가질 수밖에 없다.

39) 토마스 J. 스탠리 · 윌리엄 D. 댄코, 『이웃집 백만장자』, 리드리드출판, 2002, p. 150.
40) 토마스 J. 스탠리 · 윌리엄 D. 댄코, 위의 책, p. 140.

소비의 욕구는 생각보다 훨씬 강렬하다 : 홍콩의 쇼핑명소

목표라는 항구를 모르는 사람에게 순풍은 불지 않는다.

– 세네카

# 제 5 장

# 재산형성을 위한 일반적 원칙

# | 들 | 어 | 가 | 기 | 에 | 앞 | 서 |

이 장에서는 개인자산관리에서 어쩌면 가장 중심에 있다고도 볼 수 있는 돈에 관한 문제, 즉 재산형성과 개인재무관리에 대해 알아본다.

재산형성을 위한 전제조건인 개인재무관리의 핵심은 재무계획이다. 즉, 개인이 제대로 된 재무관리를 하기 위해서는 필요한 자금을 어떻게 마련하고 사용할지 분명한 재무계획이 필요하다는 것이다. 그리고 실제로 많은 부자들을 상대하는 PB(Private Banker)들에 의하면 부자들의 가장 두드러진 특징이 '언제까지 얼마를 모으겠다' 라는 식의 구체적 목표를 가지고 있는 것이라고 한다.

그럼 왜 재무계획이 중요한가?

그 이유는 앞에서 언급한 바와 같이 돈을 모으기 위해서는 일단 소비를 통제해야 하는데 이것이 고통스러운 과정이며 인내를 필요로 한다는 데 있다. 예를 들어보자. 지금 나에게 얼마의 돈이 있는데 어떻게 할 것인가? 돈 쓸 데는 간단하게 떠오를 것이다. 고생하시는 엄마에게 좋은 옷을 선물하고 싶다, 벼르기만 하던 그 옷을 사고 싶다, 눈에 어른거리는 음식이 있다 등등. 만약 저축을 한다면, 그럼으로써 이 모든 유혹을 물리칠 수 있는 강력한 그 무엇 혹은 보상이 있어야만 가능하다는 결론에 도달한다. 그 보상은 무엇인가? 바로 재무계획이 보여주는 미래의 기분 좋은 소비이다.

정리하면 현재의 강렬한 소비욕구를 능가할 만한 그 무엇이 있다는 사실을 재무계획을 통해 스스로에게 보여주지 않는 한 당장 필요한 소비를 저축으로 되돌리기는 힘들다는 것이 재무계획이 필요한 이유이다.

## 1. 개인재무관리의 필요성과 특성

이미 누누이 언급된 바와 같이 돈이 행복을 의미하지는 않는다. 그러나 돈과 재산이 우리의 생활수준을 높여줌으로써 삶의 질을 개선하는 데 있어 주된 역할을 한다는 것은 긍정하지 않을 수 없는 사실이다. 또한 돈은, 최소한, 우리가 인생에서 추구하는 목표를 달성하도록 도와주는 역할을 한다.

그러나 현실적으로 볼 때 돈과 관련한 문제는 돈이 많고 경제적 여유가 있을 때가 아니라 돈이 없을 때 발생한다. 만일 반드시 필요한 만큼의 돈이 없을 경우 생활이 곤궁에 빠질 수밖에 없다는 것은 재론의 여지가 없는 엄연한 사실이다.

개인자산관리, 그중에서도 어쩌면 가장 현실적이고도 중요한 개인재무관리를 통해 반드시 최소한의 경제적 기반을 마련해야 한다는 것은 중요한 일이다. 만일 그러지 못할 경우 다음과 같은 결과를 초래할 수 있다.

우선 i) 다른 사람의 물건이나 기타 자산을 탐내게 됨으로써 나쁜 결과를 낳을 수 있다. ii) 돈을 빌려야 하는 상황에 처하는 등 개인의 자존감을 상하는 일을 겪게 됨으로써 인간적 모멸감을 받을 수 있다. iii) 자식이나 가족에게 그들이 필요로 하는 기본적 욕구를 충족시켜주지 못하거나 삶에 있어서 선택의 폭을 줄이도록 강요함으로써 개인의 삶 전체에 대하여 회의를 품게 할 수 있다.

물론 '젊어서 고생은 금 주고도 못 산다'는 말처럼 단기간의 어려움은 가끔 필요하기도 하고 그리고 좀 더 자신을 겸허하게 하여 행복의 절대적 조건을 낮추는 역할을 할 수 있다. 하지만 이러한 어려움이 장기간 지속되면 불행이 되고 만다. 특히 위의 세 가지의 결과는 개인의 기대수준의 하향, 즉 행복함수의 변화를 통해서도 해결하기가 힘들며 개인의 통제를 벗어나는 경우이다. 따라서 이러한 경우들이 자신을 비참한 상황으로 몰고 가지 않도록 미연에 예방해야 한다.

그렇다면 부의 형성은 어떤 결과를 낳을 수 있을까. 만일 부의 형성 자체가 정당하고 더욱이 우연한 소득의 발생이 아닌 검약의 결과라면 그 대가는 적지 않다. 토마스

J. 스탠리와 윌리엄 D. 댄코(Stanley & Danco)의 『이웃집 백만장자』에서는 부가 가져다주는 혜택은 소비를 통한 물질적인 것이라기보다 추상적인 것이라며 그 예로 "재정적 자립, 절제, 훌륭한 가장, 좋은 남편, 교육을 잘 받은 아이들의 아버지 같은 것들"을 든다.[41)]

분명한 사실은 재무관리라는 형식을 거치든 아니면 어떤 다른 방식을 거치든 일정한 경제적 기반은 마련되어야 한다는 것인데, 문제는 개인재무관리란 자신이 무엇을 하고 있는지 알지 않는 이상 사람들이 결코 기꺼이 하려고 하지 않는 일 중에 하나라는 점이다. 따라서 우리는 먼저 재무관리가 왜 필요한지부터 알아볼 필요가 있다.

## 1) 왜 개인재무관리가 필요한가

왜 사람들에게 재무관리가 필요한가?

한마디로 개인재무관리의 목적은 번거로움이나 혹은 시간의 소비와 같은 비용이 요구됨에도 불구하고 궁극적으로 인생의 경제적 문제를 예견하고 대처하게 함으로써 최소한 막다른 상황에 이르지 않도록 한다는 데 있다.

구체적으로 보면 재무계획은 재산의 형성을 통해 필요한 시기에 적절하게 돈이 사용될 수 있도록 도와주는 역할을 한다. 아서 쿠언(Arthur J. Keown)이 그의 책 『Personal Finance』에서 언급한 바와 같이 대부분의 사람에게 있어 소비는 저축보다 더 쉽고 더 나아 보이기 마련인데 재무계획은 저축이 왜 필요한지를 알게 하며 또한 소비를 줄일 수 있도록 한다. 즉, 재정의 통제를 가능하게 한다는 것인데 아서 쿠언의 말처럼 현실에 있어 우리는 재정을 통제하든가 아니면 재정에 통제되든가 둘 중에 하나를 택하게 되어 있다.

재무계획과 관리가 되는 경우와 그렇지 않은 경우를 비교하면 〈그림 5-1〉과 같다.

---

41) 토마스 J. 스탠리 · 윌리엄 D. 댄코, 앞의 책, p. 55.

그림 5-1» **개인재무관리의 필요성**

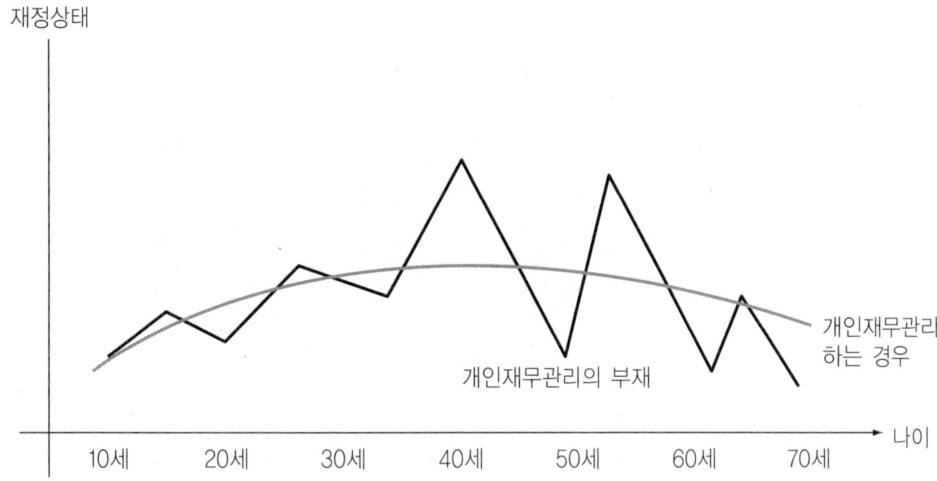


위의 그림에서 보는 바와 같이 개인재무관리는 근로시기에 소비 절제와 저축을 통해 축적한 재산을 소득이 떨어지는 시기, 예를 들어 은퇴 시기로 돌리며 또한 각종 위험관리를 동해 재정상 큰 요동이 없도록 해준다. 반면에 재무계획이 없는 경우는 시간이 지나면서 발생하는 각종 경제적 변화의 영향력을 그대로 받게 된다. 어느 것이 인생의 총체적 만족감을 더 제공하는지에 대해서는 큰 의견 차이가 존재하지는 않을 것이다.

다음으로 재무계획은 이것이 없을 경우와 비교할 때 재산의 축적과 함께 소비를 보다 효율적으로 하게 함으로써 더 쉽고 빠르게 경제적 안정을 이룩할 수 있도록 도와준다.

예를 들면 재산의 축적을 위해서는 저축과 투자의 과정을 거쳐야 하는데 세제혜택 등의 제도적 측면을 적절히 사용하는 방법 등이 재무계획을 통해 도출된다. 그리고 소비의 경우도 재무계획을 통하게 되면 삶의 총체적 질을 높이는 방향으로 설정될 수 있다. 가장 필요한 곳부터 적절하게 소비하도록 도와주며 또한 같은 비용으로 보다 높은 만족감을 얻을 수 있도록 한다.

한마디로 재무계획은 더 높은 소득을 만드는 일에 직접적인 도움을 주지는 못하지

그림 5-2» **재무계획, 왜 필요한가?**

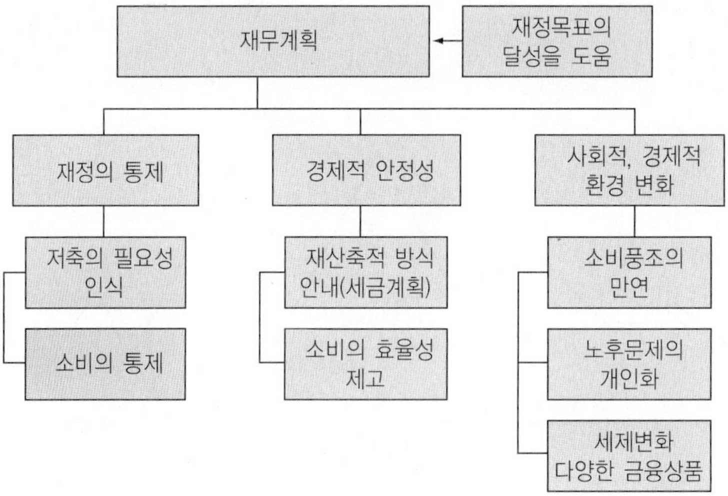


만 개인이 만들어낸 소득을 사용하여 개인이 원하는 재정적 목표를 달성하는 것을 도와준다고 할 수 있다.[42)]

또한 현재 우리 주위를 둘러싸고 있는 사회적, 경제적 환경의 급변화 역시 재무계획의 필요성을 갈수록 절실하게 하고 있다. 우선 사회전체적으로 물질만능주의의 소비문화가 팽배하여, 재무계획 등을 통해 왜 저축이 필요한지에 대해 스스로 자각하는 등 부단한 자아통제 없이는 개인이 소비를 억제하고 미래를 위해 저축하는 것 자체가 상당히 어려운 일이 되고 있다.

다음으로 개인의 평균수명의 연장에 따라 전 세계적인 인구의 노령화와 핵가족화가 진전됨으로써 가계 재정과 관련된 문제가 과거와 달리 국가나 가족에게서 점차 개인에게 이전되는 추세이다. 아울러 하루가 멀다 하고 세제가 바뀌고 세율 역시 높아지고 있다. 따라서 이에 대한 어느 정도의 지식을 갖추고 제대로 된 절세계획 등을 통해 대응하지 않는 이상 적지 않은 금전적 손해를 보게 되어 있다.

마지막으로 투자 측면에서도 다양한 금융상품과 투자상품들이 쏟아져 나오면서

42) Arthur J. Keown, 앞의 책, p. 2 참조.

투자계획 등을 통해 이것들을 제대로 파악하지 않는 이상 올바른 선택이 어려워지고 있는 실정이다.

## 2) 재무계획이 이루어지지 않는 이유

제대로 된 재무계획이 없을 경우 일어날 수 있는 일들은 분명하다. 우선 사망이나 사고, 질병, 실업 등 예상치 못한 재난으로 말미암은 재정적 어려움에 처하거나 자녀 학자금이나 은퇴준비자금의 부족문제를 겪을 수 있고 어쩌면 원하지 않는 직장에서 원하지 않는 시기에 돈을 벌기 위해 일해야 하는 고통을 당할 수 있다. 그 밖에도 투자손실을 본다거나 많은 세금을 부담해야 할 수도 있다.

이처럼 재무계획이 중요하고 필요한데도 불구하고 개인이 재무계획을 세우는 것 자체가 그리 일반화되어 있지 않다. 그 이유로는 현재의 재정규모가 너무 작다기나 재정상황을 파악하고 계획을 세워봐야 크게 달라질 게 없을 것이라는 생각, 계획을 세우는 데 따르는 번거로움, 그리고 현재의 재정상황을 확인하는 데 따른 두려움과 배우자의 저항 등을 들 수 있다. 그러나 이러한 이유들은 전혀 근거가 없다. 왜냐하면 재정이란 아무리 작은 금액으로 시작되더라도 이자의 힘과 시간이 가세하는 순간 그리 길지 않은 기간 내에 큰 이슈로 변할 수 있기 때문이다. 특히 부채문제의 경우는 직접 숫자를 적어봄으로써 가족구성원 사이에 재정현황을 확인하지 않는 이상 결코 해결되지 않는다.

사실 재정계획은 재산의 신속한 축적보다는 돈의 부족으로 인해 발생할 수 있는 재정문제의 관리차원에서 접근되어야 한다. 왜냐하면 우선 금전은 현재 보유한 것 이상으로 늘어나는 경우보다 줄어드는 경우가 상대적으로 더욱더 큰 영향력을 개인에게 미치며 또한 돈이라고 하는 것은 사회전체로 봐서도 누구나 갖기를 원하는 재화이기 때문에 늘어나는 것보다는 없어지는 것이 더 쉽다고 볼 수 있기 때문이다. 위험관리차원에서 재정계획을 반드시 세워서 호미로 막을 일을 가래로 막는 일은 최소한 일어나지 않도록 해야 한다는 것은 아무리 강조해도 지나치지 않다.

특히 개인재무관리는 여성들에게 더욱더 중요하다. 왜냐하면 여성의 경우 현실적으로 돈을 벌 수 있는 경제적 여건이 남성에 비해 열악한 데 비해 생존기간 등의 측면에서 스스로 책임져야 할 경제적 부담이 상대적으로 크기 때문이다. 은퇴문제만 해도 여성들은 불리한 위치에 있는데, 우선 국민연금을 보면 남편의 사망시 대부분 노령연금보다 금액이 60% 정도에 머무르는 유족연금의 대상자가 된다. 개인연금이나 기업연금의 경우도 대부분 연금에 가입되어 있지 않거나 혹은 배우자에 대한 혜택이 없는 연금상품을 보유하고 있는 경우가 대부분이지만 통계적 생존기간은 남자보다 더 길다.

### 3) 개인재무관리의 내용

개인재무관리에 관한 항목들을 구체적으로 정리해보면 다음과 같다.

**㉮ 부채와 재산형성에 대한 이해**

사람은 매일매일의 삶을 위한 생활비 이외에도 자녀교육비, 예기치 않은 일들에 대비한 비상기금 등으로 사용될 수 있는 재산이 조성되어야 한다. 한편 재산의 반대선상에 있는 부채에 대한 이해도 필요한데 두 가지의 결과는 비록 정반대임에도 불구하고 그 뿌리는 하나라는 사실이 지적되어야 한다.

**㉯ 현명한 투자방법**

저축은 반드시 투자라는 과정을 거쳐야 한다. 그런데 투자는 상품을 고르고 관리하는 것 자체도 쉽지 않을뿐더러 단순히 위험/수익률의 상쇄현상만으로 이해되기 어려운 특성도 가지고 있다.

**㉰ 은퇴의 계획**

은퇴란 대부분의 사람에게 시간적 차이를 두고 언젠가 다가오는 현실이지만 계획이 없는 경우 제대로 된 준비가 힘든 것도 사실이다. 또한 과거에 비해 은퇴기간이 장기화됨에 따라 더욱 중요한 위치에 서게 되었기 때문에 제대로 된 은퇴계획이 필요하다.

**㉣ 개인재무위험의 관리.**

조기사망, 장애, 재산손실 및 손해배상, 장기간병 등 개인에게 닥칠 수 있는 각종 위험에 대비한 효율적인 보험구매가 대부분의 내용을 이룬다.

**㉤ 세금관리**

점차 그 내용이 복잡해지고 또한 부담도 증가추세에 있는 각종 세금, 특히 생존시와 사망시 발생하는 소득세, 증여세 및 상속세 등을 절약하는 문제를 다룬다.

위의 내용에는 어느 정도 전문적 지식이 포함되어 있으며 또한 각각은 서로 연관되어 있다. 예를 들어 은퇴계획만 하더라도 그 안에는 세금문제, 투자문제가 모두 포함되어 있다. 따라서 일관성을 가지고 체계적으로 접근해야 제대로 이해할 수 있으며, 여기에 개인재무관리 과목을 배우는 목적이 있다.

그림 5-3» 개인재무관리의 내용

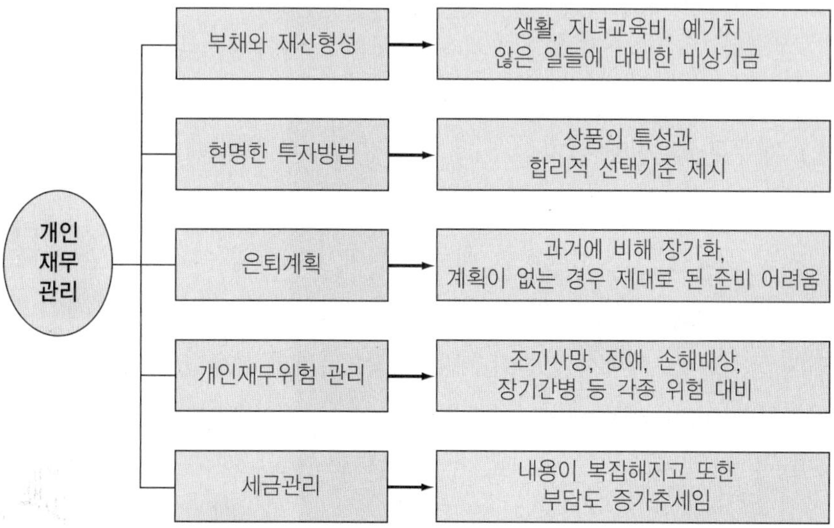

## 2. 개인재무관리의 진행과정

토마스 J. 스탠리와 윌리엄 D. 댄코의 『이웃집 백만장자』에서는 대부분의 백만장자들이 강한 자제력을 가지고 있고 재무계획과 예산편성에 많은 시간을 투자한다고 말한다. 그리고 비록 예산을 세우지 않는 경우에도 먼저 자신에 대한, 즉 저축투자에 할애하고 나머지를 가지고 살아가도록 한다고 말한다.[43]

이처럼 재무계획의 수립과 예산의 편성은 재산형성에 있어 중요한 의미를 가지고 있는데 한 책에서는 향후 재산관리의 개념이 기존의 재테크에서 재무계획으로 바뀔 것으로 예견하고 있다.[44] 재테크의 전형적인 모습은 저축을 통해 푼돈을 목돈으로 바꾸고 이 돈을 부동산 등에 투자해서 돈을 불려나가는 것이다. 그러나 재무계획은 재테크처럼 '단기간에 일확천금을 노리는' 것이 아니라 장기간에 걸쳐 저축하고 이것을 또한 장기간에 걸쳐 되돌려 받는, 즉 일생 동안 소득의 균등화를 추구하는 재산관리방식이며 앞으로 개인들의 삶은 재무계획의 존재 여부와 방식에 따라 크게 달라질 것으로 보인다.

### 1) 재무관리 진행절차

어떤 계획이든 항상 작정한 대로 이루어지지는 않는다. 하지만 계획이 없음에도 불구하고 자신이 원하는 일이 일어나는 경우는 거의 없으며 특히 개인의 재정문제는 더욱 그러하다. 따라서 건전한 재무계획은 분명히 상당한 가치가 있다. 문제는 어떻게 하는가이다. 재무계획은 지속적으로 이루어져야 하며 재정상황이 변하면서 바뀌어야 한다. 그러나 다섯 가지의 기초적 단계는 있다.[45]

---

43) 토마스 J. 스탠리 · 윌리엄 D. 댄코, 앞의 책, p. 64 참조.

44) LG경제연구원, 『한국인이 사는 법 : 성공을 꿈꾸는』, 청림출판, 2006, p. 193.

45) Arthur J. Keown, 앞의 책, pp. 30-33 참조.

### (1) 단계 1 : 재정적 건강상태를 확인한다

육체적 건강과 마찬가지로 개인의 재무적 건강을 유지하기 위해서는 먼저 현재의 건강상태를 확인할 필요가 있다. 이것은 평소에 미처 인식하지 못했으나 기존에 이미 존재하던 문제들을 확인할 수 있도록 도와주며 이 단계가 정확하면 정확할수록 문제해결이 상대적으로 용이해지며 또한 큰 비용이나 대가를 치르지 않을 수 있다.

하지만 이런 작업이 결코 쉽지만은 않다. 예를 들어 재정문제에 있어서 가장 중요하다고 볼 수 있는 소비에 관한 분석을 하기 위해서는 기록작업이 선행되어야 하는데 이러한 작업은 지루하고 따분하다. 그리고 결혼을 한 경우라면 배우자의 동의와 협력을 구해야 하며 또한 어느 정도 개인의 사생활을 건드리는 면이 있으므로 부부간 마찰을 가져오기도 한다. 그렇지만 이러한 작업을 통해 평소에 관심을 가지지 않으면 알기 어려운 사실을 알 수 있으므로 반드시 밟아야 하는 단계이다.

재정적 현실을 파악하기 위해서는 기업이 재무제표를 만드는 것처럼 개인은 두 가지 자료를 만들어야 한다. 하나는 개인 대차대조표이고 또 하나는 개인 현금수지표이다. 개인 대차대조표는 어떤 특정시점에서 개인이 보유하고 있는 자산과 부채를 나열해놓은 것이며, 개인 현금수지표는 일정기간 동안 돈이 들어오고 나오는 모습을 기록해놓은 것이다. 보통 전자를 스냅사진에 그리고 후자를 동영상에 비유하는데 두 가지가 합쳐지면 현재 어느 정도의 순재산을 가지고 있고 그리고 이러한 상황이 수입과 지출의 변동을 통해 어떻게 흘러가고 있는지, 즉 점점 개인의 재산이 늘어가는지 아니면 줄어들고 있는지를 알 수 있다.

그러면 두 가지 자료를 구체적으로 살펴보자.

#### ㉮ 대차대조표

대차대조표는 재정적 상황의 변화를 파악하기 위한 수단으로 특정한 재정목표가 있는 경우 달성 여부를 확인할 수 있도록 하는 역할도 한다.

대차대조표는 자산과 부채 두 부분으로 나뉘고 자산에서 부채를 차감하게 되면 이른바 순자산이 나온다. 여기에서 자산은 당시의 재정상황을 정확히 알기 위한 것이기 때문에 구매시점의 가격이 아닌 당시의 시장가격을 표시해야 한다.

• 자산

자산의 종류에는 우선 현금성 혹은 유동성자산이 있는데 현금, 예금, 그리고 증권회사의 MMF와 같이 현금화가 쉬운 금융상품 등이 바로 그것이다. 다음으로 주식, 채권, 펀드 같은 투자자산이 있다. 세 번째는 집이나 콘도 같은 주거용 자산이 있으며, 네 번째는 퇴직금, 연금 등 은퇴용으로 적립된 자산이 있을 수 있는데 이때 연금 등은 당시 계산시점의 가치로 환산할 필요가 있으며 해당 금융기관을 통해 알아볼 수 있다. 다섯 번째는 자동차나 골프채, 골동품 등 값나가는 물건들이 있을 것이며 마지막으로 기타 자산항목이 있다. 비고항목에는 다양한 내용의 기입이 가능한데 예를 들어 투자자산의 경우는 투자만기가 언제인지 등을 기록할 필요가 있다.

• 부채

부채는 개인이나 금융기관으로부터 빌린 돈이나 할부금 등 언젠가는 상환해야 할 금액을 말한다. 부채는 상환기간이 장기냐 혹은 단기냐에 따라 나눌 필요가 있지만 특별히 구분할 필요는 없다고 볼 수 있다. 단기 부채는 보통 1년 이내에 갚아야 할 부채를 말하며, 장기부채는 주택이나 자동차구매를 위한 기존 대출금 중 미상환금을 말한다. 부채의 각 항목을 나열함에 있어 만일 은행대출금과 같이 이자가 지급되는 경우가 있다면 이자율을 함께 기입할 필요가 있다. 이자율을 알게 되면 부채상환의 우선순위를 정하는 데 도움이 되고 또한 대출은 이자라는 대가를 분명히 치른다는 것을 확인시켜주기 때문에 소비의 축소 등을 통한 부채 청산의 동기를 주는 장점이 있다. 비고항목에는 대출만기일 등을 기록하여 미상환으로 인한 손해를 보지 않도록 할 필요가 있다.

• 순자산

자산총액에서 부채를 공제한 것이 순자산이다. 순자산이란 그동안 개인이나 가정이 축적한 실제 자산의 크기를 가리키는데 만일 부채가 자산보다 클 경우, 즉 순자산이 마이너스인 경우를 두고 '지급불능상태에 빠졌다' 고 한다. 보험회사와 같은 금융기관의 경우 지급불능상태는 심각하게 취급되는데 개인의 경우도 예외는 아니다.

**표 5-1** 대차대조표

| 자산 | | |
|---|---|---|
| 항목 | 금액 | 비고 |
| 현금성 자산 | | |
| 투자 자산 | | |
| 주거용 자산 | | |
| 은퇴용 적립자산 | | |
| 개인 소유 동산 | | |
| 기타 자산 | | |
| 자산 총액 | | |
| **부채** | | |
| 항목 | 금액/금리 | 비고 |
| 단기 부채 | | |
| 미지급 금액(생활비 등) | | |
| 각종 카드 대금 | | |
| 기타 부채 | | |
| 장기 부채 | | |
| 주거관련 부채 | | |
| 자동차관련 부채 | | |
| 각종 대출관련 부채 | | |
| 기타 부채 | | |
| 부채 총액 | | |
| **순자산(자산 총액－부채 총액)** | | |
| 순자산 총액 | | |

**표 5-2 » 현금수지표**

| 수입 | | |
|---|---|---|
| 항목 | 금액 | 비고 |
| 급여 | | |
| 사업소득 | | |
| 투자소득 | | |
| 연금소득 | | |
| 수수료, 임대료 등 | | |
| 기타 수입 | | |
| 수입 총액 | | |
| **지출** | | |
| 항목 | 금액 | 비고 |
| 식료품 및 외식비 | | |
| 교통 · 통신비 | | |
| 교육비 | | |
| 의류 및 신발 | | |
| 교양 · 오락 | | |
| 광열 · 수도 | | |
| 의료비 | | |
| 기타 | | |
| 지출 총액 | | |
| 잉여수입(혹은 적자)액 | | |

### ㈏ 현금수지표

현금수지표는 그야말로 개인이나 가계에 있어 현금의 흐름을 나타낸다. 어디에서 어느 정도의 돈이 들어와서 어디로 흘러나가는지를 정확하게 보여주는 표이다. 이러한 현금수지표에서 보여지는 결과는 결국 대차대조표로 연결되는데 당연히 수입보다 지출이 큰 경우는 자산의 축소나 부채의 증가를 통해 순자산의 감소로 나타난다.

- 수입

  개인이나 가정의 수입은 급여나 사업소득 위주로 발생하며, 그 밖에 투자소득이나 정부나 각종 기관의 연금소득 및 기타 잡소득이 있다. 수입은 특별한 경우를 제외하고는 크게 변하지 않는 특징이 있다.

- 지출

  지출은 위에서 발생한 수입이 실제로 어떻게 사용되고 있는지 보여주는 곳이다. 수입항목이 몇 가지로 매우 단순한 형태를 띠는 데 비해 지출힝목은 개인마다 매우 다양하며 또한 지출은 수입과 달리 거의 매일 이루어지는 특징을 가지고 있다. 따라서 지출을 일일이 기록하고 정리하여 현금수지표를 작성하는 것은 매우 성가신 일임이 틀림없다. 그러나 지출을 파악하는 것이야말로 개인의 재무생활에서 무엇보다 중요한 일이며, 개인자산관리는 지출을 중심축으로 하여 움직이고 있다는 사실을 인식할 필요가 있다.

  앞에서 언급한 바와 같이 개인이나 가계의 수입은 대부분의 경우 고정적이며 변화가 크지 않고, 특히 상향조정 하기란 실제로 매우 어렵다. 이에 비해 지출은 개인의 소비행위에 따라 많은 변화가 가능하다. 따라서 개인재무관리는 결국 지출부분에 주목할 수밖에 없는데, 순자산의 증가 즉 개인의 부를 늘리고자 하는 경우 결국 지출을 줄여나가는 데에서 시작해야 한다.

  지출을 줄이는 방법은 현금수지표의 분석을 통해 찾아낼 수 있다. 현금수지표는 어느 부분에서 과다지출이나 혹은 불필요한 지출이 이루어지고 있는가를 구체적으로 보여주므로 이러한 부분들을 확인한 다음 조치를 취한다. 이것을 물통에 물을 채우기에 앞서 먼저 새는지 확인하는 것에 비유할 수 있다.

표 5-3 » 우리나라의 가구당 월평균 가계수지(2인 이상, 도시 기준)

| 가계수지항목별 | 2009 | | |
|---|---|---|---|
| | 전체가구 | 근로자가구 | 근로자 외 가구 |
| 가구원수 (명) | 3.33 | 3.42 | 3.19 |
| 가구주연령 (세) | 47.89 | 44.49 | 52.96 |
| 조사가구분포 (%) | 100.00 | 59.79 | 40.21 |
| 소득 (원) | 3,480,372 | 3,888,647 | 2,873,516 |
| 경상소득 (원) | 3,341,317 | 3,738,076 | 2,751,551 |
| 근로소득 (원) | 2,278,595 | 3,382,045 | 637,666 |
| 사업소득 (원) | 746,335 | 151,755 | 1,630,734 |
| 재산소득 (원) | 15,721 | 13,860 | 18,474 |
| 이전소득 (원) | 300,666 | 190,416 | 464,677 |
| 비경상소득 (원) | 139,055 | 150,572 | 121,966 |
| 가계지출 (원) | 2,823,809 | 3,054,239 | 2,481,084 |
| 소비지출 (원) | 2,187,799 | 2,322,591 | 1,987,361 |
| 식료품 · 비주류음료 (원) | 302,067 | 304,135 | 299,042 |
| 주류 · 담배 (원) | 26,084 | 27,186 | 24,446 |
| 의류 · 신발 (원) | 134,274 | 146,498 | 116,106 |
| 주거 · 수도 · 광열 (원) | 214,755 | 216,653 | 211,907 |
| 가정용품 · 가사서비스 | 78,097 | 84,342 | 68,777 |
| 보건 (원) | 143,949 | 141,822 | 147,110 |
| 교통 (원) | 266,006 | 293,469 | 225,072 |
| 통신 (원) | 132,681 | 136,303 | 127,293 |
| 오락 · 문화 (원) | 114,347 | 124,488 | 99,280 |
| 교육 (원) | 301,999 | 328,854 | 262,103 |
| 음식 · 숙박 (원) | 285,641 | 315,197 | 241,712 |
| 기타상품 · 서비스 (원) | 187,900 | 203,643 | 164,513 |
| 비소비지출 (원) | 636,009 | 731,648 | 493,723 |

**자료 :** 통계청 사회통계국 복지통계과, 「가구당 월평균 가계수지」, 2010.

㉰ **주요 개인(가계)재무지표**[46)]

병원에서 환자들의 건강상태를 알아보기 위해서 기본적으로 혈압이나 체온 등의 지표를 확인하듯이 개인 및 가정의 재정적 건강상태를 알아보기 위해 참고할 만한 몇 가지 재무지표들이 있다. 이것들은 대차대조표와 현금수지표의 항목들을 이용하여 계산한다.

먼저 대차대조표의 항목들을 이용한 것으로서 대표적인 것이 다음에 볼 수 있는 지급능력비율(solvency ratio)이다.

$$\text{지급능력비율} = \frac{\text{순자산총액}}{\text{자산총액}}$$

개인에게 부채란 언젠가는 갚아야 할 돈으로, 부채를 갚을 수 있는 경제적 능력인 지급능력은 기본적으로 자산의 크기에 의해 결정된다. 지급능력비율이란 부채가 자산보다 커서 지급불능상태에 들어가는 시점까지는 어느 정도 여유가 있는지를 가리키는 지표이다. 만일 지급능력비율 수치가 적으면 외부상황의 변화로 말미암아 자산가치의 하락이 있을 경우 지급능력에 문제가 발생할 가능성이 커진다.

다음으로 당기 혹은 유동성비율이 있으며 다음과 같다.

$$\text{당기(유동성)비율} = \frac{\text{현금성자산}}{\text{당기부채}}$$

이것은 신용카드 대금을 포함하여 당기에 갚아야 할 부채를 감당할 정도의 충분한 유동성이 있는지를 확인하는 지표이다. 현금성자산은 현금 및 현금화가 용이한 자산을 말하며 대차대조표를 통해 알 수 있다. 기존자산의 매각 없이 부채를 갚기 위해서는 당연히 당기비율이 1보다 높아야 하지만 이것은 부채만을 염두에 둔 것이므로 비상자금의 필요를 고려할 때 2 이상의 지표를 재정전문가들은 요구하고 있다.

---

46) L. J. Gitman and M. D. Joehnk, *Personal Financial Planning*, The Dryden Press, 1999, pp. 84–85.

다음으로 현금수지표를 통해 얻을 수 있는 중요한 재무지표로는 부채상환비율(debt service ratio)이 있다.

$$\text{부채상환비율} = \frac{\text{월부채상환금액}}{\text{월(세전)총소득}}$$

부채상환비율이란 어느 정도 무리 없이 부채를 상환할 수 있는 능력이 있는지를 나타내는 지표이다. 개인재무관리에 있어서 부채의 상환은 무엇보다 중요한 우선순위를 차지한다. 왜냐하면 부채란 이자율이나 채무불이행시 따라오는 불이익 등의 측면에서 상당한 피해를 동반하기 때문이다. 당연히 부채상환비율은 낮으면 낮을수록 좋으며, 높으면 높을수록 심각한 재정적 어려움을 예고한다고 볼 수 있다. 개인재무관리 측면에서 전문가들은 이 비율을 35% 이하로 낮추도록 해야 한다고 말하고 있다.

#### (2) 단계 2 : 재정적 목표를 정의한다

목표는 징검다리와 같다. 재무계획 없이는 헛디디는 경우가 발생한다. 재정적 목표는 세 가지 시간대를 가지고 이루어진다. 즉, 단기목표(1년 이하), 학자금 준비와 같은 중기목표(1-10년), 은퇴준비와 같은 장기목표(10년 이상)를 말한다. 목표의 리스트를 만든 이후에는 목표의 우선순위를 정할 필요가 있다.

#### (3) 단계 3 : 실행계획을 수립한다

비록 개인마다 계획은 다르지만 재무계획에 있어서는 공통적으로 관심을 기울여야 할 사항들이 몇 가지 있다. 즉, 융통성, 유동성, 위험관리, 그리고 세금의 극소화이다. 융통성은 예기치 못한 사건들과 변화에 대해 대응할 수 있어야 한다는 것이다.

#### (4) 단계 4 : 계획을 실행한다

개인재무관리는 결국 실행을 통해서만 의미를 가지는 것임이 틀림없으며, 따라서 실행이 현실적으로 가장 중요한 단계라고 볼 수 있다. 그러나 재무관리란 기본적으로 절제와 이에 따른 고통을 동반하므로 많은 사람들이 저축자금의 부족 등의 현실적인 이유를 내세워 실행을 미루곤 한다.

그러나 우리가 살면서 얻을 수 있는 교훈의 하나는 시간이 흐른다고 해서 생각하고 바라는 최적의 경제적 상황은 결코 오지 않는다는 것이다. 그러므로 개인재무관리에 있어서는 실행능력이 곧 바로 세금이나 이자수익과 마찬가지로 돈을 만들어내는 기능이 있음을 인식하고 또한 강조할 필요가 있다.

한편 재무계획을 함에 있어서 고려할 일은 재무계획 자체의 노예가 되어서는 안된다는 사실이다. 왜냐하면 재무계획은 개인에게 고통을 주는 체벌이 아니라 목적지까지 우리를 안내하고 도와주는 로드맵이기 때문이다.

#### (5) 단계 5 : 진행상태를 검토하고 재평가하며 계획을 변경한다

글자 그대로 재무계획에 대한 피드백 과정이며 어떤 계획에서든지 반드시 필요한 단계이다.

## 3. 개인재무관리의 실제[47)]

실생활에서 적용할 수 있는 개인재무관리의 예를 들어보면 다음과 같다.

㉮ 각종 가계재정관련 서류를 정리한다. 이 서류에는 세금, 신용카드대금명세표, 보험료납입기록, 은행통장, 각종 영수증, 공과금 등이 포함되며 몇 가지로 분류하여 보관한다. 이러한 정리는 피부에 와닿는 경제적 현실을 깨우침으로써 가계예산을 짠다거나 소비 및 투자 등 재무계획을 세우는 데 유용하다. 특히 가계부 정리는 소비를 통제하는 데 유용하다.

㉯ 재무적 목표들을 나열하여 적되 가장 중요한 재무목표는 냉장고 앞에 붙여놓는다. 자주 눈여겨보고 주의를 환기함으로써 목표달성에 집중하도록 하기 위해서이

47) Arthur J. Keown, 앞의 책, p. 47 · 567 참조.

다. 한 재무설계사는 다음과 같이 말한다. "우리는 고객들에게 스스로 성공이라 부를 수 있는 한 가지에 집중하도록 합니다. 그리고 우리는 거기에서 출발점을 잡습니다."

㉰ 재무적 목표달성을 위한 지출이 자동이체나 직장에서의 급여액에서의 공제 등을 통해 내 손에 들어오기 전에 자동으로 빠져나가도록 조치한다.

㉱ 재무목표 쪽지 옆에는 외식이나 여행, 새 차 등 지출절감용 항목들을 적어놓는다. 달성해야 할 재무목표를 위해 삼가야 할 것들을 각인함으로써 소비를 억제할 수 있다.

㉲ 신용카드는 아예 소지하지 않거나 꼭 필요한 경우를 대비해 가족용으로 하나만 보유하되 집에 보관한다.

㉳ 각종 사고와 위험, 치명적 질병에 대한 대비가 되어 있는지를 확인한다. 아무리 검약을 통해 재무목표를 달성하려고 하더라도 한 번의 사고는 그동안의 노력을 물거품으로 만들고 재정적으로 심각한 상태를 유발할 수 있기 때문에 경제적 재난에 대해서는 반드시 대비가 있어야 한다.

# 제 6 장
# 부채관리

# | 들 | 어 | 가 | 기 | 에 | 앞 | 서 |

이 장에서는 부채란 왜 발생하며 어떤 식으로 관리될 수 있는지를 알아본다. 마이너스 자산인 부채 역시 다른 자산과 마찬가지로 관리의 대상일뿐더러 자산보다 더욱 적극적으로 관리되어야 할 대상이라고 할 수 있다.

한편 돈을 빌리고 빌려주는 채권채무관계에 있어서 우리가 흔히 간과하곤 하지만 반드시 경계해야 할 점이 있다. 일반적으로 남에게 돈을 빌리는 경우 이자와 원금만 갚으면 상대와의 관계가 정리되는 것으로 단순하게 생각한다. 그러나 채무자는 돈을 빌리는 순간 알게 모르게 자신에 대한 '통제권'의 일부를 채권자에게 넘긴다는 사실을 알아야 한다. 이러한 사실은 개인간의 거래에서뿐 아니라 국가간의 거래에서도 볼 수 있는데, 예를 들어 1997년 IMF 구제금융 시절 우리나라는 급전을 빌린다는 이유만으로 기업의 자금조달문제 등 국가경제에 대한 관할사항에 있어서 채권자인 IMF의 의견을 수용해야 했고 그 결과 많은 기업의 도산과 헐값 매도, 그리고 실업자의 양산을 겪어야 했다. 개인부채에 있어서 이른바 '신체포기각서' 등 채무자가 겪는 문제들은 각종 언론매체를 통해 잘 알려져 있기 때문에 구태여 언급할 필요는 없을 것이다.

근래에 들어 가장 늘어난 광고 중 하나가 자금대출에 관한 광고라고 볼 수 있을 만큼 대출은 우리 주위에 흔한 일이 되고 있으며 이에 따라 가계부채문제가 심각함을 더하고 있다. 특히 현금서비스라고 불리는 신용카드대출은 간소화된 대출절차로 인해 많은 사람들을 부채의 늪에 빠지게 하고 있다.

대출이란 경제적 용어를 빌어 표현하자면 "현재의 소비를 위하여 미래의 소비기회를 상쇄시키는 것"이다. 즉, 언젠가는 갚아야 할 남의 돈이자 미래에 소중하게 사용될 수 있는 소비자금에서 당겨쓴 돈이라는 의미이다.

## 1. 부채 발생의 이해

부채관리에 있어서 왜 부채가 발생하느냐를 먼저 이해할 필요가 있다.

사실 모든 부채가 나쁜 것은 아니다. 자신의 지식과 경력관리를 위해 학자금을 빌리는 것과 보다 큰 수익을 가져다줄 자산에 대한 투자를 위해 일시적으로 금융기관으로부터 대출받는 것은 필요한 부채라고 볼 수 있다. 그러나 이러한 성질의 부채가 아닌 소비성 부채, 즉 소득이 지출을 따라가지 못해서 발생하는 부채에 대해서는 심각히 다뤄야 하며 반드시 이해를 필요로 하는데, 이때 비로소 악성부채의 함정에서 벗어날 수 있다.

악성부채에 대한 이해에 있어서 두 가지 중요한 사항이 있다.

**㉮ 대부분의 악성부채는 사소한 재무적 습관이나 관념에서 발생한다**

부채가 자산의 규모를 넘어서고 나아가 수입을 통해 이자마저 갚을 수 없는 상황, 이른바 파산했을 때 흔히 그 원인을 과소비에서 찾기 쉽다. 그러나 상당한 재산을 형성한 '부자'나 마찬가지로 '부채자' 역시 일반적인 상식인의 경우라면 과소비는 그리 흔하지 않다. 사실 대부분이 나름대로 절약하며 산다고 생각하며 눈에 띄는 과소비 행태도 보이지 않는다. 다만 자녀의 사교육비 등 어떤 부분에서 절제를 할 수가 없다고 느끼며 또한 이웃이나 친지, 친구 등에 비추어 볼 때 감내할 수 있는 소비수준이나 생활수준에는 어느 정도 한계가 있다고 생각한다. 하지만 결국은 소비가 소득을 초과한 초과소비를 함으로써 부채가 발생한다는 것은 틀림이 없는데, 이러한 초과소비가 일어나는 배경에는 미래소득에 대한 막연한 기대감이 자리 잡고 있다. 즉, 지금은 수입이 적지만 머지않아 소득이 있을 것이므로 이 정도 초과소비는 충분히 감당할 수 있다는 자기최면인 것이다.

이러한 습관이나 관념은 사소해 보이지만 결코 그렇지 않다. 현저한 소비행위가 보이지 않는 만큼 초과소비 자체에 대한 경계심이 떨어지며 또한 충분히 이해할 수 있는 정서적 측면도 있는 만큼 채권자의 압박 등과 같은 외부적 충격이 없는 이상 바꾸기도 쉽지 않다. 오히려 사업상의 실패 등으로 인해 발생하는 부채는 대처하기가 용이하다. 왜냐하면 외부적 요인에 의한 것은 그 원인도 분명하며 이에 따라 대처방안을 수립함에 있어서도 뚜렷한 개념과 의식을 가질 수 있기 때문이다. 비유하자면 전자는 부채를 야기시킨 '적'이 보이지 않는 반면 후자는 보인다고 볼 수 있는데 부채와의 '전쟁'에서 어느 쪽이 유리할지는 분명하다.

**㈏ 부채는 투자와 마찬가지로 가속도적으로 불어난다**

이때 가속도를 제공하는 것은 이자, 그중에서도 단리가 아닌 복리이다. 부채는 모두 이자에 이자가 붙는 복리가 적용되는데 이것은 마치 언덕에서 아래로 눈덩이를 굴리는 것과 같다. 비록 처음에는 작더라도 시간이 흐를수록 가속도가 붙어 그 크기가 더욱더 커진다는 것이다. 게다가 부채의 이자율은 자산의 이자율(혹은 투자수익률)보다 높아서 가속도가 더 크다.

악성부채란 한마디로 이상의 두 가지 사항이 합해진 것이다. 사소한 재무적 습관과 관념에서 시작하여 자신도 느끼지 못하는 사이에 누적되고 여기에 갈수록 가속도가 붙어 나중에는 감당하기 어려울 만큼이 된다. 그런데 그 심각성은 문제해결 자체가 어렵다는 데 있다. 그 이유는 부채가 오래된 습관에서 유래됐기 때문인데 습관을 바꾸는 것은 경제상황의 변동과 같은 외부적인 충격을 극복하는 것보다 더 어렵다.

복리라는 힘을 통해 커져가는 부채의 무서움을 숫자와 그림을 통해 자세히 살펴보자. 〈표 6-1〉과 〈그림 6-1〉은 1원의 부채가 시간이 지남에 따라 어떻게 커져나가는지를 보여준다. 먼저 〈그림 6-1〉을 보면, 투자기간이 1년에서 25년으로 늘어남에 따라 3%의 이자율 차이에도 원리금합계가 상당히 달라진다.

〈표 6-1〉은 이자율이 9%, 12%, 15%일 경우 기간별 실제 원리금합계를 보여준다. 이 표에서 알 수 있듯이 이자율이 15%인 경우 5년 정도의 시간이 흐른 후 갚아야 할 부채총액은 2배로 늘어나고 8년 정도의 시간이 지난 후에는 3배로 늘어난다.

표 6-1 » 기간별 부채총액

| 기간(년) | 원리금 합계 | | |
|---|---|---|---|
| | 9% | 12% | 15% |
| 1 | 1.09 | 1.12 | 1.15 |
| 2 | 1.19 | 1.25 | 1.32 |
| 3 | 1.30 | 1.40 | 1.52 |
| 4 | 1.41 | 1.57 | 1.75 |
| 5 | 1.54 | 1.76 | 2.01 |
| 6 | 1.68 | 1.97 | 2.31 |
| 7 | 1.83 | 2.21 | 2.66 |
| 8 | 1.99 | 2.48 | 3.06 |
| 9 | 2.17 | 2.77 | 3.52 |
| 10 | 2.37 | 3.11 | 4.05 |

그림 6-1 » 부채의 기간별 확대과정

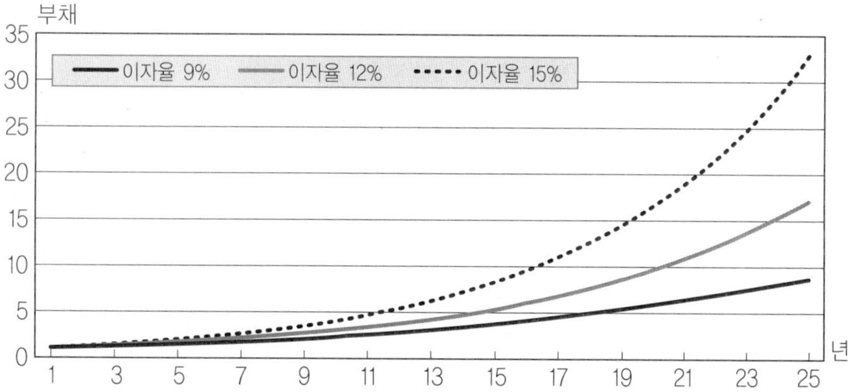

**표 6-2** » 단리와 복리의 원리금합계 차이

| 기간(년) | 원리금 합계 | |
|---|---|---|
| | 단리 | 복리 |
| 1 | 1.15 | 1.15 |
| 2 | 1.3 | 1.32 |
| 3 | 1.45 | 1.52 |
| 4 | 1.6 | 1.75 |
| 5 | 1.75 | 2.01 |
| 6 | 1.9 | 2.31 |
| 7 | 2.05 | 2.66 |
| 8 | 2.2 | 3.06 |
| 9 | 2.35 | 3.52 |
| 10 | 2.5 | 4.05 |

**그림 6-2** » 복리와 단리의 차이

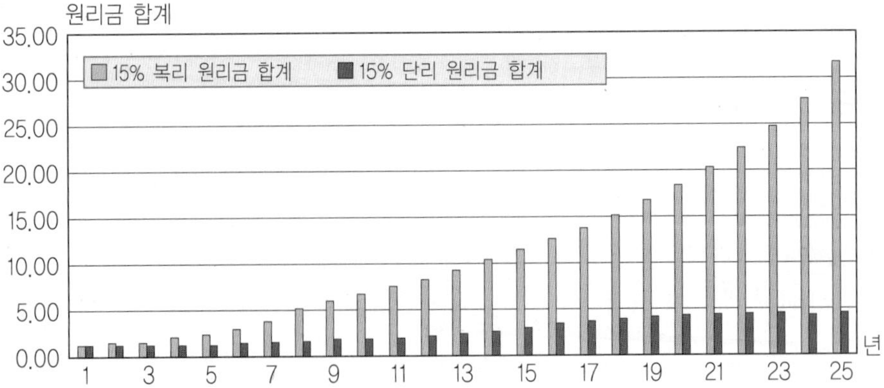

다음으로 〈표 6-2〉와 〈그림 6-2〉는 이자에 이자가 붙는 복리와 원금에 대해서만 이자가 붙는 단리의 차이를 통해 복리가 가지고 있는 가속도의 힘을 보여준다. 예를 들어 부채기간이 5년과 10년을 경과하는 경우 원리금합계의 각각 15%, 62% 정도는 이러한 가속도의 힘에 의해 추가적으로 나타난 것임을 알 수 있다. 참고로 n년이 경과한 후 단리와 복리가 적용되는 원리금합계는 원금에 (1+n×이자율)과 (1+이자율)n을 각각 곱한 금액이다.

## 2. 부채관리의 실제

### 1) 부채관리의 기본자세

부채는 소비의 비효율성으로 인해 발생하지 않는다. 즉, 당연히 구매해야 할 물건을 좀 더 비싸게 구입하는 경향이 있다거나 굳이 사지 않아도 될 물건을 몇 번 사기 때문에 생성되는 것이 아니라는 것이다.

부채는 한마디로 소비적 생활습관에 그 뿌리를 두고 있다. 소비적 생활습관이란 이 정도의 소비는 필요하며 이러한 물건들은 당연히 있어야 한다는 식의 고정관념에 매여 있는 것을 가리킨다. 그리고 충족되지 못할 경우 삶의 질이 곤두박질치므로 도저히 견딜 수 없다는 식의 태도를 견지하는 것도 포함된다.

따라서 부채문제의 해결은 소비적 생활습관의 변화를 무엇보다 먼저 요구한다. 그런데 문제는 생활습관의 변화는 상상하는 것보다 어려우며 특히 대부분의 가정에 있어 이러한 변화의 피해는 가정경제의 의사결정권한이 큰 주부들에게 돌아간다는 사실이다.

## 3. 부채관리의 실천적 과제

언급한 바와 같이 부채관리는 소비적 생활습관의 변화를 필요로 하기 때문에 부채관리의 실천적 과제는 이러한 생활습관을 어떻게 바꾸느냐에 달려 있다. 따라서 다음과 같은 조치가 필요하다.

### 1) 부채의 확인

생활습관의 변화는 문제의 심각성에 대한 인식에서 출발해야 한다. 먼저 가족과 부채현황을 함께 작성하고 공유하며 자주 확인하는 과정을 거쳐야 한다. 예를 들어 부채현황표는 일정한 주기를 두고 검토하고 또한 눈에 쉽게 띄는 장소에 부착하도록 한다.

### 2) 부채상환계획 수립

부채상환계획을 가족, 특히 부부가 함께 작성해본다. 당연히 금리가 높거나 상환순서가 빠른 악성부채부터 해결한다. 매각 가능한 자산이 있는 경우 특별한 사정이 없는 이상 이것을 매각하여 일부 부채라도 상환한다. 기본적으로 부채와 자산의 증가가속도는 차이가 있으며 자산의 과감한 처분은 부채에 대한 경각심을 야기시켜 추후 부채가 발생하는 것을 예방할 수 있다.

### 3) 이사

부채상환계획에 의해 매달 사용 가능한 소비규모가 결정되었다면 이것을 근거로 이사를 가도록 한다. 당연히 예상 생활수준이 떨어질수록 거기에 걸맞은 가난한 동네로 이사를 가야 한다.

이사를 가는 것은 다음과 같은 의미가 있다. 우선 사람들은 보통 주위의 소비수준에 자신의 소비규모를 맞추는 만큼 소비 자체를 줄여나갈 수 있으며 또한 지역별로 이발, 음식 등 소비재 물가수준에 있어서도 차이가 나는 만큼 소득증가효과가 있다. 더불어 상대적 빈곤 개념에서 어느 정도 해방되며 더욱 중요한 것은 가족구성원들에게 경제적 충격을 줌으로써 습관을 바꿔나가는 계기를 마련할 수 있다.

### 4) 가계부 작성 및 공유

이사 후 가족구성원끼리 가계부를 공유하며 서로 확인하는 절차를 밟는다.

### 5) 금지사항 준수

부채상환에 있어서는 몇 가지 금지사항이 있다. 우선 신용카드의 사용과 같이 부채로 언결되는 모든 소비행위는 금지시켜야 한다.[48] 그리고 가족마다 소비규모를 할당하고 초과 부분에 대해서는 스스로 책임지도록 한다.

### 6) 그 밖에

일반적으로 제시되는 행정적 부채처리방법들이 존재하며 이것들을 시도할 필요도 있다. 예를 들어 i) 은행 등 채권자를 찾아가 상담하고 부채를 재조정하는 방법, ii) 개인워크아웃 등 개인채무자 구제제도(〈표 6-3〉 참조)를 이용하는 것 등이다.

---

48) "신용카드를 통한 구매는 술에 취하는 것과 같다. 즐거움은 즉각 다가오고 순간적으로 느낌이 고조된다. 그러나 그다음 날은 숙취가 다가온다."(Arthur J. Keown, 앞의 책, p. 189 참조)

**표 6-3** 우리나라의 개인채무자 구제제도

<table>
<tr><th rowspan="2">구분</th><th colspan="2">사적구제제도</th><th colspan="2">법적구제제도</th></tr>
<tr><th>개인워크아웃</th><th>배드뱅크</th><th>개인회생</th><th>개인파산</th></tr>
<tr><td>운영주체</td><td>신용회복위원회</td><td>한마음금융</td><td>법원</td><td>법원</td></tr>
<tr><td>시행시기</td><td>2002.10.1</td><td>2004.5.20</td><td>2004.9.23</td><td>1962.1.20</td></tr>
<tr><td>대상<br>채권자</td><td>협약가입<br>금융기관</td><td>협약가입<br>금융기관</td><td>제한 없음<br>(사채 포함)</td><td>제한 없음<br>(사채 포함)</td></tr>
<tr><td>채무범위</td><td>5억 원 이하</td><td>5,000만 원 이하</td><td>담보채무(10억)<br>무담보채무(5억)</td><td>제한 없음</td></tr>
<tr><td>대상<br>채무자</td><td>과중채무자,<br>최저생계비 이상<br>소득자</td><td>자격제한 없음</td><td>파산원인<br>(지급불능, 지급정지)</td><td>파산원인<br>(지급불능, 지급정지)</td></tr>
<tr><td>채무조정<br>수준</td><td>변제기간<br>8년 이내</td><td>변제기간<br>8년 이내</td><td>변제기간 5년 이내, 청산시보다 변제액이 많을 것, 가용소득이 전부 투입될 것</td><td>청산 후 면책</td></tr>
<tr><td>법적효력</td><td>사적조정</td><td>사적조정</td><td>변제계획에 따른 변제완료시 면책</td><td>면책불허가사유가 없는 경우 면책</td></tr>
<tr><td>연체정보<br>해제</td><td>신용회복<br>지원확정시 해제</td><td>신청 즉시 해제</td><td>변제계획 인가시 해제</td><td>면책결정시 해제</td></tr>
<tr><td>장점</td><td colspan="2">• 절차가 상대적으로 간소, 신속하고 저비용<br>• 금융기관이 직접 참여하므로 홍보 및 절차안내가 잘 이루어짐<br>• 신용회복위원회의 경우 소비자 신용상담 및 소비자 교육기능을 함께 수행할 수 있음<br>• 확정효력은 보증인에게도 동일</td><td colspan="2">• 신청대상 요건이 완화됨(채무액 범위가 넓고 사채도 포함)<br>• 청산시보다 변제액이 많기만 하면 원금 감면도 가능<br>• 법적으로 면책되므로 강력<br>• 보증인에게는 개인회생 인가 또는 파산선고의 효력이 없음</td></tr>
<tr><td>단점</td><td colspan="2">• 개인연체자로 등록된 경우만 신청 가능<br>• 금융기관 외의 사채 등에 대하여는 조정이 불가능</td><td colspan="2">• 신청서류 및 절차가 복잡하여 대리인의 조력 필요(비용증가)<br>• 개인파산의 경우 파산선고에 따른 불이익 따름<br>• 면책불허가사유 해당 여부가 불투명<br>• 개인의 특별사정 반영 등에 융통성이 적음</td></tr>
</table>

**자료 :** 한국은행, 『금융생활 길라잡이』, 2007, p. 135.

# 비거래성 자산의 관리

## Ⅲ

시간의 부자 : 필리핀의 진정한 부자

가장 중요한 건 눈에 보이지 않는단다.

– 생텍쥐페리, 『어린 왕자』에서

*Personal Asset Management*

# 제 7 장

# 비거래성 자산관리 개요

# 들 | 어 | 가 | 기 | 에 | 앞 | 서

이 장부터는 개인자산관리 중 비거래성 자산을 어떻게 관리할 것인가 하는 문제를 다룬다. 서론 등에서 누누이 언급한 바와 같이 이 책의 개인자산관리를 기존의 '자산관리'와 구별하는 가장 중요한 기준 중의 하나는 시간, 건강, 지식, 가족, 꿈, 겸손 등과 같은 보이지는 않지만 궁극적으로 개인 삶의 행복에 지대한 영향력을 미치는 것들을 자산에 포함시켜 관리의 대상으로 삼는다는 것이다.

그런데 이러한 것들이 자산에 포함되어야 하는 이유 중 하나는 비록 현금, 부동산, 주식처럼 환산기준은 명확하지 않더라도 각 개인마다 부여할 수 있는 금전적 가치가 분명히 있기 때문이다. 예를 들어 건강이라는 자산의 경우 그것을 보유하기 위해서도 비용이 지불되지만 잃어버리는 경우에도 병원비 등 직접적인 비용을 지불해야 한다. 물론 만일 이러한 자산의 거래가 가능하고 또한 거래시장이 존재한다면 이 시장을 통해 가격형성도 가능해질 것이 틀림없다.

전통적 '자산관리방법'의 크나큰 오류는 수익률을 계산하는 과정에서 투자자금의 크기만 고려할 뿐 시간, 건강 등 비거래성 자산의 투입물 가치를 전혀 고려하지 않는다는 것이다.

우리는 흔히 대학생이나 젊은이들의 경제적 사정을 고려하여 '가난한'이라는 말을 덧붙인다. 그러나 만일 자산의 범위를 재산 이상으로 확대하는 경우 그들은 결코 가난하지 않으며 오히려 엄청난 자산을 보유하고 있다고도 볼 수 있다. 늙은 억만장자와 궁핍한 대학생, 과연 누가 진정으로 가난한가?

## 1. 비거래성 자산의 중요성과 특징

시간, 건강, 신용, 지식 등 무형자산 관리의 중요성이 커지고 있다. 우선 시간의 경우 현대의 삶이 더욱더 많은 관계 속에서 이루어지기 때문에 더욱더 많은 시간을 필요로 한다. 또한 건강이나 지식 등과 같은 자산 역시 과거와 달리 개인이 부지런히 노력하지 않는 이상 자연 속에서의 노동이나 경험 등과 같은 일상생활 속에서 자동적으로 얻어지지 않는다.

이러한 자산의 특징을 보면 우선 시장 등을 통해 거래되지 않는 비거래성 자산이라는 것이다. 따라서 이러한 자산에 대한 필요성이 아무리 크다고 하더라도 대부분의 경우 빌리거나 구매하기가 어렵다. 물론 시간의 경우 자신이 시간을 내어 해야 할 일의 일부분을 다른 사람에게 대가를 지불하고 대신 일하도록 할 수 있지만 자신이 직접 나서서 무언가를 해야 할 경우가 거의 대부분이다.

다음으로 이러한 자산들은 당장 돈으로 연결되지 않는 것처럼 보이지만 실제적으로는 소득이나 재산에 상당한 영향을 미친다. 예를 들어 건강을 보면 직접 소득을 창출하지는 않지만 이것이 뒷받침되지 않는 경우 소득을 만들 수 있는 가능성이 상당히 축소되며 어떤 경우는 병원비 등 막대한 비용을 부담할 수도 있다.

마지막으로 대부분의 무형자산들은 한 번 손상되는 경우 원래 상태로의 회복이 어렵다. 건강, 신용 등이 대표적이며 시간의 경우도 흘러간 것을 결코 돌이킬 수 없다. 지식도 나이상 어느 정도 기간이 지나가면 젊은 시절만큼 원활하게 축적하는 것이 용이하지 않다.

## 2. 비거래성 자산관리의 특성

비거래성 자산의 특징은 앞에서 언급한 바와 같이 빌리거나 구매하거나 혹은 미래를 위해 저장할 수 없다는 것이다. 그러므로 경우에 따라서 개인별로 한두 가지 희소자산이 있을 가능성이 있다.

피터 드러커(Peter F. Drucker)는 희소자산인 시간에 관해 "어떠한 일의 진행이든지 산출물의 한도는 가장 희소한 자원에 의해 결정된다"라고 전제하고 "지식노동자의 임무에 대한 논의는 대부분 일에 대해 계획하라고 충고하는 것으로 시작한다. 이것은 극히 그럴듯하게 들린다. 그러나 단 하나의 오류는 이것이 제대로 되지 않는다는 것이다. 효과적인 지식노동자는 시간으로 시작한다. 즉, 먼저 자신의 시간들이 어디에 사용되는지 발견하는 것으로 시작한다"라고 말한다.[49)]

따라서 비거래성 자산들의 관리란 기본적으로 어떤 자산을 막론하고 그 희소성이 인생 전체를 흔들지 않도록 하기 위해 최저수준의 확보가 우선적이다. 그런 연후에 희소자산들을 중심으로 행복의 극대화를 목표로 하는 분산투자가 이루어져야 한다.[50)] 예를 들어 건강의 경우 그 자체로 행복을 보장하지는 않지만 일정수준을 하회하는 경우 불행해지기 십상이다.

기존(성공시대)의 자산관리가 자산이 부족하다는 전제하에서 이에 따른 개별자산의 확대와 효율성 제고만을 주로 강조한다는 것을 지적한 바 있다. 그러나 손상되기 쉽고 회복이 어려우며 시장을 통해 얻을 수 없는 무형자산을 관리해야 하는 경우는 행복을 향한 (개별자산이 아닌) 모든 자산의 총체적 효율성을 추구해야 한다. 그리고 자산의 부족문제를 논하기에 앞서 자산사용의 우선순위가 잘못되지 않았는가 하는 것부터 검토하는 과정이 필요하다.[51)]

---

49) Peter F. Drucker, *The Essential Drucker*, HarperBusiness, 2001, p. 226.

50) "인생은 저글링이다. 일이라는 공은 고무공이어서 떨어뜨리더라도 다시 튀어 오른다. 그러나 가족, 건강, 친구, 그리고 영혼은 유리로 되어 있다."(공병호, 『공병호의 자기경영노트』, 21세기북스, 2001 참조)

**그림 7-1» 비거래성 무형자산의 관리**

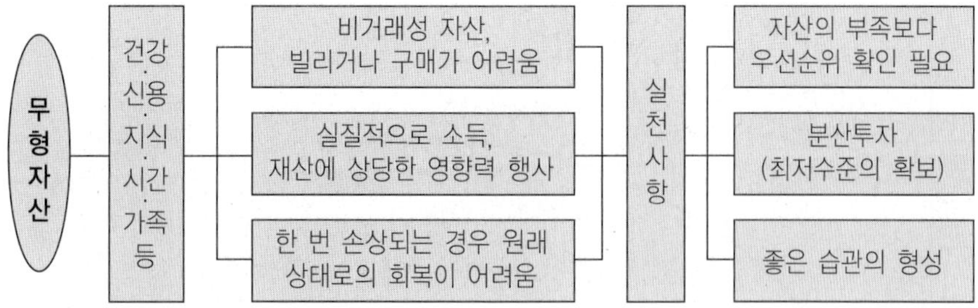


한편 분산투자의 원칙은 이론상 한계만족감균등의 원칙이 적용되어야 한다. 즉, 각 자산에 대한 투자—대표적으로는 시간—를 할 때 한 시간의 시간을 더 투자함에 따른 만족감을 자산간에 동일하게 해야 가장 효율적이라는 것을 의미한다.

또한 이러한 자산들의 관리에 있어서는 습관의 형성이 중요하다. 왜냐하면 시간, 건강, 신용 등의 관리는 결국 습관과 관련된 문제로서 눈에 보이지 않고 당장 어떤 결과를 만들지 않기 때문에 소홀하기 쉽지만 매일같이 이루어지는 사소한 차이를 통해 장기적으로 매우 큰 결과를 가져다준다.[52]

무형자산의 관리와 관련하여 많은 책에서 권하고 있는 좋은 습관들의 예를 들어보면 계획하는 습관, 기록하는 습관, 규칙적인 생활습관, 그리고 절제하는 습관 등이 있다.

---

51) 시간의 부족문제와 관련하여 외르크 W. 크노프라우흐 외는 "시간관리를 다룬 책들은 거의 대부분 이런 만성적인 시간부족에만 초점을 맞추고 있다. 이런 책들은 재물을 훔치는 것보다 더 나쁜 '시간도둑'을 잡아야 한다고 아우성이다. 정신없이 바쁜 일상과 직장에서 느끼는 작업시간의 부담, 가정생활에서 느끼는 시간관리의 중요성이 시간관리 책들의 단골주제다. 당신은 길을 잃은 아이처럼 안절부절 못하고 살았다"라고 지적한다(외르크 W. 크노프라우흐 외, 앞의 책, p. 16).

52) "철학자 데이비드 흄은 '인생의 방향을 잡아주는 것은 이성이 아니라 습관이다'라고 하였다. 습관은 인생이라는 집을 지탱해주는 기본 구조물이다. 습관의 힘은 강력하다."(외르크 W. 크노프라우흐 외, 위의 책, p. 133) 한편 습관처럼 한 번 형성된 것은 바꾸기 힘들다는 것과 관련하여 이 책은 "좌우 바퀴 사이의 거리는 영원하다"는 말로 표현하고 있다. 예를 들어 두 마리 말의 엉덩이 넓이가 로마의 전투마차-영국의 기차표준궤간-미국의 기차표준궤간-(우주왕복선의 추진장치) 통과 터널(공장에서 발사대 중간)의 넓이-철길의 폭-우주왕복선의 추진장치의 크기로 이어지고 있다는 것이다.

그림 7-2» 한계생산물(행복감)체감의 법칙

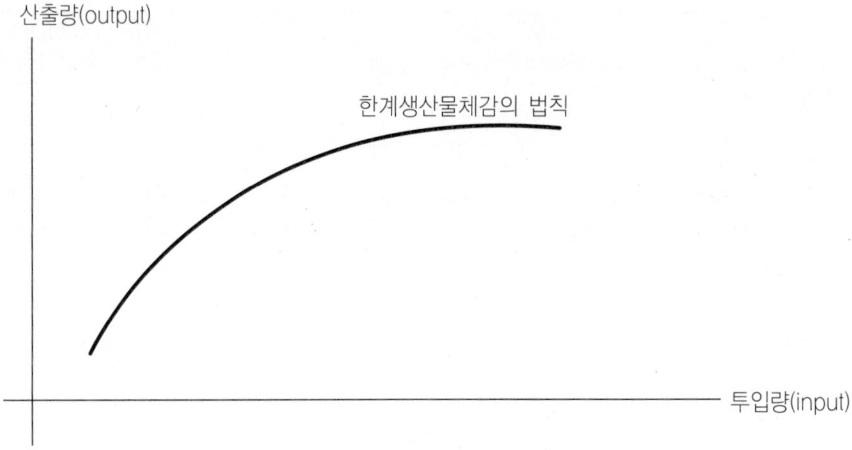


계획성과 규칙성은 목적을 달성함에 있어 효율성을 제고한다. 기록하는 습관은 망각에 대한 심적 부담을 덜어주는 동시에 중요사항을 놓치지 않게 한다. 그리고 절제하는 습관은 한계행복감체감의 법칙에 따라 인생의 총체적 행복달성에 있어 효율성을 높이고 동시에 인생의 한 부분에 과도한 로드가 걸리거나 혹은 그 반대로 방치되는 부분이 없도록 하는 조절기능이 있다.

한편 지식, 신용, 건강 등에 대한 투자는 가능한 한 젊은 시절에 이루어지는 것이 바람직하다. 요람 벤포라가 지적한 바와 같이 이러한 투자가 현재의 소득을 포기한 상태로 이루어진다 하더라도 젊은 사람들의 경우 그들이 투자에 대한 반대급부인 투자수익을 취할 수 있는 기간이 오래 남아 있기 때문이다.[53)]

53) Yoram Ben-Porah, "The Production of Human Capital and the Life Cycle of Earnings", *The Journal of Political Economy*, vol. 75, University of Chicago Press, 1967, p. 352.

# 제 8 장

# 시간관리

# | 들 | 어 | 가 | 기 | 에 | 앞 | 서 |

시간이라는 자산의 가장 큰 특징은 생명공학의 줄기세포와 같이 어떤 자산으로도 변환이 가능하다는 것이다. 예를 들어 이것을 직업활동 등 생산활동에 사용하는 경우 급여를 통한 현금으로의 변환이 가능하고 그 외에도 운동을 통한 건강, 학습을 통한 지식 등의 자산으로 변환시킬 수 있다. 물론 당장 죽어가는 이들에게는 그 가치를 환산하는 것 자체가 곤란하다.

'시간관리' 라는 말이 있다. 흔히 듣고 쓰는 이 말은 마치 매일의 일정을 5분단위로 쪼개서 진행하라는 의미로 들린다. 과연 그것이 제대로 된 시간관리의 의미일까.

시간자산의 관리에 고려해야 할 문제는 크게 두 가지로 나눌 수 있다. 첫 번째는 어디에 사용할 것인가 하는 문제이다. 물론 행복 측면에서 가장 산출물이 큰 곳부터 사용해야 할 것이다. 두 번째는 어떻게 사용할 것인가 하는 문제이다. 이 문제에 대한 대답은 좀 추상적이지만 시간의 길이를 늘려나가거나 헛된 낭비를 줄이는 방향으로 사용해야 한다.

이제 구체적인 시간관리방법을 알아보자.

시간의 길이 : 왜 버스를 기다리는 시간은 유달리 길게 느껴질까?

카르페 디엠(carpe diem), 현재 이 순간에 충실하라.

– 영화 "죽은 시인의 사회"에서

## 1. 시간관리의 개념

유한하며 타인으로부터 빌릴 수 없고 또한 일시적으로 여유가 있다고 해도 저장할 수 없는 시간은 신이 인간 모두에게 매달 제공하는 종신연금과 같다. 항상 같은 금액이 주어지며 또한 죽을 때까지 제공된다. 연금은 돈이기 때문에 이것을 가지고 어떻게 사용할지는 철저하게 개인이 결정해야 할 문제이다.

시간관리는 외르크 W. 크노프라우흐(Jörg W. Knoblauch) 외가 『시간의 기술』에서 말하고 있는 바와 같이 '가치관리' 이다.[54)]

따라서 시간관리를 함에 있어 가장 기초적이며 중요한 일은 자기 인생에 있어서 가치와 의미를 묻는 것이며 이후에 시간의 배분이 이루어져야 한다.

우리가 흔히 듣는 말 중의 하나는 매인 삶 혹은 경제적 삶의 고달픔과 연결되는 시간의 부족에 대해서이다. 그러나 이에 대해 크노프라우흐 외는 "시간이 비효율적으로 사용되고 있다. 당신은 더 풍요롭고, 더 안전하고, 더 확실한 삶을 원한다. 그리고 더 많은 만족을 추구하고 더 높은 지위를 얻으려고 애쓴다. '더 많은 것' 을 추구하는 이러한 욕구가 당신의 생활수준을 향상시켜온 것은 사실이지만 이런 추구가 당신을 더 행복하게 해주지는 않는다"라고 지적하고, "시간을 성공적으로 관리하고 싶다면 자기 인생의 주인공이 바로 자신임을 깨달아야 한다. 질질 끌려가는 삶을 살면서 자신을 동정하는 것도, 다른 사람에게 책임을 전가하는 것도, 무조건 이를 악물고 부지런히 일하는 것도 해결책이 아니다"라고 덧붙인다.[55)]

그러면 시간관리 혹은 시간배분을 어떻게 해야 할 것인가. 이에 대해 크노프라우흐 외는 "자신의 시간을 만족스럽게 보내는 사람은 자신이 가치 있게 생각하는 중요한 일을 묻고 스스로 자신의 시간을 조정한다"라고 말하면서 "성공한 사람은 중요한 일을 하면서 하루를 보낸다. 성공하지 못한 사람은 급한 일을 처리하면서 하루를 보

---

54) 외르크 W. 크노프라우흐 외, 앞의 책, p. 51.

55) 외르크 W. 크노프라우흐 외, 위의 책, p. 52 · 55.

낸다"라고 날카롭게 지적한다.[56] 여기서 말하는 중요한 일이 과연 무엇인지는 개인에 따라 다를 수 있다. 이미 언급한 바 있지만, 구태여 예를 하나 든다면 40대 가장에게 있어 중요한 일은 한 푼이라도 돈을 더 벌고 성공을 향해 매 시간 나아가는 것이 아니라 사춘기에 있는 아이들과의 대화, 함께 시간 보내기 등이 될 수 있다. 왜냐하면 이것이 바로 행복이라는 산출물을 최대로 만들어내는 통로가 될 가능성이 크기 때문이다.

다음으로 시간을 늘리는 방법 혹은 헛된 낭비를 줄이는 문제에 대해서는 슈테판 클라인(Stefan Klein)의 글을 참조할 필요가 있다. 학술저널리스트인 그는 『시간의 놀라운 발견』에서 "아인슈타인은 이미 100년 전에 절대시간은 존재하지 않는다는 사실을 밝혀냈으며" "시간은 외부의 현상일 뿐 아니라 우리의 의식에서 생겨나는 현상이기도 하다"라고 언급한다. 즉, 인간에게 있어 하루는 24시간이며 그 시간의 길이는 동일하다고 생각하지만 실제로 순수한 시간은 존재하지 않으며 개인에 따라서 시간의 길이는 달라질 수 있다는 것이다. 왜냐하면 "시간은 어떤 사건이 벌어져야 경험할 수 있으며" "시간을 감지하는 것은 고도의 정신능력으로서 신체지각, 의미지각, 기억, 미래계획능력, 감정, 자의식 등 두뇌의 거의 모든 기능이 협력하여 시간을 감지하게 되는데 이 메커니즘 중 하나라도 제대로 기능하지 않으면 시간감각은 일그러지기 때문"이다. 예를 들어 우리가 뭔가 재미있는 것을 하고 있을 때는 시간이 쏜살같이 지나가는데 그것은 우리가 시간의 신호에 주의를 기울이지 않기 때문이다. 부연하자면 "(미국의 심리학자 로버트 오른스타인[Robert Ornstein]이 언급한 바와 같이) 두뇌는 정보의 양으로부터 시간의 길이를 유추하며", 일반적으로 우리는 "시간이 흐른다는 신호를 더 많이 감지할수록 그 기간을 더 길게 평가"한다고 한다. 예를 들어 우리가 초행길을 왕복할 때 돌아오는 길보다 가는 길이 더 길게 느껴지는 까닭은 처음 가는 길에서 우리의 뇌는 새로운 많은 풍경(정보)을 받아들이고 이에 따라 많은 시간이 흘렀다고 느끼지만 돌아오는 길은 더 이상의 새로운 정보가 입력되지 않아 시간상 짧게 느끼기 때문이라는 것이다. 마찬가지로 한 편의 영화를 보는 시간

56) 외르크 W. 크노프라우흐 외, 앞의 책.

에 비해 버스를 기다리는 시간을 더 길게 느끼는 이유는 버스를 기다리는 시간 내내 계속해서 시간을 확인하고 느끼기 때문이다.

슈테판 클라인은 또한 시간관리 혹은 시간자산의 확대와 관련하여 인생을 더 길게 사는 방법에 대해 "인생을 더 다채롭고 변화무쌍하게 보내는 것"이라고 언급한다. 물론 그 반대의 경우는 노인분들이 흔히 이야기하는 것처럼 시간이 쏜살같이 흘러가도록 하는 것인데, 비록 하루하루를 지루하게 보냄에도 불구하고 돌이켜봤을 때 그 시간이 짧게 느껴지는 것은 그동안 특별하게 채운 정보나 경험이 없이 매일 반복되는 삶을 살았기 때문이라고 볼 수 있다.

만일 우리가 그의 주장을 받아들이는 경우 개인자산관리상 관심을 기울여야 할 부분은 무엇보다 경력관리, 지식관리이다. 즉, 인생의 중간부분 이후에서는 가능하면 인생의 행로를 점검해보고 자신이 진정으로 가고 싶은 새로운 여정을 찾아 밑바닥부터 시도함으로써 특별하고도 전혀 새로운 경험을 쌓고 이를 통해 인생의 길이를 맘껏 늘려나가라는 말이다.

한편 시간자산의 물리적 길이를 늘려나가는 방법에는 건강자산의 확보가 해당될 수 있을 텐데 이것은 건강의 확보가 건강자산 외에도 시간자산의 확대와도 긴밀히 연결되어 있음을 의미한다.

## 2. 시간계획의 중요성

시간계획이 중요한 이유는 한마디로 효과적인 시간관리란 '내일에 대한 준비를 오늘 하는 것'으로 정의할 수 있기 때문이다. 만일 시간계획이 있는 경우 우리는 '중요한 일'을 '적절한 시기'에 처리할 수 있는 기회를 갖게 되는데, 이것은 시간을 효율적이고 또한 효과적으로 사용하는 것을 의미한다.

먼저 희소한 자산인 시간의 관리에 대한 전문가들의 말을 요약하면 개인의 능력과 환경을 고려한 상태의 무리하지 않은 계획과 집중, 두 가지로 요약된다.

계획이란 행복과 같은 인생의 중요한 목적을 달성함에 있어 유한한 자산인 시간을 최대한 활용하기 위해 무엇보다 중요한 실천사항이다. 계획은 우선 중요한 일을 기준으로 시간사용의 우선순위를 정하는 것을 의미한다.[57)]

그 밖에도 계획은 여러 장점을 가지고 있다. 이와 관련하여 크노프라우흐 외는 "계획을 통한 시간관리는 재무계획과 마찬가지로 자신의 인생을 나름대로 컨트롤하고 있다는 느낌, 그리고 의미 있는 일을 위해 시간을 낼 수 있다는 생각으로 인해 불안한 마음에서 해방될 수 있다. 그리고 시간관리는 해야 할 무엇을 해야 한다는 관점에서 보다 자신만의 시간과 휴식을 만든다는 측면에서 바라볼 때 즐거운 그리고 의미 있는 활동이 될 수 있다"라고 말한다.[58)]

집중이란 일을 함에 있어 산만하고 분산적인 것에 대비되는 모습인데 경험적으로 봤을 때 같은 시간을 들이더라도 집중하는 경우가 훨씬 더 알찬 결과를 낳는 것은 틀림없다. 문제는 어떻게 집중할 것인가 하는 것인데, 집중은 시간, 장소와 같은 이른바 작업환경을 잘 선택하는 것도 중요하지만 기본적으로 계획이 앞서야 한다. 왜냐하면 계획이 있는 경우 현재 해야 할 가장 우선적인 일이 무엇인지를 알고 이에 따라 집중할 수 있기 때문인데 '카르페 디엠(carpe diem : 현재 이 순간에 충실하라는 뜻의 라틴어)' 이라는 말도 결국 계획 이후에나 적용 가능하다고 하겠다.

집중이 가지는 중요성에 대해서는 슈테판 클라인의 말 역시 경청할 필요가 있다. 먼저 그는 우리가 흔히 생각하는 바와 같이 인간은 "결코 빠듯한 시간 때문에 어려

---

57) 크노프라우흐 외는 『시간의 기술』에서 중요한 일과 급한 일을 구분할 것을 요구하면서 복잡한 일을 단순하게 정리하는 데 도움이 되는 기술로 미국의 34대 대통령 아이젠하워의 원칙을 소개한다. 이것은 기본적으로 일을 "중요하고 급한 일(직업상의 일), 중요한 일, 급한 일, 불요불급의 일로 구분한 다음 이 순서대로 처리하는 것"을 원칙으로 하는데 "급하고 중요한 일은 오늘 반드시 해결하고, 중요하지만 급하지 않은 것은 기한을 정하며, 급해 보이긴 하지만 중요하지 않은 일들은 위임하거나 해결하지 않고 그대로 둔다. 가족과 보내는 가치 있는 시간은 외적으로 중요해 보이는 일에 늘 밀려나곤 한다. 그러나 그런 일들은 중요하기보다는 급한 일일 뿐이다"라고 말한다(p. 51).

58) 계획의 실제적 중요성과 관련하여 크노프라우흐 외는 "계획하는 시간이 많으면 실행시간이 절약된다. 그리고 비록 시간이 계획대로 진행되지 않는다 하더라도 시간을 계획해야 할 이유가 두 가지 있다. 1) 많은 일들은 거의 계획대로 진행이 된다. 2) 계획을 미리 세워두면 돌발사태가 생겼을 때에도 이성적으로 판단할 수 있으므로 좀 더 적절하게 시간을 사용할 수 있다. 자신의 시간을 의식적으로 관리하기 시작할 때 비로소 여유로운 삶이 시작된다"라고 적고 있다(외르크 W. 크노프라우흐 외, 위의 책, p. 34).

움을 겪지 않으며" "오히려 시간을 제대로 쓸 줄 몰라서 어려움을 겪게 된다"라고 지적한다. 즉, "우리는 시간이 없을 때 스트레스를 받는 것이 아니라 우리가 우리의 시간을 통제할 수 없다고 생각할 때 스트레스를 받는 것"이며 "우리는 다른 사람이 정해준 스케줄에 따라 살아야 할 때 무력감을 느낀다"라고 언급한다. 이것은 이른바 '시간관리법'이라고 하는 일반적인 시간관리관련 도서들이 가지고 있는 결함을 지적한 것으로, 요약하면 우리 인간에게 있어 실제로 중요한 것은 내가 가진 시간을 어떻게 쪼개고 좀 더 효율적으로 쓸 것인가가 아니라 시간적으로 타인에게 통제받지 않는 삶이다. 비유하자면 행복한 삶을 살기 위해서는 조그만 통 내부에서 가능한 한 안락한 공간을 만들어낼 것이 아니라 아예 통 바깥으로 뛰쳐나오라는 것이다. 물론 통제받지 않는 삶을 살기 위해서는 경력 및 지식관리 등 개인자산관리상 여타 주제들에 대해서 검토할 필요가 있다.

다음으로 주어진 시간의 효율적 사용문제와 관련하여 우리가 시간이 부족하다고 느끼고 시간에 쫓기는 이유에 대해 슈테판 클라인은 집중력부족, 스트레스(산만해짐, 우왕좌왕), 의욕부진 등 세 가지를 든다. 그리고 시간의 비효율적 사용을 가져오는 이 세 가지 문제를 해결해줄 수 있는 방법은 말할 나위도 없이 일의 수행을 위한 '자극'과 '동기'로서 이것이야말로 왜 전통적인 '시간관리서'들이 별 도움이 되지 않는지 가르쳐준다고 언급한다.

이러한 자극과 동기를 다른 말로 표현하면 바로 일에 대한 '열정'이다. 왜냐하면 그가 언급하고 있는 바와 같이 "시간관리의 비밀은 적당한 의욕을 불러일으키는 데 있고" "시간관리에 능한 사람은 즐길 줄 아는 사람"이라고 볼 수 있기 때문이다.

**그림 8-1» 시간관리의 핵심**

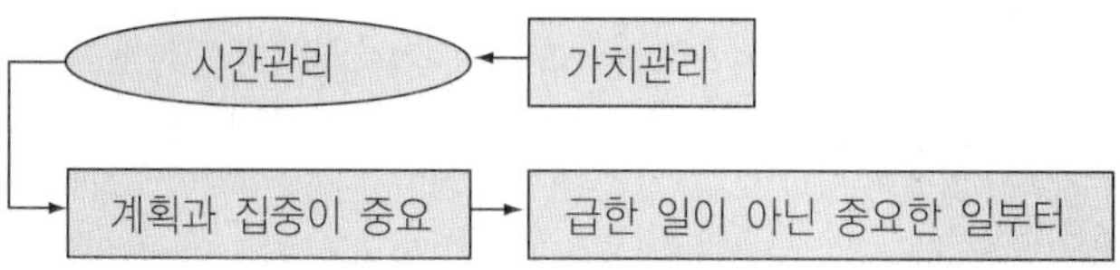

시간관리에 관한 지금까지의 내용을 살펴볼 때 개인자산관리상 각각의 자산들은 서로 연결되어 있고 또한 시너지효과를 발휘하고 있음을 알 수 있는데, 이것은 다시금 재산에 국한된 자산관리의 한계성을 지적해준다.

## 3. 시간관리의 실제

앞에서 언급한 내용 이외에 성공적인 그리고 행복한 시간관리의 실현은 품질혁신을 위한 경영기법의 일종인 식스시그마 방식을 원용할 수 있다. 식스시그마 방식은 정의(Define), 측정(Measure), 분석(Analysis), 개선(Improvement)으로 이어진다.

먼저 자신의 인생이나 현재 하고 있는 일의 의미를 궁구해보고 이에 따라 어떤 방식으로 시간을 사용해야 하는지 나름대로 정의한다. 이것은 목표를 정하고 위에서 언급한바 구체적인 시간계획을 세우는 것과 연결할 수 있다.[59)]

다음은 현재의 시간사용에 대해 측정하고 분석한 다음 이어서 개선의 과정에 들어가게 된다. 이와 관련하여 피터 드러커는 "효과적인 지식노동자는 시간으로 시작한다. 즉, 먼저 자신의 시간들이 어디에 사용되는지 발견하는 것으로 시작된다. 그런 다음 자신의 시간을 관리하려고 노력하고 비생산적인 시간을 줄여나간다. 마지막으로 '활용 가능한' 시간을 가장 큰 지속 가능 시간단위로 집약시킨다. 이러한 세 가지 절차, 즉 시간의 기록, 시간의 관리, 시간의 집약이 경영자의 효과성의 기초를 이룬다"라고 말한다.[60)]

---

59) 목표의 설정과 관련하여 크노프라우흐 외는 "자신의 목표를 정하고 목표는 글로 쓴다. '선장이 어디로 가고 있는지 모른다면 바람도 도움이 되지 않는다'는 로마의 정치가 세네카의 말을 상기할 필요가 있다. 종이에 쓴 것만이 현실화된다. 그리고 계획을 글로 옮기는 것은 많은 장점이 있다. 1) 글로 쓴 계획은 동기부여의 심리적 효과가 있다. 2) 확정된 계획은 정신을 집중시킨다. 그리고 사사로운 감정에 따라 계획을 변경하지 못하도록 막아준다. 3) 기록은 복잡한 일도 한눈에 볼 수 있게 해준다. 기록하면 나를 속이기가 힘들다"라고 말한다(외르크 W. 크노프라우흐 외, 앞의 책, p. 104).

60) Peter F. Drucker, 앞의 책.

한편 시간관리에 있어서도 마이너스형 자산관리의 법칙이 유용함을 확인할 수 있다. 대표적인 것이 일하는 시간이 아닌 휴식하고 안식하는 시간이 가지는 중요성이다. 휴식은 단순히 한가롭게 노는 시간이 아닌 재충전의 시간이며 동시에 창조적 시간이기도 하다. 인생에 있어서 새로운 기회는 사회적, 경제적 패러다임의 변화 속에서 찾아오기도 하는데 이러한 변화를 인식하고 여기에 대처할 수 있는 능력을 배양하는 것은 사고와 성찰의 시간 즉 마음과 머리가 바쁘지 않은 휴식을 통해서만 생산된다. 즉, 휴식은 일의 또 다른 면이라는 것이다.[61)]

61) 윤석철은 『경영, 경제, 인생 강좌 45편』에서 유대인의 안식일에 대해 언급하면서 "유대민족에게 안식일은 단순한 휴일이 아니고 물질생활을 떠나 정신세계로 침잠하여 유대 역사를 생각하며 자기관리능력을 기르는 영적인 날이다. 탈무드에는 유대인이 안식일을 지키는 것이 아니라 안식일이 유대인을 지킨다는 말이 있을 정도다"라고 말한다(p. 146).

건강은 무엇을 먹는가의 결과이다 :
인도 음식 메뉴가 적힌 입간판

100명의 의사보다 음식절제가 낫다.

– 영국 속담

# 제 9 장

# 건강관리

## 들어가기에 앞서

이미 언급한바 개인자산관리의 실천적 자산관리방법은 '마이너스형 자산관리' 이다. 그 이유는 기존의 자산관리방법이 '플러스형 자산관리', 즉 가능한 한 재산을 포함한 그 무엇인가를 키우거나 늘리는 데 집중하고 있는 데 비해 이 책에서 언급하는 개인자산관리는 오히려 정반대의 입장을 취하고 있기 때문이다.

이 장은 건강이라는 자산에 관한 관리방법을 다룬다. 그런데 건강은 마이너스형 자산관리가 유용하게 적용될 수 있는 중요한 사례 중 하나이다. 구체적인 예를 하나 들면 사람들은 건강해지기 위해서 무엇인가 좋은 것을 먹고 동시에 살을 빼고 근력을 키우기 위해 시간을 들여 열심히 운동을 해야 한다고 생각한다. 그러나 이것은 매우 이율배반적인 행위일 수 있다. 왜냐하면 좋은 것을 먹는다는 것은 이미 살을 빼야 할 조건을 만들고 있을 가능성이 있기 때문이다. '마이너스' 적 건강유지법이 구체적으로 무엇인지 알아보자.

한편 건강관리에서는 현대에 들어서면서 일종의 자산으로서 더욱더 주목을 받기 시작한 '아름다움' 혹은 '미모' 의 관리에 관한 것을 포함시켰다. 그 이유는 외모의 경우 부모로부터 물려받은 선천적인 모습이 중요한 역할을 하는 것은 틀림없지만 탄탄한 몸매와 맑은 피부의 유지 같은 것들은 궁극적으로 육체 및 정신의 건강 여부와 긴밀히 연결되어 있기 때문이다.

건강문제는 의학과 관련된 상당히 전문적인 분야로서 건강관리에 대해 자세히 언급하는 것은 이 책의 영역을 넘어선다고 볼 수 있다. 따라서 건강의 보존과 제고방법 같은 의학적 부분은 전문서적을 참고하기 바라며 여기에서는 건강이라는 자산이 행복이라는 측면에서 가지고 있는 의미만을 확인하고자 한다.

건강이라는 자산을 필요로 하는 이유는 두 가지이다. 우선 건강은 실제 소비되는 하나의 가치대상(commodity)으로서 개인의 만족감에 직접 영향력을 미친다. 이러한 건강의 특징은 건강치 못한 기간들이 불만족한 상태를 낳는 데서 좀 더 확연히 드러난다.

다음으로 건강은 수입을 발생시키거나 혹은 가치대상(commodity)을 생산함에 있어 사용할 수 있는 전체 시간을 결정한다는 특징이 있다. 이에 비해 다른 형태의 인적자본, 예를 들어 지식과 같은 인적자본의 경우 거래의 대상이 되는 상품의 생산이나 혹은 비시장적인 가치대상의 생산에 있어서 생산의 효율성을 직접 높여주는 역할을 한다.[62)]

건강은 개인의 육체적 상황에 관한 문제인데 건강이 개인의 소득과 재산형성 등에 미치는 의미는 얼굴 생김과 소득의 연관성에 관한 한 논문을 통해서도 엿볼 수 있다.[63)] 왜냐하면 건강성은 얼굴의 미모에도 어느 정도 영향을 미치기 때문이다.

이 연구에 의하면 근로경험, 근속기간 등을 포함하는 노동시장의 특성과 교육수준, 결혼 여부, 자신이 평가한 건강상태 등의 인적 조건이 동일하다는 조건하에서 미모가 열등한 사람들의 경우 평범하게 생긴 사람들에 비해 소득이 낮으며 반대로 미모가 뛰어난 사람들은 평범한 사람에 비해 소득이 더 높은 것으로 나타났다. 미모가 열등함에 따르는 일종의 소득상 페널티는 5-10% 정도이며 이것은 미모가 뛰어남에 따른 혜택보다는 조금 더 큰 수준이다.

이러한 미모에 따른 소득 수준의 차이는 여자보다 남자가 좀 더 큰데, 이것은 매력적이지 못한 여성의 경우 취업의 가능성마저 상대적으로 낮아서 대상에서 제외되었

---

**62)** Michael Grossman, 앞의 책, p. 294 · 295 참조.

**63)** Daniel S. Hamermesh and Jeff E. Biddle, "Beauty and the Labor Market", *The American Economic Review* 84(5), 1994, pp. 1174-1194.

을 수 있다. 물론 잘생긴 사람들은 미모가 생산성을 제고시키는 직업으로 몰리게 되지만 개인의 미모가 수입에 미치는 영향력은 직업과는 무관한 것으로 나타났다. 흥미 있는 사실은 여성에 대한 미적 판단은 중간적인 미모를 중심으로 해서 상하로 벗어나는 경향이 크다는 것이다. 이것은 여성의 외모가 부정적이든 긍정적이든 남자에 비해 더 큰 반향을 가져온다는 의미이다.

한편 건강에 있어서도 습관의 위력은 결코 적지 않는 것으로 나타났다. 미국의 한 조사에 따르면 개인의 생활습관이 75세 이전 사망에 대한 영향에 있어 52%를 차지하는 것으로 나타났고 나머지는 유전(20%)과 환경(20%)에 의해 좌우되었다.[64] 이것은 건강이라는 자산이 노력 없이 손쉽게 얻어지지 않는다는 것, 이에 따라 평소에 건강 등 무형자산에 대한 분산투자가 필요하다는 것을 보여준다고 할 수 있다.

건강관리의 경우도 마이너스형 접근방식이 유용하다고 볼 수 있다. 즉, 무엇이 건강을 증진시키는가를 따지기 앞서 건강을 해치는 것으로 입증된 습관부터 배제하는 것이다. 대표적인 것이 금연이고 절식(節食)이다. 즉, 몸에 해로운 것은 피하고 아울러 덜 먹는다는 것인데 이것은 식비절감, 체중조절에 유익할 뿐 아니라 건강에 대한 효과 역시 과학적으로도 증명이 되어 있다.

64) LG경제연구원, 앞의 책, p. 217.

**사례연구 건강과 소식(小食)**

소식이 질병과 노화의 주범인 활성산소를 효과적으로 억제함으로써 건강과 장수에 상당한 영향력을 미친다는 사실은 몇 가지 연구결과에서 공통적으로 등장한다.

먼저 연세대 의대 이덕철 교수팀이 6개월간 임상실험한 연구결과에 의하면 소식이 노화와 장수의 비결이 되는 것으로 나타났다. 즉, 소식을 통해 칼로리 섭취를 제한하는 경우 인슐린 농도의 하강을 통해 노화 과정을 늦추게 되는 효과가 있었다. 그리고 소식은 체온을 낮게 유지시키고 이것은 저하된 인체 대사기능을 통해 장수와 연결되고 나아가 인체의 근본적인 방어기능을 활성화하는 것으로 밝혀졌다.

한편 KBS "생로병사의 비밀" 제작팀이 3년간 취재를 통해 85세 이상의 장수노인이 많은 제주도와 세계 1위 장수촌 일본 오키나와현을 포함한 전 세계 장수노인들에게서 뚜렷한 공통점을 찾았다. 그것은 바로 이곳 장수노인들은 소식을 통해 작고 마른 듯한 체구를 유지하고 있다는 것이다.

그 밖에 영국 일간지 <인디펜던트>가 소개한(2007년 1월) '건강하게' 수명을 연장하는 10가지 비결에 있어서도 소식을 찾을 수 있다. 이 보도에 의하면 10가지 비결로 ① 일주일에 3회, 30분씩의 규칙적 운동, ② 약간의 스트레스, ③ 오염지역이 아닌 지역에서 살기, ④ (재산, 교육 등을 포함한) 성공하기, ⑤ 시금치, 브로콜리처럼 항산화성분과 베타카로틴을 풍부하게 함유한 건강에 좋은 음식 먹기, ⑥ 뇌가 자극을 받고 활동을 통해 면역체계를 강화시키는 자기 자신에게 도전하기, ⑦ 좋은 인간관계 등을 통한 생활을 즐기기, ⑧ 신 혹은 친구 찾기, ⑨ 식사량 줄이기, ⑩ 정기적으로 건강 점검하기 등이 있다.

한편 조선시대 왕들의 평균 수명이 47세이고, 평민의 평균 수명이 24세이던 상황에서 83세까지 살았던 영조의 장수비결에는 끼니 거르지 않기, 인삼의 복용, 정기적 건강검진도 있지만 가장 주요한 비결은 바로 소식과 잡곡밥 먹기였다고 한다. 조선시대 왕이 일반적으로 하루 다섯 차례 식사를 했으나 영조는 하루 세 차례 식사를 했고 반찬수도 줄였다고 한다.

브랜드, 보이지 않는 자산

명성은 쌓는 데 20년이 걸리지만 잃는 데는 5분도 채 걸리지 않는다.

– 워렌 버핏

정직만큼 부유한 유산도 없다.

– 셰익스피어

# 제 10 장

# 신용관리

# 들어가기에 앞서

'투자의 현인' 이라고 불리는 워렌 버핏(Warren Buffet)은 언젠가 직원들에게 "돈을 잃어도 좋습니다. 아주 큰돈을 잃더라도 상관없습니다. 하지만 절대로 명성은 잃어서는 안 됩니다. 아무리 작은 명성이라도 말입니다"라고 말한 적이 있다.

이 장에서는 또 하나의 눈에 보이지 않는 자산인 신용에 대해 다룬다.

오늘날 신용(credit)은 금융거래에 있어 대출의 가능성을 높여주고 동시에 이자라고 하는 대출의 가격 혹은 대가를 낮춰줌으로써 금전적 환산이 가능한 자산임을 이미 보여주고 있다.

그러나 한 개인에 대한 타인의 신뢰 혹은 신용은 이러한 수준에 머물지 않고 광범위한 인간생활 속에서 영향력을 미치는데 신용이 얼마나 중요한 자산인가에 대해서는 현대그룹 정주영 회장의 사례를 통해서도 충분히 짐작할 수 있다.

신용이라는 자산의 특징은 상품의 브랜드와 마찬가지로 장기적 투자를 필요로 한다. 그리고 신용을 지켜내기 위한 다소간의 불편함-예를 들어 약속시간에 지각하지 않는 등-을 감수해야 한다.

신용은 일종의 개인적 브랜드이다.

기업의 경우를 보면 브랜드와 같은 무형자산의 가치가 갈수록 커지고 있는데[65] 개인의 경우도 신용이라는 브랜드의 중요성은 결코 감소하지 않고 있는 것이 현실이다.

브랜드와 같은 무형자산의 장점은 몇 가지가 있다.[66] 마모되거나 변질되지 않기 때문에 시간에 따른 가치의 비감소성이 있고, 다른 사람이 모방하여 재생할 수 없어 소유주만이 향유할 수 있는 배타성이 있다. 그 밖에도 확대재생산이 가능하다는 점이 있는데 한 개인의 신용은 많은 사람들에게 동시에 전해질 수 있고 더욱이 많은 사람에게 알려질수록 유리하다.

신뢰성이 기업에 대해 가지고 있는 가치를 논하면서 윤석철은 "사회적 조직화 정도가 높아지고 기업간 경쟁이 치열해지면서 전략적 제휴, 아웃소싱, 네트워킹 같은 조직간의 제휴 혹은 협력이 생산성을 높이는 주요 경영기법이 되었고 따라서 신뢰와 투명성이 높은 조직문화가 필요해졌다"[67]고 말한다. 그런데 이러한 논리는 개인에 대해서도 직접적인 적용이 가능하며 서로간에 교류 필요성이 더욱 커진 현실 속에서는 신용의 가치 역시 중요해지지 않을 수 없다.

개인자산관리에 있어 신용이라는 자산을 키우기 위한 방법은 두 가지가 있다. 하나는 자신의 언약을 지키는 것이고, 또 하나는 '정직해지는 것'이다. 이 두 가지는 설명하지 않아도 자명한 것인데 한 가지 부연할 사항은 이 두 가지가 타인과의 관계에서도 중요하지만 자신과의 관계에서도 매우 중요하다는 사실이다. 즉, 스스로 다짐한 일을 최선을 다해 완성한다거나 자신을 속이지 않는다는 것은 자신에 대한 신뢰를 높임으로써 자존감과 함께 스스로에 대한 만족감을 가져다줄 것이다.

---

65) 특정 브랜드를 선호하는 고객은 여타 고객에 비해 기업이익 측면에서 아홉 배의 차이가 난다는 실증분석 결과가 있다고 한다(LG경제연구원, 앞의 책).

66) LG경제연구원, 위의 책, p. 350.

67) 윤석철, 앞의 책, p. 199.

### 사례연구 현대그룹 고 정주영 회장의 성공 비결과 신용

지금의 현대그룹을 창업한 고 정주영 회장의 일화를 보면 그의 성공에 자신의 언약을 철저히 지키는 즉 신용관리가 중요한 역할을 했음을 알 수 있다.

첫 번째 사례는 정부가 발주한 교량건설시 일어났던 일이다. 수주가 이루어지고 공사가 시작된 후 얼마 되지 않아 예상치 못한 자재가격의 인상으로 많은 건설기업들이 기존의 공사를 중단하는 사태가 발생했다. 이 때 현대의 부하직원들 역시 이 공사를 더 이상 진행하는 것이 무리라고 했을 때 정 회장은 신용은 기업의 생명이라고 하면서 공사를 강행했다. 결국 이 공사에서 회사는 큰 손실을 입었다. 그러나 이때 쌓은 신용은 다음의 공사수주에 큰 도움을 주었고 그 후 큰돈을 벌 수 있었다고 한다.

또 다른 사례는 정 회장이 지방 현장의 직원들에게 어느 날 식사나 한번 하자고 지나가듯이 했던 약속에 관한 일화이다. 그런데 약속 당일 비가 억수같이 쏟아져서 도저히 약속을 지킬 만한 형편이 되지 않았다. 그러나 정 회장은 자동차를 타고 빗속운행을 강행하여 마침내 현장에 도착하였고 약속대로 직원들과 같이 식사를 마쳤다고 한다.

마지막 사례는 현대자동차의 탄생과 관계있다. 젊은 시절 정 회장은 쌀집에서 일하면서 두터운 신용을 쌓아두었다. 그 후 그는 이 신용을 바탕으로 한 개인에게 목돈을 대출받아 자동차정비소를 개업했는데 화재로 공장이 소실되는 사고가 발생했다. 정 회장은 다시 한 번 그 대출해준 사람을 찾아가 또 한 번의 대출을 부탁하였다. 이때 대출해준 사람이 담보가 무엇이냐고 묻자, 정 회장은 "내 몸이 담보요"라고 하면서 과거 한 번이라도 약속을 어긴 적이 있었냐고 되물었다. 결국 다시 한 번 대출이 이루어졌고 이를 통해 현대자동차가 태동하게 되었다고 한다.

1983년 신입사원 하계 수련대회에서 정주영 회장은 다음과 같이 신용의 중요성을 역설하였다. "신용은 곧 자본이다. 중소기업이 대기업으로 커가거나 대기업이 세계적인 기업으로 성장하는 열쇠는 바로 신용에 있다."

# 제11장

## 경력 및 지식관리

# | 들 | 어 | 가 | 기 | 에 | 앞 | 서 |

사실 개개인에게 있어 경력 및 지식관리만큼 현실적이고 실천적인 주제는 없을 것이다. 왜냐하면 인간은 무엇보다 생존을 위해 생산활동에 종사해야 하며 이렇게 해서 쌓은 경력으로 자신이 속한 사회 내에서 존재의 의미를 발견하기 때문이다. 경력 및 지식관리는 내가 이 사회에 무엇을 제공할 것인가 하는 질문에서 출발한다. 그리고 개인자산관리라는 이 책의 주제 역시 이 질문에 집중되어 있다고 할 수 있다. 그 이유는 개인자산관리의 궁극적 목표가 생존문제의 해결이라는 전제조건하에서 타인의 사랑과 관심의 획득을 통해 행복해지고자 하는 데 있다면 이러한 타인의 사랑과 관심은 대부분 내가 타인이 필요로 하는 그 무엇을 제공하고 있느냐에 따라 좌우되기 때문이다. 여기서 제공의 대상이 되는 것으로 지식, 기술, 각종 재화와 서비스, 아름다움, 듣기 좋은 소리, 맛있는 음식 등을 꼽을 수 있을 것이다.

우리의 주위를 둘러보면 소외, 빈곤, 자살, 청년실업 등 많은 사회적 난제를 찾을 수 있고 또한 이것으로 말미암아 고통스러워하는 사람들을 볼 수 있다. 물론 이러한 상황은 기본적으로 사회 자체가 책임을 져야 한다. 그러나 개인 차원에서 보면 자신에 대한 탐색작업을 통해 타인이 가치를 부여하고 필요하다고 느끼는 그 무엇을 스스로 찾아내지 못한 데 원인이 있다고 하겠다.

나는 무엇을 이 사회에 제공할 것인가? : 홍콩 거리의 간판들

사람이 자기 일에 즐거워하는 것보다 나은 것이 없나니
이는 그의 분복이라. - 전도서 3:22

## 1. 경력 및 지식관리 개요

윤석철은 그의 책에서 "주고받음이 삶의 기반이다"[68]라고 말하는데 현실적인 삶을 표현함에 있어서 이것만큼 정확한 지적은 없다고 본다.

사회생활을 하는 인간은 결국 서로 주고받는 관계 속에서 생활하고 있으며, 따라서 개인재산관리의 입장에서 개개인이 반드시 고민해야 할 것 중의 하나는 '과연 사회는 그리고 나의 이웃은 무엇을 원하고 있으며 동시에 내가 제공할 수 있는 것은 무엇일까?' 이른바 경력 및 지식관리에 관한 내용일 것이다.

그런데 문제는 무엇을 제공함을 통해 의식주문제도 해결해야 하지만 이 일 자체가 며칠이나 몇 달에 종결되는 것이 아니기 때문에 이 일을 즐길 수 있어야 한다는 사실이다. 죽어가는 사람들과의 대화 내용을 담고 있는 『인생수업』에서는 일에 관하여 "자신이 진정 좋아하는 일을 하면 고급승용차를 몰고 다니는 것보다 더 큰 삶의 가치를 발견하게 된다는 사실입니다. 수없이 많은 임종의 자리에서 수없이 많은 사람들이 뉘우칩니다. '난 내가 하고 싶은 것을 해본 적이 없어'"[69]라고 충고한다.

한편 21세기에 들어서 여러 자산 중에서 지식의 가치가 상당히 커지고 있다. 지식이라는 자산은 그 자체로 부가가치가 높고 많은 소득을 가져다주기도 하지만 이외에도 몇 가지 장점을 가지고 있다. 대표적인 것이 지식소유의 배타성으로 다른 물적 자산과는 달리 분실되거나 빼앗길 염려가 없다는 것이다.[70]

경력 및 지식관리는 직장이나 자신이 속한 커뮤니티에서의 활동을 전제로 자기경영 혹은 자기 자신의 관리에 관한 문제라고 볼 수 있다. 즉, 직장이나 커뮤니티는 그

68) 윤석철, 앞의 책, p. 40.

69) 엘리자베스 퀴블러 로스, 앞의 책, p. 110.

70) 예를 들어 토마스 J. 스탠리와 윌리엄 D. 댄코의 『이웃집 백만장자』에서 "나치의 유대인 대학살을 피해 유럽을 떠나온 백만장자 사업가가 있었다. 우리는 그에게 그의 자녀가 모두 자영업 전문가가 된 이유를 물어본 적이 있다. 그는 이렇게 대답했다. '그들이 당신의 사업을 빼앗아갈 수는 있지만 당신의 지식은 빼앗아갈 수 없기 때문입니다'"라고 말한다(p. 333).

자체로 다양한 수요를 가지고 있는바 자신의 기술이나 지식을 통하여 그 수요 중에서 무엇을 제공할 것인가와 관련된 문제이다.

그런데 문제는 공급이 항상 경쟁상태에 있다는 것이다. 만일 이 경쟁에서 살아남지 못하는 경우 그 결과는 자신이나 혹은 일반 사람들이 즐거워하거나 원치 않는 차선의 일에 스스로를 매이게 할 수밖에 없다.

자신의 생산품이 특정수요를 만족시키기 위해 만들어지고 경쟁이 존재한다는 측면에서 경력이나 지식관리는 기업경영과 유사한 측면이 있으며 따라서 경영학의 다양한 지식들을 접목시킬 필요가 있다.

그러면 경력과 지식관리를 통해 우리가 무엇을 제공할 수 있으며 또한 어떻게 직장이나 커뮤니티가 진정으로 필요로 하는 것을 제공함으로써 직업적 안정이나 삶의 의미, 나아가 인생의 행복을 추구할 것인가.

먼저 후자와 관련하여 피터 드러커는 비즈니스의 목적이 '고객 창조(To create customers)' 에 있으며 이에 따라 기업은 두 가지 기본적인 기능이 있는데 하나는 마케팅이요, 다른 하나는 혁신(Innovation)이라고 했다.[71)]

이 주장은 우선 비즈니스는 현재적이든 잠재적이든 고객이 가지고 있는 혹은 향후 갖게 될 필요—예를 들어 제록스 기계나 컴퓨터 같은 제품이 상품화되기 이전 시기의 사람들은 생각지도 못했던 것—를 만족시키는 일을 해야 한다는 것이다.

그러면 이 일을 수행하기 위해서 무엇이 필요한가. 말할 것도 없이 혁신이 필요하고 또한 마케팅이 뒤따라야 하는데 여기서 말하는 마케팅이란 단지 물건을 파는 행위를 의미하지 않는다. 즉 여기서 마케팅이라 함은 기본적으로 '우리가 무엇을 팔기를 원하는가' 라고 묻는 것이 아니라 '고객이 무엇을 사기를 원하는가' 라고 묻는 것이다.

결국 경력관리나 지식관리는 나 자신이 무엇을 제공할 것인가라는 물음에 앞서 자신의 직장이나 커뮤니티가 무엇을 필요로 할 것인지를 치열하게 물어나가는 데서 시작되어야 하며, 이를 위하여 필요한 지식의 습득과 깊은 사고를 진행시켜나가는 것이 필요하다.

---

71) Peter F. Drucker, 앞의 책, p. 20.

그런데 직장이나 커뮤니티는 한 가지가 아닌 수많은 종류의 상품, 즉 지식과 기술 등을 필요로 한다. 따라서 개인에게 있어 선결되어야 할 문제는 자신이 제공할 수 있는 상품의 범위와 다른 경쟁상품과의 차별화 여부이다.

따라서 기업 등 고용주가 원하면서 동시에 나 자신이 제공할 수 있는 것들이 무엇인가를 스스로 물어봐야 하는데 피터 드러커는 기업과 관련하여 '우리의 비즈니스가 무엇인가(What is our business?)' 라고 묻는 것은 최고경영자의 첫 번째 책무라고 했다. 그러면서 이에 대한 해답을 얻기 위해서는 다시금 고객에게 돌아가 나의 고객이 누구이며(Who is the customer?), 나의 고객이 어디 있으며(Where is the customer?), 나의 고객이 궁극적으로 무엇을 구매하는지(What does the customer buy?)를 생각해야 한다고 말하였다.

그렇다면 기업이 아닌 개인의 경우는 어떠한가. 기업의 경우와 마찬가지로 개인자산을 관리하는 최고경영자로서 개개인의 가장 중요한 책무는 자기 지신을 아는 것이다. 즉, '나는 누구인가?' 하는 질문에 대해 대답할 수 있어야 한다. 여기서 자신을 안다는 것은 우선적으로 내가 가장 원하는 것은 무엇이며 또한 내가 제일 좋아하고 잘할 수 있는 일은 무엇이냐에 대한 답을 찾는 섯이다.

문제는 이러한 답을 어디에서 찾느냐 하는 것인데 기업과 달리 개인의 경우 기업처럼 고객에 해당될 만한 대상이 없으며 따라서 다른 대안을 찾아야 한다. 예를 들면 학교 선생님, 부모님, 친구, 친척 등에 대한 질문이나 설문조사 방법이 있고 통계적 자료로는 적성진로검사 등이 있다.

하지만 이러한 작업에 있어서는 반드시 개인 자신의 노력이 따라야 하며 평소에 자기 자신을 꾸준히 관찰하고 또한 기록하는 습관을 가져야 한다. 여기서 기록 내용은 무슨 일을 할 때 몰두하는 경향이 있으며 지치지 않는 관심과 열정을 가지는가 하는 것 등이다.

한 가지 참고할 자료가 있다면 그것은 자신의 교육기록이다.[72] 예를 들어 좋아하거나 싫어했던 과목, 제일 잘한 과목, 좋아했던 활동, 시간을 보낼 때 자신이 하고 싶

72) Arthur J. Keown, 앞의 책, p. 11.

었던 것 등이다. 그리고 만일 직업경력이 있다면 그 리스트를 작성해서 어떤 직업에 호감을 가졌고 어떤 직업에서는 그러지 못했는지, 그리고 이직한 이유는 무엇인지를 적어볼 필요가 있다.

이것과 관련하여 피터 드러커가 제시한 '피드백 분석'[73]방법도 있다. 피드백 방식은 개인이 중요한 의사결정이나 행동을 할 때마다 그 일로 말미암은 기대 사항을 적어보는 것이다. 그런 다음 9개월이나 1년 후에 기대 사항과 실제 결과를 비교해보는 것인데 몇 년간의 실행을 통해 자신의 강점이 있는 부분은 무엇이며, 어떤 부분에 있어서는 자신이 전혀 강점이 없고 수행능력이 없는지, 그리고 어떤 부분에서는 중간 정도의 유능성을 가지고 있는지 알 수 있다.

그림 11-1 » 경력 및 지식관리 개요

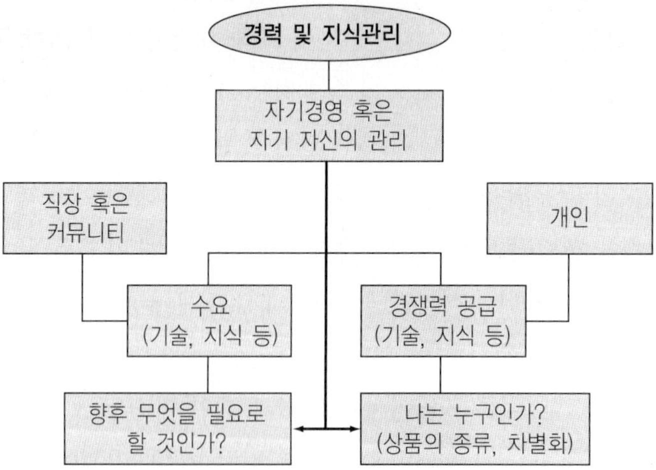


73) Peter F. Drucker, 앞의 책, p. 218.

## 2. 경력 및 지식관리의 원칙

피드백 분석을 통해 발견할 수 있는 몇 가지 경력 및 지식관리 원칙은 다음과 같다.[74)]

첫 번째, 자신의 강점에 집중한다. 자신의 강점이 유용한 결과를 낳을 수 있는 곳에 자신을 투입하라. 이것과 관련하여 긍정심리학에서도 단점을 찾아 고치는 노력보다는 개인의 대표적인 강점을 키우고 발전시켜나가는 것이 더 중요하다고 말한다. 왜냐하면 자신의 강점을 개발하는 경우 자신의 일에 몰두할 수 있기 때문이다.[75)]

두 번째, 자신의 강점을 개선한다. 피드백 분석은 어떤 방면에서 기술을 진보시킬 필요가 있다거나 혹은 새로운 지식을 습득해야 하는지 알려준다.

세 번째, 자신의 무지가 일을 그르치는 경우가 있는지를 확인한다. 특정부분에서 지적 자만을 가진 사람의 경우 다른 영역에서의 무지를 소홀히 다룸으로써 좋은 결과를 낳지 못하는 수가 있다.

네 번째, 자신의 나쁜 습관을 고친다. 언급한 바와 같이 습관은 강한 힘을 가지고 있으며 일의 효율성과 수행결과에 상당한 영향력을 가진다.

마지막으로, 자신의 능력이 상대적으로 크게 떨어지는 분야를 개선하려는 노력은 가능한 한 하지 않아야 한다. 사람마다 재능이나 기술, 지식에 있어 최소한 중간에도 들지 못하는 분야가 많으며 이런 부분을 개선하는 것은 자신의 강점을 개선하는 것에 비해 더 많은 시간과 에너지를 필요로 한다. 즉, 효율성 측면에서 이런 부분의 일이나 직업 혹은 역할분담은 바람직하지 않다.

---

74) Peter F. Drucker, 앞의 책, pp. 218-220.

75) 리즈 호가드, 앞의 책.

### 사례연구 유명 연예인들의 개인자산관리

이미 상당한 지명도와 인기를 가진 가수 등 유명 연예인에게 있어 재산을 늘리는 최선의 자산관리방법은 무엇일까?

부동산, 채권, 주식 등에 대한 투자나 식당이나 쇼핑몰 등의 경영을 통해 자산을 불려나가는 방법을 생각해볼 수 있을 것이다. 그리고 실제로 그렇게 하고 있는 연예인들도 많다. 그러나 이러한 자산관리의 문제점은, 나중에 투자부분에서 자세히 알아보겠지만, 투자위험을 동반하고 있다는 것이다. 즉, 망할 수도 흥할 수도 있다는 것인데 만일 이 두 가지 확률이 동일하다면 이것은 결코 최선의 자산관리방법이 아니라고 하겠다.

조용필, 나훈아 등 유명 연예인들에 대한 인터뷰 결과를 보면 이들이 가장 관심을 기울이는 자산관리방법은 현재의 일(직업)에 최선을 다하는 것이며 구체적으로 '연습'이 중요하다고 강조한다.

이러한 인터뷰결과는 개인자산관리의 관점에서 봤을 때 제대로 된 자산관리를 하고 있음을 말해준다. 왜냐하면 노래를 부르는 현재의 일에 완성도를 높임으로써 현재의 수입을 지속하는 것보다 더 높은 수익률을 만들어낼 수 있는 자산관리방법은 존재하지 않는다고 할 수 있기 때문이다. 물론 이 경우 '인기'의 유지라는 수익률 외의 추가적인 수확물이 있음은 말할 필요도 없다.

*Personal Asset Management*

# 제 12 장

# 가족 및 인적관리

# | 들 | 어 | 가 | 기 | 에 | 앞 | 서 |

한국인과 외국인을 구분하는 한 가지 기준이 있다면 그것은 인생의 최우선 순위에 놓는 대상이라는 말이 있다. 즉, 한국인은 '일과 직업'을 최우선 순위에 두는 반면 외국인은 '가족'을 꼽는다고 한다.

오래전 미국 클린턴 내각의 노동부장관이었던 로버트 라이시(Robert Reich) 노동부장관이 〈뉴욕타임스〉에 기고한 글을 통해 가족들을 위해 더 많은 시간을 할애하고 싶어 사직을 결심했다고 말한 것이 화제가 된 적이 있다. 권력과 명예를 위해 부도덕한 일도 마다 않는 현 세상에서 이러한 일은 상당히 신선하고도 의아하게 다가온다. 그러나 만일 가족이 가지고 있는 의미를 곰곰이 생각해본다면 그러한 결심이 상당히 합리적임을 인정하지 않을 수 없다.

현대에 들어서면서 우리가 자주 목격하는 바는 가족의 해체현상이다. 대부분 대가족을 이루고 있었던 과거에 있어 가족의 해체가 전쟁, 천재지변 등 외부적인 요인으로 인한 것이었다면 현대의 경우는 소가족 내 구성원간의 갈등현상 즉 내부적인 요인이 주를 이룬다고 볼 수 있다.

한편 가족은 각박해지고 메말라가는 현대사회에 있어 사랑, 정신적 위로와 휴식을 제공하는 극소수의 원천 중 하나이다. 따라서 이제는 '화목한 가족'을 하나의 자산으로 간주하고 적극적 자산관리(가족관리)를 통해 내부적인 갈등요인을 줄이거나 없애고 나아가 가족을 창조적 활동을 위한 전진기지로 만들 필요가 있다.

## 1. 가족 및 인적관리의 개요

현대에 들어서 사람 사이의 관계 역시 중요해지고 있으며 일종의 자산으로까지 간주되고 있다. 그 이유는 사람 사이의 관계 이른바 '인맥'이 정보의 제공처가 되기도 하고, 동일한 일의 처리과정에 있어서 기존에 형성된 관계와 신뢰는 해당 인물의 불확실성으로 인한 의사결정의 지연 등을 방지해주기 때문이라고 볼 수 있다.

이와 관련하여 LG경제연구소의 한 책에서는 지능지수(IQ)나 감성지수(EQ) 외에 추가로 "개인의 타고난 역량뿐 아니라 타인의 역량을 활용하는 능력을 나타내는 네트워크지수(NQ)"라는 개념의 부상을 언급하면서 "가족, 지역사회 등 지연적으로 형성된 공동체가 점차 개인 중심으로 해체되면서 생존을 위한 개인간의 연결고리로서도 관계의 중요성은 갈수록 중요해지고 있다"라고 지적한다.[76] 그러나 타인과의 관계는 '인맥'이라는 말이 가지고 있는 이미지처럼 반드시 이해관계가 기준이 될 필요는 없다. 따뜻한 이웃이나 친구들은 비록 직접적인 도움을 주지는 않는다 하더라도 관계 자체로 행복을 가져다줄 수 있기 때문이다.

이러한 타인과의 관계뿐만 아니라 지구상 가장 친밀한 관계라고 할 수 있는 가족의 중요성 역시 커지고 있으며, 화목한 가족은 어쩌면 가장 중요한 자산이 될 수도 있다. 왜냐하면 자산의 궁극적 용도를 행복에 맞추는 경우 가족은 대가 없는 무조건적인 사랑을 공급하는 원천에 견줄 수 있기 때문이다.

인맥이나 관계, 그리고 가족이 가지고 있는 공통점은 바로 신뢰 혹은 믿음이다. 믿음의 중요성은 이미 언급한 바와 같이 불확실성이 가져다주는 의사결정의 지연이나 계속적인 확인과정 자체를 없애준다는 데 있다.[77]

---

**76)** LG경제연구원, 앞의 책, p. 147.

**77)** 크노프라우흐, 휘거, 모클러는 『시간의 기술』에서 "왜 믿음이 중요한가? 1) 믿음이 있어야 비로소 관계가 가능하다. 2) 믿는 사람들은 서로 지식을 주고받는다. 3) 믿음은 변화를 가능하게 한다. 4) 믿음은 창조성과 개혁을 증진시킨다. 5) 믿음은 가속도를 일으킨다. 6) 믿음은 사람과 사람을 묶어주고 서로 연결한다. 7) 믿음은 직원들을 발전시키는 최선의 환경이다. 8) 믿음은 비용을 절약한다. 9) 믿음은 윤활유다. 한마디로 믿음은 가치 있는 위험이다"라고 말한다.

한편 신뢰나 믿음이 조성되어 있는 가족은 대부분의 사람이 직면하게 되는 노후의 경제적 문제라는 위험과 관련하여 일반 연금보험상품보다 우월한 보호장치를 가지고 있다. 즉, 보험회사로부터 연금보험을 사는 것보다 가족끼리 해결하는 것이 경제적 측면에서 더 나을 수 있는데 이에 대해 로렌스 코클리코프와 아비아 스피박은 다음과 같이 말한다.

"가족들은 죽는 시기의 불확실성에 대하여 자가보험을 들 수 있다. 즉, 소비 및 가족간 자산이전과 관련하여 암묵적 혹은 명시적 계약을 하는 것이다. 가족간 자산의 이전은 반드시 이타주의적 생각에 기초할 필요는 없다. 완전히 이기적인 가족구성원 간의 위험분담(risk sharing)도 이런 모습을 띨 수 있다. 비록 가족 내의 연금시장이 불완전하다 하더라도 비록 작은 가족조차도 완벽한 시장판매 연금의 70% 이상을 대체할 수 있다. 결혼관계와 가족관계 내에는 신뢰와 정보와 사랑이 존재하며 역선택과 거래비용(transaction cost)이 존재한다는 것을 염두에 두는 경우 가족간 위험을 상호담보(risk pooling)하는 것은 시장의 연금상품에 비해 더 유리할 수 있다. 상품으로서의 연금이 존재하지 않는 경우 위험분담이라는 방식은 결혼과 가족형성에 대한 강력한 동기를 제공한다."[78)]

## 2. 가족 및 인적관리의 실제

먼저 가족관리와 관련하여 명심해야 할 중요한 사실은 다른 자산과 마찬가지로 '화목한 가족' 역시 거저 얻어지지 않는다. 즉, 적절한 시간자산의 투입과 함께 가족구성원을 이해하고자 하는 주의력 등이 필요하며 특히 아이들의 성장과정 중 특정시기, 예를 들어 사춘기는 집중적인 관심을 기울여야 한다. 마치 푸른 신호등이 켜질 때 건너야 함과 같이 내가 할 수 있을 때가 아니라 나를 필요로 할 때 투자해야 하는

---

78) L. J. Kotlikoff and A. Spivak, "The Family as an incomplete Annuities Market", *Journal of Political Economy* 89, no. 21, 1981, p. 372.

것이 가족이라는 자산관리가 갖는 특성이다.

그리고 인적 네트워킹의 구축문제와 관련하여 주목해야 할 사항이 하나 있다. 우리는 인적 네트워킹을 마치 나의 성공 혹은 여타의 필요를 채우기 위한 디딤돌 정도로 간주하는 경향이 있다. 그러나 현실적으로 분명한 점은 이러한 의도가 성취되기 위해서는 내가 먼저 상대방의 필요를 채워줘야 한다는 것이다. 즉, 상당한 시간과 노력 등의 대가를 그 전에 미리 치러야 한다는 것인데, 이것은 자산관리상 별로 남는 것이 없는 제로섬 게임이 됨을 의미한다. 인적 네트워킹을 통해 우리가 추구해야 하는 것은 기본적으로 사람간의 따뜻한 만남이어야 한다. 그때 바로 타인과의 관계 속에서 진정으로 우리가 추구하는 그 무엇 즉 행복을 취할 수 있다.

가족과 타인을 막론하고 좋은 관계를 맺고 유지하는 방법은 시간의 투입과 관심의 표시, 그리고 겸손의 배양에 있는 것처럼 보인다. 왜냐하면 '이웃사촌'이라는 말의 의미처럼 관계는 만남의 횟수와 호감에 비례하여 커지는 관심과 절대적인 관계를 가지고 있다고 볼 수 있고, 겸손은 상대방의 존중과 연결되기 때문이다. 그런데 이 세 가지는 모두 한 개인이 다른 사람에 대해 '관심'을 가지고 있음을 표현한 것으로 귀결된다.

한편 인간관계에 있어서도 마이너스형 자산관리법의 하나라고 볼 수 있는 리스크 관리가 중요하다. 많은 시간과 노력을 통해 좋은 관계를 유지하는 것 못지않게 나쁜 관계를 만들지 않는 것도 중요한데, 이렇게 볼 때 상대방을 무시하는 태도는 '타인으로부터의 관심'에 정반대되는 개념이라 하겠다.

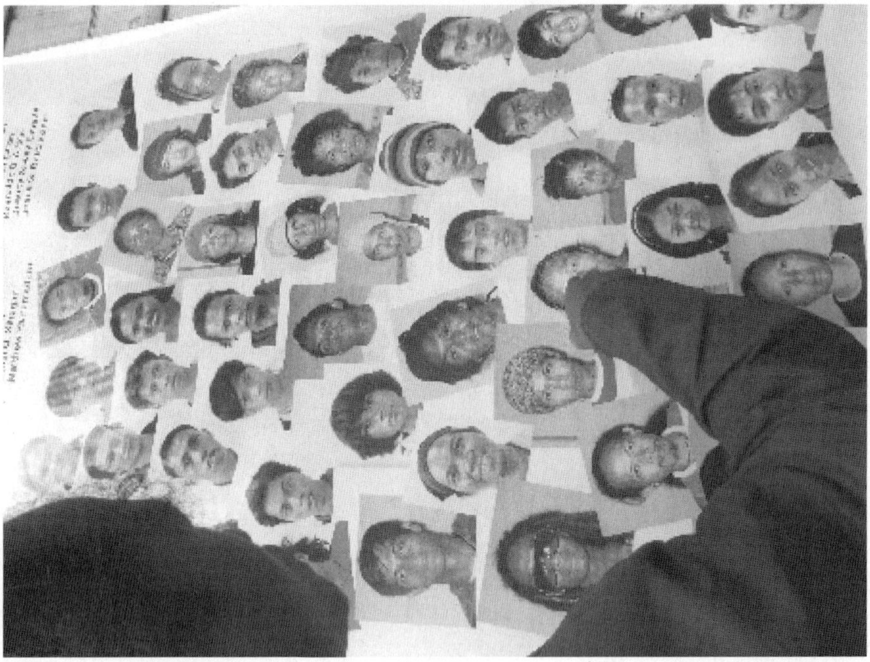

나의 인적 네트워크

빨리 가려면 혼자 가고 멀리 가려면 함께 가라.

– 아프리카 속담(LG경제연구원, 『한국인이 사는 법』에서)

# 제 13 장

# 꿈, 겸손 및 기타 자산의 관리

# 들어가기에 앞서

지금까지 언급한 것 외에도 개인에게는 다양한 형태의 자산이 있을 수 있다. 예를 들어 불굴의 의지, 적극적이고 긍정적인 마음가짐, 창의력, 기록하는 습관 등이다. 이러한 자산들은 적절한 기회를 통해 현금화될 수 있는 가능성을 지니고 있으며 따라서 당연히 자산으로 간주될 수 있다.

그리고 만일 현금화의 가능성을 배제하고 행복이라는 측면을 고려한다면 이성에 대해 어필할 수 있는 능력 역시 좋은 배우자의 선택 가능성을 높인다는 측면에서 자산에 포함될 수도 있을 것이다. 미국의 한 데이트 전문가는 이성에게 어필하는 요인 몇 가지를 꼽았다. 그것을 구체적으로 보면 상식과 시사를 포함한 지적 수준, 유머능력, 여성을 위해 차의 문을 잡아주는 등의 사려 깊음, 정직함, 상대편에 대한 집중, 인생에 대한 긍정적 태도 등이 있는데, 여기에 자기가 하고 있는 일 등에 대한 열정(passion)이라는 항목이 비중 있게 등장하는 것을 볼 수 있다.

이 장에서는 그중에서도 꿈과 겸손을 위주로 이러한 자산들의 특징을 알아보고자 한다.

창의력은 화장실에는 문이 있어야 한다는 편견을 거부할 수도 있다

생각이 천리 밖에 있지 아니하면
근심이 책상과 자리 밑에 있다. －『논어』

꿈은 개인이 가질 수 있는 매우 귀중한 자산이다. 왜냐하면 인간의 현재적 만족감이나 기쁨은 동물과 달리 지금 당장 무엇을 가지고 있으며 즐기고 있느냐에 의해서만 결정되지 않기 때문이다.

인간은 상상을 통해 먼 미래와 현재를 동시에 살아갈 수 있으며 비록 현재상태가 만족스럽지 않더라도 미래를 그려봄으로써 현재를 감내할 수 있다. 예를 들어 소풍이나 여행, 데이트 등은 실현되는 당시보다 기다림과 기대 속에 있을 때 더 행복하며 현실화된 상상은 오히려 실망스러운 경우가 많다.

그리고 인간은 앞날이 불투명하거나 지금보다 나빠질 수 있다는 가능성이 보이는 경우 지금 보유하고 있는 것을 지키고 싶다는 이유만으로 불안해하고 초조해한다. 대표적인 것이 이미 언급한 바와 같이 당장 화려한 삶을 살아가는 것처럼 보이는 연예인들이나 유명인들의 자살사건이다. 이처럼 꿈은 행복감을 높이고 삶의 활력을 제공하는 자산임에도 불구하고 상당수의 사람들이 꿈을 가지고 있지 못하며, 따라서 꿈은 개인의 자산으로 대우받을 가치가 충분히 있다.

다음으로 흔히 인간의 미덕으로 여겨지는 겸손 역시 자산으로 인정받을 필요가 있다. 그 이유는, 먼저 자신과의 관계에 있어 겸손은 자신이 가진 것을 최대한 즐기게 하는 기능을 가지고 있다. 다음으로 타인과의 관계에 있어서 겸손은 타인을 기쁘게 하며 우군으로 만드는 기능을 가지고 있다. 겸손과 관련하여 중국의 오래된 경전 중 하나인 『서경』에서는 "가득 차면 덜어내는 것을 부르고 겸손하면 더함을 받는다. 이것이 바로 하늘의 이치이다"라고 언급한다.

# 거래성 자산의 관리와 투자

## IV

필리핀 야채가게 아저씨의 포트폴리오

인간의 생애 동안 투기를 하지 말아야 할 두 번의 기간이 있다. 투기를 할 만한 입장에 있지 못할 때와 할 만할 때이다. - 마크 트웨인

돈을 투자하는 데 있어 수익의 규모는 얼마나 잘 먹고 싶은지 아니면 잘 자고 싶어하는지에 달려 있다. - J. 켄필드 몰리, 『내가 믿는 것』에서

*Personal Asset Management*

# 제 14 장

## 투자의 기초

# | 들 | 어 | 가 | 기 | 에 | 앞 | 서 |

이 장부터 시작하여 유형의, 그래서 눈에 잘 보이는 재산 혹은 자산을 다루는 방법 이른바 '자산관리'의 주제인 투자문제를 살펴보겠다.

많은 사람들이 투자에 대해 관심을 가지고 있다. 그 이유는 아마도 투자를 통해 쉽고 빠르게 돈을 벌 수 있지 않을까 하고 생각해서일 것이다. 그리고 이러한 마음에는 언론매체를 통해 자주 접하게 된 이른바 '대박' 신화가 알게 모르게 자리하고 있다.

그렇다면 내가 지금 잘 모르고는 있지만 간단하게 큰돈을 벌 수 있는 투자방법이나 수단이 행여나 존재할까? 답은 '없다'이다. 투자의 세계를 비롯하여 인생의 어떤 것도 '공짜'는 거의 존재하지 않는다. 물론 갑작스런 개발 수혜 같은 횡재에 의해 큰돈을 번 사람들이 있기는 하다. 그러나 이것은 이른바 '운'이 좋았을 뿐이지 결코 '투자'에 따른 결과는 아니다. 게다가 우연히 찾아온 '운'이 '불운'으로 결론 맺는 경우를 로또 당첨자나 개발 수혜자의 후일담을 통해 자주 듣게 된다.

수익에 눈이 벌건 사람들이 우글거리는 투자의 정글 속에서 통하는 유일한 법칙은 많이 얻고 싶으면 많이 잃을 각오를 하라는 것이다. 그리고 누누이 말한 바와 같이 모든 투자자들은 투입자금 이외에 추가적으로 들어간 시간, 노력, 그리고 조바심으로 인한 건강의 상실 등 여러 투입물의 양을 검토한 다음 적절한 수익률이 나왔는지 냉철히 따져보아야 한다.

## 1. 투자의 개념과 핵심사항

투자란 무엇인가. 투자란 일반적으로 확실한 현재의 소비를 희생하여 이에 대한 보상으로 불확실한 미래의 이득을 바라는 행위라고 풀이할 수 있다.

그런데 투자에 있어서 가장 근본적이고도 중요한 것은 투기와 투자의 차이를 구분하는 것이다. 투자를 투기와 구별시키는 한 가지 기준은 투자기간에 따른 수익의 예상 가능성이다. 즉, 일정한 기간이 지났을 때 얻을 수 있는 수익률이 어느 정도 예상 가능해야 비로소 투자라고 할 수 있으며 그렇지 못한 경우 원금조차 잃어버릴 수 있는 투기에 해당된다는 것이다.

개인이 가지고 있는 모든 유 · 무형의 자산을 관리하는 개인자산관리에서는 투기를 엄격히 분리하여 도외시하여야 함을 강조한다. 왜냐하면 추후에 자주 언급하겠지만 투자의 경계를 넘어 투기에 이르는 경우 대부분의 투자자들은 투자수익률의 급격한 변동 속에 자신이 의도하지 않았던 시간과 신용, 건강 등의 자산을 동시에 소비하는 경우가 많기 때문이다. "행복감을 느끼기 위해서는 상황을 통제하고 있다는 느낌이 중요하며 돈을 더 벌기보다는 지금의 재정상태를 건실하게 유지하려는 노력이 더 중요하다"[79]는 말에 귀를 기울인다면 투기는 거의 정반대의 상황을 연출한다는 사실을 인정할 것이다.

또한 투자와 관련하여 염두에 두어야 할 사실은 자산의 가치란 그것을 소유하는 것이 유행에 부합하느냐가 아니라 투자위험 대비 얻게 되는 수익에 의해 결정된다는 것이다. 즉, 투자대상을 선택함에 있어서는 많은 사람들이 어떤 투자자산에 집중하고 있느냐가 아니라 자신의 투자필요에 합당한 수익률과 유동성 등을 제공하고 있느냐의 여부를 따져보아야 한다.

79) 리즈 호가드, 앞의 책.

그림 14-1» 투자의 개념적 흐름

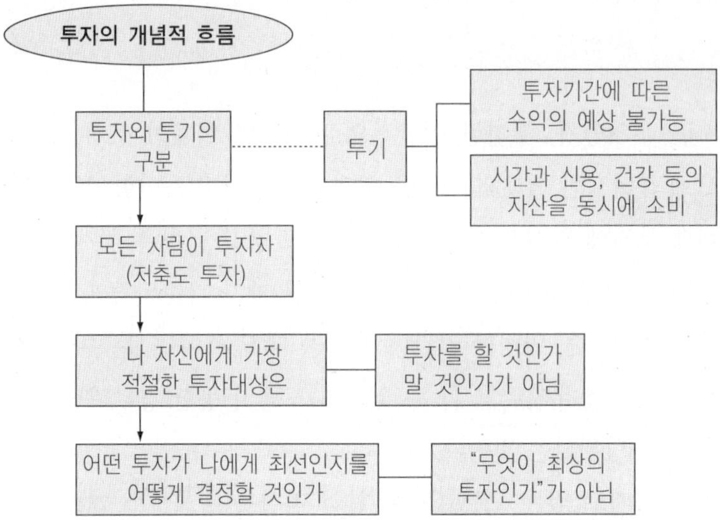


투자란 자산을 축적하고 유지하는 데 있어 중요한 역할을 한다. 그리고 은행에 저축을 하는 경우도 안전자산이라는 특징을 가지고 있을 뿐 결국 투자행위이므로 대부분의 사람들은 투자의 세계로부터 벗어날 수 없다.

따라서 우리가 우선적으로 생각해야 할 것은 투자를 할 것인가 말 것인가가 아니라 나 자신에게 가장 적절한 투자대상은 무엇인가 하는 것이다.

그런데 결론적으로 모든 사람에게 있어 적당한 투자란 없다. 따라서 아서 쿠언(2001)이 말한 바와 같이 재무계획에 있어 가장 중요한 질문은 "무엇이 최상의 투자인가?"가 아니라 "어떤 투자가 나에게 최선인지를 어떻게 결정할 것인가?" 하는 것이 된다.

자신에게 적합한 최선의 투자대상이 무엇인지에 대한 해답을 구하기 위해서는 우선적으로 해야 할 몇 가지 일들이 있다. 예를 들어 i) 재정목표가 무엇인지를 확인하고 ii) 현존 투자수단들을 이해하며 iii) 자본시장과 관련 개념들을 이해하는 것 등이다.

그러나 현실적으로 어떤 투자대상이 최선이냐를 결정하는 데 있어 가장 중요한 요소는 목표달성까지의 시간의 길이와 지식, 특히 자신이 목표로 하는 투자자산에 대한 지식의 정도이다. 이 두 가지는 모두 투자위험과 관련이 있다.

사실 인간과 관련한 대부분의 일에 있어서 완벽한 것은 아무것도 없으며 투자의 세계도 마찬가지이다. 투자는 수익률 혹은 이자라는 달콤한 보상을 누리지만 그 뒤에는 최악의 경우에 원금조차 손해를 볼 수 있는 투자위험이 항상 도사리고 있다. 왜냐하면 투자는 누군가에게 돈을 빌려주거나 맡긴 것이고 그 돈을 맡은 대상은 무엇이든지 간에 문제를 만들 수 있는 소지를 반드시 가지고 있기 때문이다. 따라서 투자의 세계를 이해한다 함은 최대한의 수익을 추구하면서 다가오는 도전(위험)들을 어떻게 피해나가느냐 하는 것이 된다.

투자기간과 투자대상의 관계는 투자기간이 길어질수록 투자위험이 큰 상품을 선택할 여력이 있다는 것이다. 인생에 있어서도 단기에 불가능한 일은 장기적인 안목을 가지는 경우 가능한 일이 될 수 있으며, 투자의 경우 단기적으로 투자손실을 보더라도 기간이 길다면 언젠가 회복기를 가질 가능성이 있다. 이것을 반대로 이야기하면 투자기간이 짧은 경우 주식 등 위험자산은 피해야 한다는 것이다.

다음으로 투자위험을 방어할 수 있는 최고의 수단은 바로 지식이다. 이때 지식은 단지 학문적 지식만을 가리키지 않으며 현장방문 등을 통한 실천적 지식도 포함하는데 이러한 지식은 투자정보를 종합하고 해석하는 능력이며 또한 투기에 있어 종종

그림 14-2» 투자선택과 투자행위의 핵심

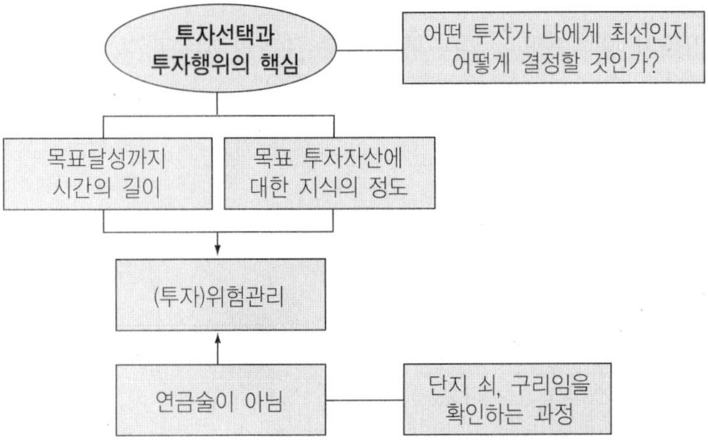

나타나는 조급한 투자 등과 같은 대중적 변덕으로부터 보호하는 능력이기도 하다.

지식을 겸비한 투자의 세계는 결코 연금술이 될 수 없고 되어서도 아니 된다. 연금술이란 쇠, 구리 등을 금으로 바꿔보고자 했던 17세기의 노력을 말하는데 투자의 지식이란 쇠, 구리 등의 투자자산이 단지 쇠, 구리임을 확인하는 과정이며 만일 다른 투자자들이 이것을 금으로 인식하는 경우 예상 외의 투자수익을 올리기도 하는 그런 행위라야 한다. 즉, 위험관리가 바로 투자대상의 선택과 투자행위의 핵심이라는 것이다.

## 2. 투자의 기본적 원리와 돈의 시간가치

개인자산관리와 관련하여 현대의 재무관리이론에서 얻을 수 있는 몇 가지 유용한 결론은 i) 개인 노동소득의 가치(크기), 위험 그리고 융통성(flexibility) 등이 개인 라이프사이클의 각 단계에 있어서 포트폴리오 선택상 첫 번째로 중요한 요소이며 ii) 경제적 타성의 형성은 투자소득의 하락을 막아주는 보장기능에 대한 필요를 낳는다는 것이다. 경제적 타성이란 최소한의 생활수준으로서 과거의 소비습관에 의해 형성된 수준을 말하며 사람들은 그 이하로 미래의 소비가 떨어지는 것을 회피하고자 한다.[80)]

이 장에서 다루고 있는 대부분의 내용은 일반 재무관리, 좀 더 구체적으로 투자론의 원칙을 따른다. 그러나 이 책의 특징상 개인자산관리에 대해 조금 다른 측면에서 접근하고 있는바, 그것은 바로 투자라는 행위에는 최소한 시간이라는 자산이 투입된다는 사실을 반드시 고려해야 한다는 것이다.

80) Zvi Bodie, "Life Cycle Finance in Theory and in Practice", Boston University School of Management Working Paper #2002-02, April 2002, p. 2 and p. 5.

## 1) 투자의 기본적 원리[81)]

### (1) 수익률(return)과 위험(risk)의 상쇄작용

투자는 기본적으로 투자수익을 얻기 위함이다. 투자수익은 두 가지로 나뉘는데 하나는 현재소득(current income)이고 다른 하나는 자본이득(capital gain)이다. 현재소득은 투자로 인해 정기적으로 발생하는 소득으로 주식투자의 배당금, 채권투자의 이자, 그리고 부동산투자의 임대료 등이 여기에 속한다. 자본소득은 투자대상의 시장가격이 매수시점보다 상승함으로써 발생하며 이와 반대의 경우도 당연히 나타난다. 현재소득과 자본소득은 투자대상에 따라 동시에 주어지기도 하고 혹은 한쪽 부분만 발생하기도 한다.

한편 투자에는 투자수익을 얻기 위해 반드시 치러야 할 대가가 있으니 바로 투자위험이다. 투자위험이란 투자를 둘러싸고 있는 여러 환경이 끊임없이 변함으로 인해 투자수익률이 변동하는 것을 말한다. 그런데 투자의 목적이 비록 수익률 확보에 있다고 하더라도 투자위험 또한 이에 버금가는 중요성을 가지고 있으며, 어쩌면 투자를 결정하고 여러 투자대안 중에서 하나를 고르는 경우에 가장 중요하게 여기는 것이 투자의 안전성일 수도 있다. 왜냐하면 높은 수익률도 중요하지만 예를 들어 투자원금을 돌려받지 못하는 경우가 발생할 가능성이 있다면 투기가 아닌 투자만을 고려하는 경우 주저하지 않을 수 없을 것이기 때문이다.

투자수익률과 투자위험의 상쇄는 간단한 원리에서 비롯된다. 즉, 투자자는 누구나 투자수익률이 높기를 그리고 안정적이기를 바라지만 투자를 받는 편에서는 정반대의 입장에 있다는 것이다. 따라서 투자의 세계에서는 상반된 이 두 가지가 균형을 취하도록 하고 있는데 구체적으로 추가적인 위험을 감수하는 조건으로 추가적인 수익률이 따르도록 하고 있다. 그런데 여기서 수익률은 기대수익률로 실제 수익률은 아니며 또한 고위험의 투자대상을 선택하는 것이 반드시 고수익으로 연결되는 것은 아니라는 점을 인식할 필요가 있다.

---

81) Arthur J. Keown, 앞의 책, pp. 17–22.

다음의 〈표 14-1〉은 투자수익률과 투자위험의 상쇄관계를 장기간에 걸친 미국의 실제 데이터를 통해 경험적으로 보여주고 있다.

**표 14-1** 기초자산들의 총연간수익률(1926-2001)

| | 연간수익률 | 위험지수(연간수익률의 변동률) |
|---|---|---|
| 소형기업 일반주식 | 12.1% | 35.3% |
| 대형기업 일반주식 | 10.4% | 20.8% |
| 장기 회사채 | 5.4% | 8.6% |
| 미 재무성 채권 | 3.7% | 3.4% |

**자료** : Burton G. Malkiel, 앞의 책, p. 335.

실제적 수익률의 변동을 가져오는 투자위험의 종류를 구체적으로 보면 우선 이자율변동이나 인플레이션으로 말미암은 구매력변동 등 투자외부환경, 이른바 시장상황의 변동으로 인한 위험이 있다. 또한 투자대상과 관련된 내부적 변동, 예를 들어 투자기업의 내부사정 변화 등으로 인한 도산의 위험 등이 있다. 그 밖에도 투자상품을 소개하고 판매하는 사람들의 기만 등으로 인해 투자위험이 발생할 수 있는데 이에 대해 대처할 수 있는 가장 좋은 방법은 바로 이러한 상황에 대응할 수 있는 지식을 갖는 것이다. 하지만 이러한 지식 역시 시간과 비용을 필요로 하기 때문에 단순히 노력만으로 얻을 수 있다고 말할 수는 없다.

한편 수익률/위험의 상관관계와 관련하여 투자의 세계에서 예외적 수익률은 존재하지 않는다는 말이 있다. 즉, 높은 위험을 동반하지 않는 높은 수익률은 예외적으로 존재하지 않는다는 것인데 그 이유를 설명할 때 '효율적 시장의 존재'라는 말을 사용한다. 효율적 시장이란 수많은 각각의 투자자들이 존재하는 현재의 상황을 말하며, 이것은 만일 실제 가치에 비해 저평가되거나 고평가된 투자자산들이 있는 경우 시장에서의 매매과정을 통해 순식간에 적절한 가격으로 환원되는 것을 암시한다. 흔히 '시장을 뛰어넘기(beating the market)란 어렵다'는 말을 사용하는데 이 역시 유사한 내용으로 시장 전체의 수익률을 뛰어넘는 예외적인 수익률을 개인이 지속적으

그림 14-3» **투자의 3요소**

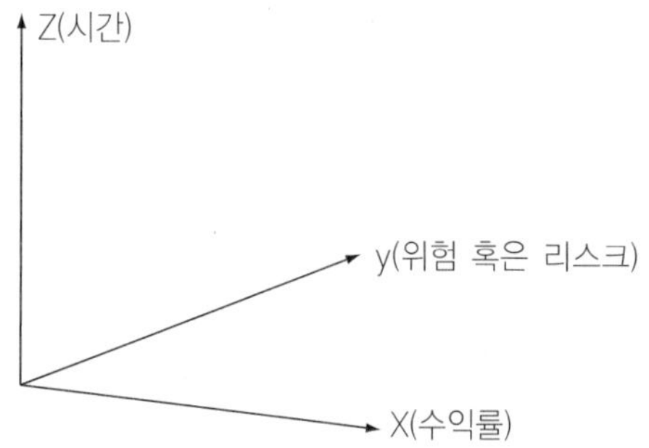


로 만들어내는 것은 쉽지 않다는 의미이다.

지금까지의 내용은 투자론에서 흔히 다루는 사항이다. 그런데 개인자산관리라는 측면에서 볼 때 한 가지 더 고려해야 하는 것이 있으니, 수익을 달성하기 위한 투자는 위험/수익률의 상쇄작용 이외에도 〈그림 14-3〉에서 보는 바와 같이 최소한 시간이라는 추가적 요소가 있다는 것이다.

우선 투자활동 자체가 시간을 필요로 하는데다 만일 조금 욕심을 내어 수익률을 높이려고 하는 경우 위험을 감수할 수밖에 없는데 이 위험은 대부분 투자자의 심리를 자극하여 적지 않은 시간을 투입하도록 한다. 이것은 투자전문가들이 주장하는 실전투자방법과도 일맥상통하며 실제 투자에서는 위험의 정도를 선택할 때 밤에 잠을 설치지 않을 정도가 적당하다고 권고하고 있다. 한마디로 만일 수익률을 얻기 위해 위험과 함께 시간 혹은 잠으로 나타나는 효용이나 행복감이 희생되어야 한다면 총체적 효용을 추구하는 개인자산관리 측면에서 무슨 의미가 있느냐 하는 것이다. 그리고 투자는 시간소비 외에도 투자결과가 예상과 많이 어긋나는 경우 건강이라는 자산에도 부정적 영향을 미친다.

한편 시간이라는 자산은 투자에 있어 투자위험을 낮추거나 투자수익률을 제고하는 기능이 있다. 왜냐하면 부동산투자나 주식투자 등에 있어 해당 기업이나 부동산에 대해 연구하고 조사하는 과정은 위에서 언급한바 투자지식으로 이어지기 때문이다. 이처럼 투자, 특히 위험자산에 대한 투자에 있어 아무리 강조해도 지나치지 않는 충고는 투자를 할 때 투자자금 외에 시간이라는 자산을 적절히 투입하라는 것이다.

### (2) 분산투자와 리스크 감소효과

분산투자란 투자자금을 하나의 투자대상이 아닌 여러 투자대상에 골고루 투자하는 것을 말한다.

이론적으로 분산투자는 투자대상간 수익률이 상충되는 상황을 이용하는 경우 기대수익률은 같게 하면서 수익률의 변동을 줄일 수 있다는 데에서 나온 것이다. 예를 들어 나막신을 만드는 회사의 주식과 짚신을 만드는 회사의 주식을 각각 보유하는 경우와 동시에 보유하는 경우를 생각해보자. 만약 날씨 변화만이 두 기업의 수익성에 영향을 미친다고 가정하면 맑은 날씨가 계속되는 경우 짚신회사의 수익성은 높아지고 반면에 나막신회사의 주가는 하락할 것이다. 하지만 날씨가 어떻게 변화할지 알 수 없기 때문에 실제 결과는 시간이 경과해봐야 알 수 있으며 따라서 투자자는 날씨 변화 여부에 마음을 졸일 것이다. 두 가지를 동시에 보유하는 경우는 어떠한가. 비록 날씨가 유리한 방향으로 유지되는 경우처럼 큰 수익을 올릴 수는 없지만 날씨의 변화에 관계없이 일정한 수익률을 올릴 것이며 최소한 날씨 변화에 대해서는 신경 쓰지 않아도 될 것이다.

**그림 14-4» 분산투자와 위험의 감소**

**자료** : Burton G. Malkiel, 앞의 책, p. 225.

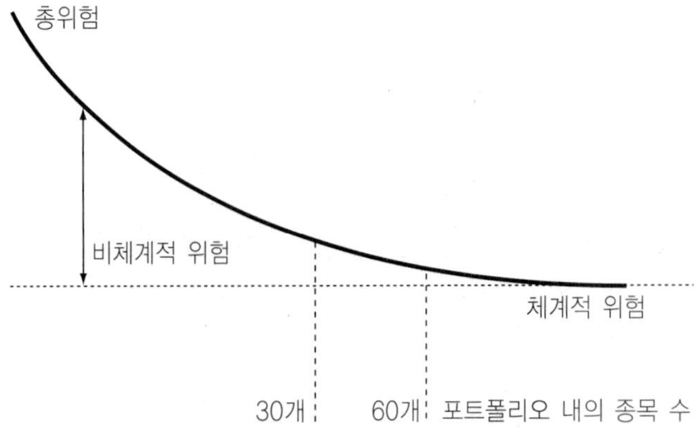

그러나 분산투자가 모든 리스크를 줄이는 것은 아니다. 예를 들어 불경기에는 대부분의 투자자산의 가치가 하락하는 경우가 있는데 이때는 분산투자가 별 의미가 없다. 투자론에서는 위에서 살펴본 날씨와 같이 개별 기업에 영향을 미치는 투자위험, 즉 분산투자로 없앨 수 있는 투자위험을 비체계적 위험(unsystematic risk)이라고 하고, 불경기와 같이 시장 전체에 미치며 분산투자로 없앨 수 없는 투자위험을 체계적 위험(systematic risk)이라고 한다.

#### (3) 세후수익률에 대한 고려

투자수익은 대부분의 경우 세금이 부과된다. 따라서 투자대안을 고려한다면 실제 손에 쥐게 될 수익률인 세후수익률을 반드시 살펴봐야 하는데 특히 투자기간이 장기에 걸치는 경우 세금은 수익률에 상당한 영향력을 미치는 만큼 주의를 기울일 필요가 있다.

세후수익률은 '투자수익률×(1－세율)'로, 예를 들어 10%의 투자수익률을 달성했으나 여기에 대한 세율이 15.4%라면 세후수익률은 $0.1 \times (1-0.154) = 0.0846$ 즉 8.46%가 된다.

### 2) 돈의 시간가치와 이자율에 대한 이해

#### (1) 돈의 시간가치

개인재무관리에서 특히 투자와 관련해서 가장 중요한 개념 중 하나는 돈에는 시간과 관련된 가치가 있다는 것이다. 간단히 말해, 이자가 존재하기 때문에 오늘 받는 돈이 일정한 시간이 지나서 받는 돈보다 가치가 더 크다.

돈의 시간가치에 대한 지식이 중요함은 두 가지 이유에서이다. 우선 투자금액이 시간이 경과함에 따라 어떻게 변하는지 알도록 한다. 다음으로 각기 다른 시기의 돈을 서로 비교할 수 있도록 한다. 사실 개인재무관리는 시간을 통해 돈을 이전하려는 노력을 포함하고 있어서 돈의 시간가치에 대한 지식은 매우 중요하다.

돈의 시간가치에 대한 예를 들어보자.

만일 어떤 사람이 나에게 지금 100원(혹은 100만 원)을 주는 것과 몇 년 후에 100원을 주는 것 둘 중에 하나를 선택하라고 하면 특별한 일이 없는 이상 전자를 선택할 것이다. 상식적으로 지금 100원을 받게 되면 당장 필요한 물건을 살 수도 있고 만일 지금 소비할 필요가 없다면 안전한 은행에 넣어두고 이자만큼 금액을 더 늘릴 수도 있기 때문이다. 따라서 우리는 비록 금액은 100원으로 동일하지만 현재의 100원에 더 많은 가치를 부여하는 셈이다.

이처럼 돈의 가치는 시간에 따라서 달라진다고 볼 수 있는데 그렇다면 1년 후나 4년 후의 100원은 지금 시점의 얼마와 동일한 가치를 가지고 있으며 동등하게 교환될 수 있을까? 아래 〈그림 14-5〉에서 지금과 3년 후에 각각 100원을 받게 되는 A와 1년 및 2년 후에 각각 100원을 받게 되는 B가 있다면 누가 더 유리한지 판단해보자.

그림 14-5» 돈의 시간가치의 비교

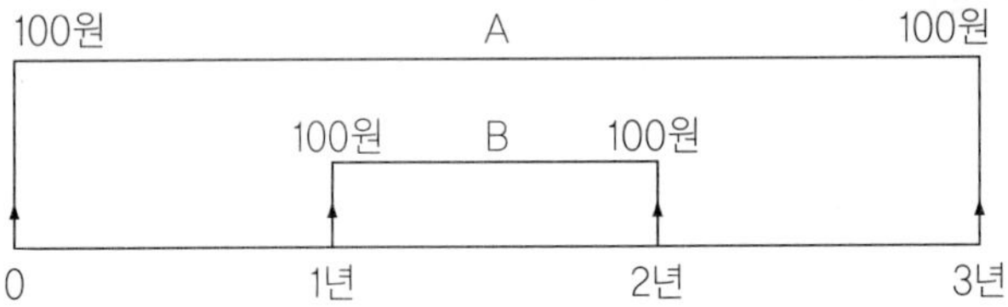


이것을 판단하는 데는 이자율 혹은 투자수익률이 사용된다. 만일 이자율이나 투자수익률이 주어진다면 여러 시간대의 돈을 비교하는 경우 우선 각 시점의 돈이 일정한 시간 후에 원금과 이자를 합하여 얼마가 되는지, 이른바 미래가치를 알아보고 서로 비교해볼 수 있다. 혹은 거꾸로 몇 년 후에 100원을 만들기 위해서는 현재 얼마가 필요한지를 계산해볼 수 있다.

예를 들어 지금 돈을 저축 혹은 투자하는 데 따른 이자율이 연간 7%라고 하자. 그러면 1년 후에 이자는 100×0.7=7원이고 원금과 이자를 합하면 107원이다. 그러면 1년 후에 100원은 지금의 얼마와 가치가 같을까? 이것은 원금이 얼마일 때 1년 후에 이자와 원금을 합하여 100원이 될 것인가, 이른바 현재가치를 알아보면 된다. 즉, 원금+원금×0.07=100원이라면 원금의 크기는 100/1.07=약 93.4원이고 이것은 지금의 93.4원과 1년 후의 100원은 서로 동등하게 교환될 수 있다는 의미이다.

〈그림 14-5〉의 경우에 A, B를 비교해보면 다음과 같다. 만일 통상적인 금융거래처럼 금리가 복리로 계산된다면 매 거래기간(예를 들어 1년)마다 그동안 누적된 원리금에 대해 다시 이자가 계산된다. 따라서 A의 경우 시작시점에 받는 100원은 이자가 쌓여 3년 후에는 $100 \times (1+0.07)^3$ = 약 122원이 되고 3년 후에 받는 100원과 합치면 222원이 된다. 다음 B의 경우를 보면 우선 1년 후에 받는 100원은 $100 \times (1+0.07)^2$ = 약 114원이 되고 2년 후에 받는 돈은 $100 \times (1+0.07) = 107$원이 되어 합하면 221원이 된다. 결국 3년 후 A의 원리금 합계는 222원이고 B의 원리금합계는 221원으로 A가 좀 더 유리하다는 결론이 나온다. 물론 이것을 현재가치 즉 현재시점의 가치로 바꾸어 비교할 수 있으며 비교결과는 동일하다. 구체적으로 A의 경우 3년 후 100원의 현재가치는 $100/(1+0.07)^3$=약 81원이고 현재시점의 100원과 합치면 A가 가지는 돈의 전체 현재가치는 181원이 된다. 그리고 B는 $100/(1+0.07)^2$=약 87원과 $100/(1+0.07)$ = 약 93원이고 둘을 합치면 180원이 되어 여전히 A가 유리함을 확인할 수 있다.

그림 14-6 » 돈의 현재가치와 미래가치

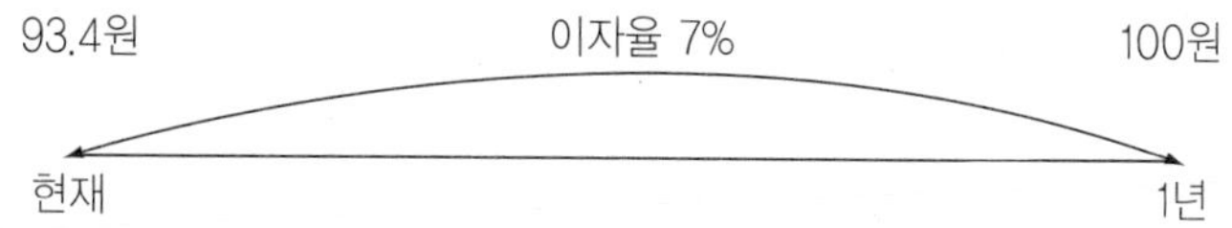


### (2) 투자와 이자율에 대한 이해

위에서 돈의 시간가치에 대해 알아보았거니와 실제 투자를 함에 있어 가장 기초적인 지식이 있다면 그것은 바로 이자율(투자자의 입장에서 보면 투자수익률)에 대한 이해일 것이다. 왜냐하면 기본적으로 이자율은 투자대상자산의 가치를 결정하기 때문인데 모든 자산의 가치는 투자대상을 소유함으로써 발생하는 모든 현금흐름(주로 수익을 말함)을 현재시점 즉 투자시점의 가치(현재가치)로 나타낸다. 수식을 빌려 표현하면 다음과 같다.

$$자산의\ 가치 = \sum_{i=1}^{n} \frac{현금흐름_i(주로\ 수익)}{(1+할인율)^i}$$

여기서 할인율은 특정투자대상에 대해 부여되는 투자수익률을 말하는데 주로 시장이자율을 사용한다. 할인율이란 쉽게 말해 지금시점의 1원과 미래시점의 1원의 가치가 서로 다르기 때문에 이것을 적절하게 대응시켜주는, 즉 1년 후의 1원을 현재의 적절한 가치(예를 들어 0.93원)로 만들어주는 기능을 한다.

예를 들어 어떤 주식의 가치는 어떻게 결정되는가? 주식이 하나의 자산으로서 의미를 가지는 것은 이 주식을 소유함으로 말미암아 수입을 얻을 수 있기 때문이다. 주식의 경우는 배당금이 발생하며 따라서 주식의 가치는 궁극적으로 미래에 받으리라 예상되는 배당금을 지금 시점의 가치로 할인한 가치(이른바 현재가치)이다. 만일 미래시점에 주식을 매각하는 경우는 추후에 발생할 것으로 예상되는 배당금의 가치에 해당하는 돈을 매각대금으로 받게 된다.

부동산의 경우도 마찬가지이다. 부동산은 일반적으로 월세와 같은 임대료를 가져다주며 자신이 집을 소유하는 경우도 월세에 해당하는 만큼의 돈을 지속적으로 절약할 수 있도록 하기 때문에 그만큼에 해당하는 가치, 즉 미래 임대료를 할인율로 할인한 현재가치에 해당하는 만큼의 가치를 지니고 있다.

이처럼 주로 시장이자율을 가리키는 할인율이 변동하면 자산의 가치 역시 변동하기 때문에 투자자들로서는 이자율에 대해 민감하게 반응하지 않을 수 없다.

우리가 흔히 이자율이라고 부르는 것은 시장에서 통용되는 명목이자율(nominal interest rate)을 가리킨다. 명목이자율이란 물가상승률을 배제한 실질이자율(real interest rate)에 대비되는 개념으로 명목이자율은 다음과 같은 몇 가지 요소로 구성되어 있다. 이러한 구성요소를 이해하는 것은 중요한데 이 구성요소들이 어떻게 변화하느냐에 따라 각각의 투자대상에 적용되는 이자율 혹은 투자수익률이 변화하기 때문이다.

명목이자율의 구성요소들은 다음과 같다.[82)]

먼저 무위험 실질이자율(real risk-free rate of interest)이 있다. 이것은 투자자 혹은 돈을 빌려주는 사람의 입장에서 현재의 소비를 연기하는 것에 대한 대가로 요구하는 보상이며 이론적으로 현재와 미래소비 사이의 시간선호에 따른다.

그 밖에도 투자자는 투자에 따른 몇 가지 위험을 고려하지 않을 수 없으며 이에 대한 추가적 보상을 요구하게 된다. 대표적인 것이 인플레이션위험이다. 즉, 소비를 늦춘 결과에 따른 보상은 받았으나 향후 인플레이션으로 인해 돈의 구매력이 떨어져버린다면 손해를 보게 되므로 예상 인플레이션율만큼이 이자율에 추가되어야 한다.

다음으로 투자대상의 도산 등으로 인해 투자자금 회수가 불투명해질 가능성이 있는 도산위험과 채권투자, 그리고 자금회수가 이루어지는 만기까지의 기간이 길어짐에 따른 자산가치의 변동위험을 나타내는 만기위험 등이 있다. 만일 투자대상이 이러한 추가적 위험들을 가지고 있다고 판단되면 각각의 위험에 대해서는 추가적 보상이 요구되는데, 예를 들어 도산위험이 없이 안전한 정부의 채권과 기업의 채권 그리고 10년 만기 채권과 3년 만기 채권은 적용되는 이자율이 각각 다르다.

**그림 14-7» 우리나라 이자율의 변동추이**

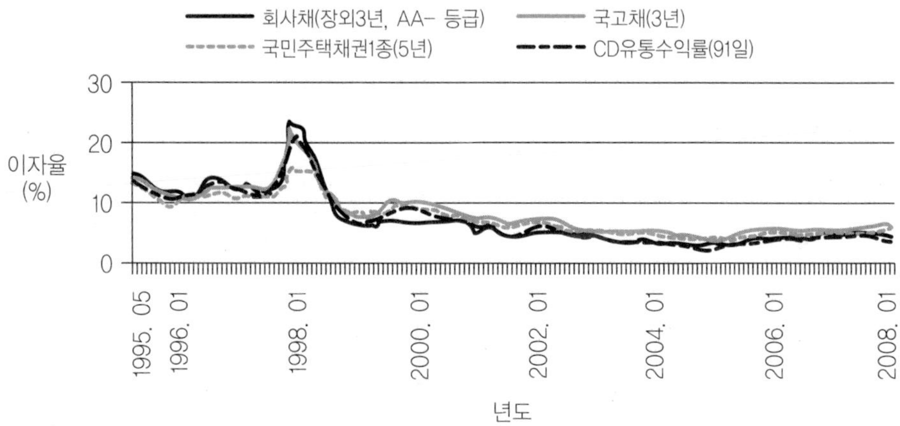


82) Arthur J. Keown, 앞의 책, p. 350 참조.

## 3. 투자수단의 종류와 이해

### 1) 투자자산의 종류

투자란 기본적으로 투자수익을 얻기 위한 행위로, 투자가 이루어지는 투자대상은 다음과 같이 보통 두 가지로 나뉜다. 우선 실물자산이 있다. 실물자산이란 토지, 건물 등의 부동산과 같이 임대료 등 향후에 수익을 창출할 능력이 있는 자산을 말한다. 다른 하나는 금융자산이다. 기업과 같은 실물자산을 근거로 하여 발행되는 주식, 국공채, 어음 등을 일컬으며 그 자체로 이익을 창출할 능력은 없지만 기업과 같은 실물자산이 만들어내는 이익 등에 대해 이른바 청구권을 보유하고 있는 자산을 말한다.

금융자산이란 간단히 말하면 자금을 필요로 하는 측(개인, 기관, 단체, 기업 등)과 대가를 받고 자금을 빌려줄 의사를 가진 측이 만나서 사용하는 거래수단이다. 금융자산의 거래가 이루어지는 곳을 일반적으로 금융시장이라고 부르며 우리가 흔히 투자라고 하는 것은 잉여자금을 가진 사람의 입장에서 바라본 것이다.

금융시장에는 여러 종류가 있다. 먼저 거래상품 성격에 따라 분류하면 주식 및 채권 등을 통해 장기적 자금이 거래되는 자본시장(협의의 증권시장)과, 콜, CP 등을 통해 만기 1년 미만의 단기자금이 거래되는 단기금융시장, 은행 등을 통한 예금대출시장이 있다. 그 밖에도 외국환이 거래되는 외환시장, 선물 및 옵션 등이 거래되는 파생금융상품시장 등이 있다.

금융시장은 주식시장처럼 자금의 수요자와 공급자 사이의 거래가 직접 이루어지는 직접금융시장이 있고, 은행과 같은 금융중개기관이 나서서 예금거래증서와 같은 간접증권을 발행함으로써 자금거래를 중개하는 간접금융시장이 있다. 여기서 증권이란 주식, 채권, 수익증권 등을 말한다.

투자상품의 대표적인 경우는 주식, 채권, 부동산, 은행의 금융상품 등이며 주식은 배당금, 채권은 이자(쿠폰), 부동산은 임대료, 은행상품은 이자라는 수익을 만들어낸다. 투기는 주로 금, 원유, 골동품 등에 대해 이루어지며, 이러한 것들은 특별히 정해진 투자수익이 없으며 시장에서의 수급상황에 따라 가격이 정해지고 판매가격이 구매가격보다 커지는 경우에 한하여 투자로 인한 수입이 발생한다. 한편 투자상품의 경우 자산가치는 이 자산을 소유함으로써 얻는 투자수익에 의해 정해지는데 구체적으로 미래투자수익의 현재가치가 바로 자산의 가격 혹은 가치가 된다.

### 2) 투자수단의 이해

오늘날 우리 주위에는 너무나 많고 다양한 투자상품이 존재한다. 이것은 한편으로 투자수단을 선택할 수 있는 폭을 넓혀주기도 하지만 한편으로는 투자에 대한 지식이 많지 않은 일반인들에게는 오히려 혼란을 가중시키기도 한다.

하지만 실제투자는 몇 가지 기본적 원리만 이해한다면 생각보다 복잡하지는 않다. 실제투자는 뒤의 포트폴리오 구성에서 자세히 다루겠지만 여러 요소를 고려한 상태에서 이루어진다. 개인이 주식, 채권, 부동산 등 투자수단을 고르는 직접투자든 뮤추얼펀드 등을 통한 간접투자든 간에 궁극적으로 투자가 이루어지는 투자수단들은 따지고 보면 투자의 기본원리에서 본 바와 같이 대부분 수익률, 위험의 조합에 의해 결정되며 여기에 유동성 즉 현금화 가능성이 하나 더 추가될 수 있다. 물론 여기서 수익률이란 명목상의 수익률이 아니라 비용과 세금 등을 공제한 나머지로 직접 손에 쥐게 되는 실제수익률을 말한다.

보다 구체적으로 말하면 투자대상을 고르는 데 있어 기본적인 원리는 우리가 일상생활에서 발견하는 진리에서 크게 벗어나지 않는다. 즉, 무엇인가를 하나 가지려고 하면 거기에 상응하는 대가를 반드시 치러야 한다는 것으로 경제학에서 말하는 바 '공짜 점심(free lunch)은 없다' 는 말과 같다. 한마디로 만일 투자를 통해 많은 수익률을 얻고자 하면 투자수익이 크게 변동할 수 있다는 이른바 보다 높은 위험(risk)을 각오하든가 아니면 최소한 필요할 때 투자수단을 현금으로 바꾸기가 힘든 것을 의미하는 낮은 유동성이 뒤따른다는 것이다.

고위험—고수익, 저위험—저수익 등 어떻게 조합하느냐는 개인의 제반 여건을 감

**그림 14-8» 투자수단의 구분**

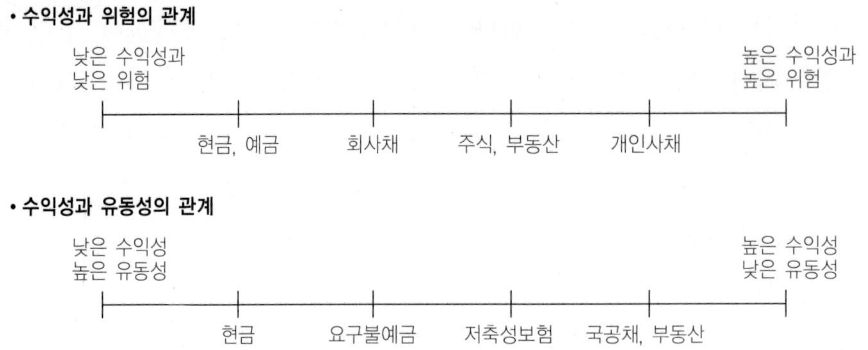


안한 선택사항이며 모든 사람에게 최선이 될 수 있는 상품이라는 것은 본래 존재하지 않는다. 하지만 주식이나 부동산과 같이 일반적으로 고위험 상품으로 분류되는 것이라고 해도 모든 사람에게 동일한 위험도를 내포한다고 할 수 없다는 것을 알 필요가 있다. 왜냐하면 어떤 사람이 특정투자대상에 있어 남들과는 다른 지식을 가지고 있다고 하면 그만큼 투자에 따르는 위험은 줄어든다고 봐야 하기 때문이다.

이러한 내용을 기본전제로 하여 투자수단은 다음과 같이 i) 투자수익의 근거 ii) 투자의 직 · 간접성 여부 iii) 세제혜택의 존재 여부 등에 따라 분류될 수 있다.

### (1) 투자수익의 근거에 따른 분류

투자수익의 근거에 따라 분류하는 경우, 하나는 채권 등과 같이 다른 사람 혹은 대상에게 돈을 빌려주고 이에 대한 대가로 이자 등을 받는 것이 있고 다른 하나는 마치 사업을 하는 것처럼 돈을 투자하여 투자대상에 대해 일부의 소유권을 가지는 것으로 대표적 예로 주식투자가 있다.

#### ㉮ 채권형(빌려주는) 투자

은행 등과 같은 금융기관에 저축을 하는 것이 가장 대표적이다. 일반예금이나 정기예금 등을 통해 저축을 한다는 것은 금융기관에 돈을 빌려주는 것이다. 금융기관은 이 돈을 기업이나 개인에게 다시 빌려주거나 각종 투자를 하여 수익을 남기고, 예금주에게는 돈을 빌린 대가로 이자를 지불한다.

또 하나의 방식은 공 · 사기업이나 금융기관, 국가, 지방자치단체 등에게 돈을 빌려주고 여기에 따르는 대가로 이자를 받는 것인데 이때 돈을 빌리는 단체에서는 돈을 빌렸다는 증거로 채권이라는 증서를 발부한다.

**㈏ 주식형(주인이 되는) 투자**

일반주식이나 우선주, REITs, 그리고 임대료가 발생하는 부동산 등에 대한 투자와 같이 투자대상에 대해 소유권의 전부나 일부를 갖는 것이다. 예를 들어 주식을 구매하는 것은 그 기업을 소유한 주주 즉 주인이 되는 것이며 이에 따라 그 기업을 통해 발생하는 수익에 대해 청구권을 가진다. 투자에 따른 수익을 배당금이라고 한다.

채권형과 주식형 투자의 경우를 비교해보면 채권형은 돈을 지급하는 기업이나 기관이 망하지 않는 이상 이미 받을 금액이 정해져 있기 때문에 비교적 안정적인 투자로 이미 언급한 바와 같이 수익성과 위험의 상쇄원칙에 따라 수익률이 주식형에 비해 상대적으로 낮다. 주식형은 해당기업의 사업수행결과에 영향을 많이 받기 때문에 수익성의 기복이 심하다.

채권형과 수익형은 약간 시각을 달리하는 경우 몇 가지 다른 방식으로도 분류될 수 있다. 우선 투자수단을 투자수익의 변화 여부에 따라 고정수익형과 수익변화형으로 나누는 경우 채권형은 고정수익형으로, 주식형은 수익변화형으로 분류된다. 채권형을 개인이 직장에 다니며 월급을 받는 것에 비유한다면 주식형은 개인이 사업을 하는 것에 비유할 수 있다.

다음으로 투자소득의 종류에 따라 현재소득형과 자본이득형으로 나누는 경우 채권형은 일정한 현재소득(current income)을 가져다주는 현재소득형으로, 주식형은 기본적으로 구매가격과 매각가격의 차이에 따른 시세차익을 추구하는 경우가 많기 때문에 자본이득(capital gain)형으로 볼 수 있다.

### (2) 투자의 직간접성 여부[83)]

투자에는 주식이나 채권과 같은 투자수단을 개인이 직접 구매하고 보유하며 적절한 시기에 매각하는 직접투자방식과, 동일한 절차를 보험회사의 변액연금, 변액보험, 뮤추얼펀드 등을 통해 간접적으로 수행하는 간접투자방식이 있다.

투자종목의 선정, 그리고 구매나 매각 등의 투자관리와 함께 여타 행정적인 서비스를 받게 되는 간접투자의 장점은 소액의 투자자금을 가지고도 전문적 투자관리, 분산투자의 확대, 구매나 매각 등 투자에 관한 의사결정시 따르는 번거로움의 해소 등이다. 그러나 이러한 서비스는 당연히 비용이 따르며 보수나 수수료의 형태로 부과된다. 따라서 투자자는 직간접투자를 비교하는 경우 과연 이러한 혜택들이 비용에 해당하는 만큼의 가치가 있는지를 먼저 따져봐야 한다.

한편 직간접투자의 장단점을 비교할 때는 반드시 세금문제를 빠뜨리지 않아야 하는데 그것은 직간접투자에 대해서 각각의 세금체계가 다를 수 있기 때문이다.

### (3) 세제혜택의 존재 여부

투자수단은 세제혜택의 존재 여부에 따라 분류할 수도 있다. 기본적으로 투자에 따른 결과는 비용 외에 세금 등 모든 것을 고려한 이후의 실제수익률을 봐야 하기 때문에 각각의 투자수단이 개인이 부담하는 세금과 어떤 관계에 있는지를 검토할 필요가 있는 것이다. 물론 투자수익률에 영향을 미치는 세제혜택을 일종의 비용문제로 넘기고 구태여 이것을 기준으로 분류하지 않을 수도 있다. 하지만 미국 등 선진국의 경우 세금부담이 적지 않다 보니 세금이 개인재무의사결정에 상당한 영향력을 미친다. 전 세계적인 고령화 현상이 국가의 재정부담으로 이어지고 이것은 다시 높은 세금으로 연결되기 때문에 우리나라의 경우도 세금이 중요한 의사결정요인이 될 것으로 봐야 한다.

세제혜택이 주어지는 대표적인 투자수단으로 노후준비를 위한 목적으로 제정된 퇴직연금상품과 개인연금상품 등이 있다. 세제혜택은 투자자금에 대한 소득공제와

---

83) C. Victor Hallmon and Jerry S. Rosenbloom, *Personal Financial Planning*(7th Edition), McGraw-Hill, 2003, pp. 139–141 참조.

투자(이자)소득에 대한 과세이연이 대표적인데 추후 자금 인출시에는 연금소득 등의 항목으로 대부분 과세가 된다. 그런데 이러한 세제혜택이 있는 투자수단은 혜택이 주어지는 만큼 불리한 점도 있는데 예를 들어 가입조건에 부합해야 하며 인출시기에 제한이 있고 개인연금의 경우 해지가산세 부과 등 세제상 불이익이 주어진다.

그림 14-9» 투자수단의 종류

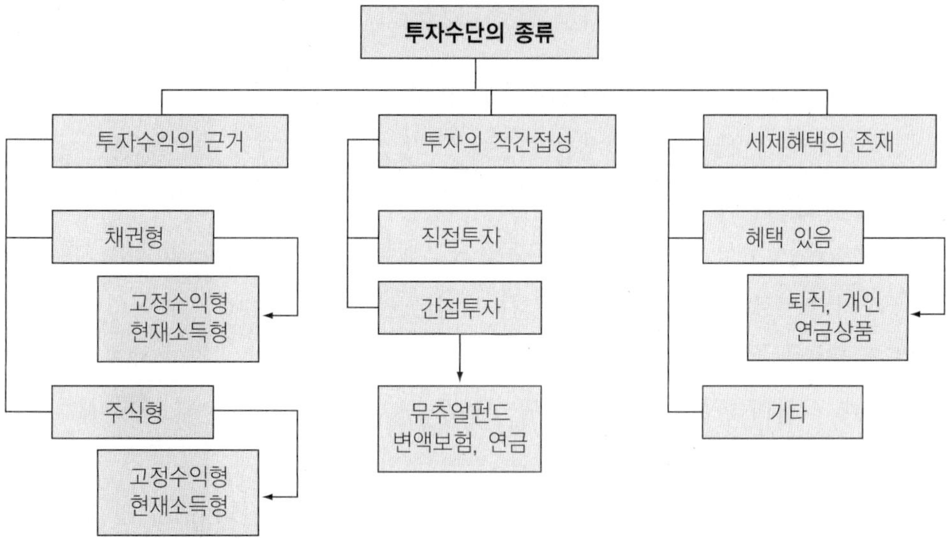


## 4. 투자의 조건과 실행

### 1) 투자를 위한 기본적 조건[84)]

#### (1) 저축을 통한 투자자금의 확보

극히 당연히 말로 들릴 수 있지만 현실에 있어서 투자는 종종 그렇지 못한 모습들

84) Arthur J. Keown, 앞의 책, pp. 344–345 참조.

을 보여주고 있는데 집을 구매하거나 주식투자를 할 때 금융기관의 돈을 차입하는 경우는 흔하다. 사실 주택구매는 투자금액이 크기 때문에 이러한 차입을 통하는 것이 필요한 경우가 많다. 그렇지만 저축을 통해 충분한 투자자금의 확보가 이루어지지 않은 상태에서 투자하는 경우 가장 치명적인 문제는 아래 비상자금의 확보문제와 마찬가지이다. 즉, 예기치 않은 사건으로 말미암아 차입금 상환이 어려운 경우 투자환경이 매우 좋지 않은 상태임에도 불구하고 매각할 수밖에 없는 상황에 직면할 가능성이 있다는 것이다.

### (2) 각종 위험에 대비한 안전망의 확보

우리 주위에는 비록 발생할 확률은 크지 않지만 경제적 기반을 흔들어놓을 수 있는 각종 사고와 질병 등 많은 위험이 존재한다. 따라서 어느 정도 예측 가능한 위험의 경우는 보험 등과 같은 안전망을 확보해놓을 필요가 있다. 보험은 기본적으로 약간의 보험료와 지불확률이 적은 큰 보험금을 맞교환하는 것인데 이러한 대규모 손실은 투자를 통한 투자수익의 확보라는 투자 본래의 목적을 무의미하게 만들기 때문에 각종 위험의 확인을 통한 대비책 마련은 투자를 시작하기 전에 반드시 거쳐야 할 과정이다.

보험과 같은 안전망의 중요성과 관련하여 버튼 G. 멜키엘(Burton G. Malkiel, 2003)은 매력적인 장기수익률을 얻을 확률을 높이기 위해서는 '지속력(staying power)'이 중요하다고 강조하며 이 지속력은 각종 위험 등 개인에게 닥친 예기치 못한 일들로 말미암아 자산가격의 하락이라는 열악한 외적 환경 속에서 어쩔 수 없이 자산을 매각하는 일 없이 자산을 지속적으로 보유할 수 있는 힘이라고 말한다.

### (3) 비상자금의 확보

인간생활에 닥칠 수 있는 위험에는 여러 가지가 있지만 그중에서 몇몇은 보험과 같은 위험관리수단으로 해결되지 못하거나 되더라도 충분치 못한 경우가 있다. 갑작스런 실업이나 질병의 발생 등이 그러한데 실업의 경우는 비록 고용보험을 통해 어느 정도 소득보전이 되더라도 급여의 크기에 미치지 못하며 또한 수급기간에 제한이 있다. 그리고 질병의 경우는 비록 의료보험을 통해 치료비는 충당할 수 있더라도 급여의 중지 같은 상황이 발생한다. 만일 이러한 일이 장기간에 걸치지 않는다면 기존 투자자산을 매각하지 않고 버틸 수 있는 비상자금이 필요한데, 비상자금의 크기에 대해 많은 금융전문가들은 3-6개월분의 월소득을 확보할 필요가 있다고 말한다.

## 2) 투자의 실행순서

### (1) 투자목표와 계획의 수립

저축과 투자는 결국 재정적 목표를 달성하기 위한 수단이다. 따라서 투자에 앞서 반드시 먼저 투자목표가 있어야 한다. 투자목표가 없는 경우의 문제는 무엇보다 투자자산의 종류를 결정하기 어렵다는 것이다. 기본적으로 어떤 자산이든 수익률, 투자위험, 유동성 등에서 나름대로의 특징을 가지고 있으며 모든 사람에게 어떤 경우에서든 최선이라 할 수 있는 투자대상이란 존재하지 않는다. 그렇지만 자신에게 적합한 투자는 있기 마련이며 투자기간, 기대수익률을 중심으로 선택이 가능하다. 예를 들어 노후대책을 위한 투자인 경우 투자기간이 길다면 주식과 같은 위험자산에 대한 투자도 충분히 고려할 만하다.

그러면 구체적인 재정목표를 달성하기 위해 필요한 투자액을 구하는 문제를 생각해보자.

먼저 일시금을 투자했을 때 일정한 기간이 지난 후 찾을 수 있는 투자원리금을 구하는 문제부터 살펴보면 다음과 같다. 이것은 투자금의 미래가치를 구하는 것으로 위에서 본 바와 같이 투자기간과 투자수익률 두 가지에 대한 가정이 필요하다. 구체적으로 다음과 같다.

$$\text{투자원리금합계(미래가치)} = \text{투자원금} \times (1+r)^n$$

(r : 예상투자수익률, n : 투자기간)

그리고 이것을 이용하면 일정한 재정목표액이 있을 경우 필요한 투자원금을 간단히 계산할 수 있다. 즉, 투자원금은 투자원리금합계(미래가치)를 $(1+r)^n$으로 나눈 금액이다.

다음으로 일시금이 아닌 일정한 주기로 저축 혹은 투자를 하는 경우의 원리금합계를 구하는 방법, 그리고 거꾸로 일정한 재정목표를 위해 매 시기 저축(투자)해야 할 금액을 구하는 경우를 알아보자. 일정한 시기, 대표적으로 매월 말 일정금액을 적립 및 투자하는 경우의 원리금합계를 구하는 식은 다음과 같다.

$$\text{정기적 투자의 원리금합계(미래가치)} = \text{매달투자금액} \times \frac{\left(1+\frac{r}{12}\right)^{12\times n}-1}{\frac{r}{12}}$$

(r : 예상투자수익률[혹은 이자율], n : 투자기간[년])

따라서 일정한 재정목표액을 마련하기 위해 매달 투자해야 하는 금액을 구하고자 한다면 정기적 투자의 원리금합계를 $\frac{(1+r/12)^{12\times n}-1}{r/12}$로 나누면 된다.

다음의 〈표 14-2〉는 1만 원의 투자원리금을 달성하기 위해 5%와 7%의 투자수익률을 가정하는 경우 매달 투자해야 하는 금액을 보여준다. 예를 들어 10년 후 학자금 마련을 위해 5,000만 원이 필요하다면 예상투자수익률이 7%인 경우 매달 5,000×57.8=28만 9,000원의 돈을 적립 및 투자해야 한다.

#### (2) 투자의 자동화

투자목표와 대상이 결정된 이후에는 모든 투자과정이 자동적으로 이루어지도록 해야 한다. 투자란 항상 투자자금의 마련이 전제되어야 하는데 인간의 속성상 저축은 소비에 비해 항상 손쉽고 우리 사고의 대부분을 차지하고 있어 자신의 의지력에 의존하게 하는 것은 항상 어려움을 동반하게 되어 있다. 따라서 자신의 의지와 관계없이 저축이 이루어지도록 하는 것이 좋은데 대표적인 방법으로 기업이 운영하고 급여에서 미리 공제되는 퇴직연금제도나 자동이체 등이 있다.

**표 14-2** » 1만원의 투자원리금합계를 위한 매달 투자금액

| 적립(투자)기간(년) | 투자수익률 5% | 투자수익률 7% |
|---|---|---|
| 1 | 814.4 | 806.9 |
| 2 | 397.0 | 389.4 |
| 3 | 258.0 | 250.4 |
| 4 | 188.6 | 181.1 |
| 5 | 147.0 | 139.7 |
| 6 | 119.4 | 112.2 |
| 7 | 99.7 | 92.6 |
| 8 | 84.9 | 78.0 |
| 9 | 73.5 | 66.7 |
| 10 | 64.4 | 57.8 |
| 11 | 57.0 | 50.5 |
| 12 | 50.8 | 44.5 |
| 13 | 45.6 | 39.5 |
| 14 | 41.2 | 35.2 |
| 15 | 37.4 | 31.5 |
| 16 | 34.1 | 28.4 |
| 17 | 31.2 | 25.6 |
| 18 | 28.6 | 23.2 |
| 19 | 26.4 | 21.1 |
| 20 | 24.3 | 19.2 |
| 21 | 22.5 | 17.5 |
| 22 | 20.9 | 16.0 |
| 23 | 19.4 | 14.7 |
| 24 | 18.0 | 13.4 |
| 25 | 16.8 | 12.3 |

한편 투자의 자동화는 저축을 최우선으로 두는 이른바 '자신에게 먼저 지불하는(Pay Yourself First)' 방식을 취하기 때문에 자신의 장기적 재정목표가 가장 중요한 위치에 있음을 스스로에게 인식시키는 방법이기도 하다.

#### (3) 각종 세제혜택의 극대화

'2-1) 투자의 기본 원리' 에서 언급한 바와 같이 투자를 할 때는 항상 세금을 염두에 두어야 한다.

세금은 투자비용과 달리 투자에 대해 기여하는 바가 없이 손에 쥐는 실제적 투자수익률에 즉각적으로 영향력을 미치는 존재이다. 그런데 나라마다 국민개인의 저축과 투자를 활성화하기 위해 각종 세제혜택을 부여하고 있으며 특히 노후자금마련을 위한 저축, 예를 들어 기업에서 제공하는 기업연금제도(우리나라의 경우 퇴직연금제도)와 개인연금제도가 그러하다. 대부분의 기업연금의 경우 저축금액에 대해 소득공제를 해주며 투자를 통해 발생하는 투자소득 혹은 이자소득에 대해서는 적립금을 인출하는 시기까지 과세를 연기해준다. 이러한 세제혜택은 결코 사소하지 않으며 따라서 반드시 이용할 필요가 있다.

#### (4) 즉각적 실행

저축과 투자는 결정단계에서 큰 어려움이 있지만 일단 결정되면 즉각 시행하되 위에서 언급한 바와 같이 자동으로 이루어지는 방식을 택해야 시행이 용이하다. 즉각적 시행의 가장 큰 필요성은 투자에 있어 시간이 가지고 있는 위력에서 연유한다.

예를 들어 현재 나이 35세의 A와 B라는 사람이 있어 30년간 직장에 근무한 후 나이 65세에 경제활동을 중단하고 은퇴하는 경우를 보자. 만일 A의 경우 매년 말 240만 원(즉 한 달에 20만 원 정도)을 45세까지 약 10년 동안 적립한 후 사정이 여의치 않아 적립을 중단하고 다만 이자가 지급되는 계좌에 인출 없이 놔두었고 이에 비해 B는 A보다 45세가 되어서야 적립을 시작하였고 그 후 20년 동안 매년 240만 원씩 적립하였다고 가정하자.

그림 14-10» 조기적립의 중요성

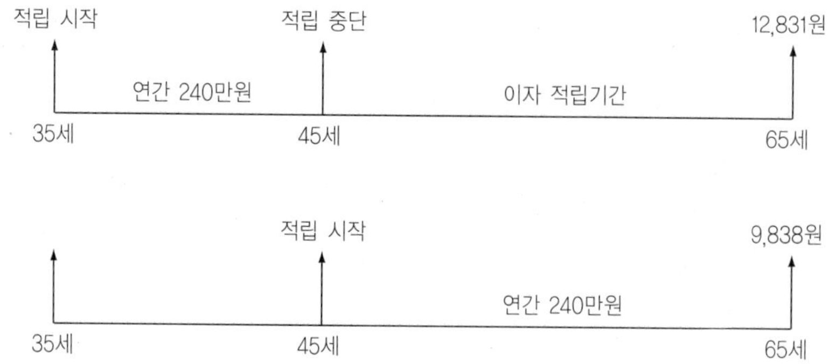


이러한 가정하에서 예를 들어 35년간에 걸친 투자기간 동안 연간 7%의 투자수익률(이자율)이 예상되는 경우 A와 B의 적립금은 각각 12,831만 원, 9,838만 원이다. 즉, B의 경우 적립기간이 10년 더 길었지만 보다 일찍 적립을 시작한 A의 적립금이 더 크다.

이처럼 시간은 곧 돈을 의미하며, 따라서 저축과 투자의 즉각적 시행을 통해 투자시간을 늘리는 것은 더 많은 돈을 저축하는 것과 같다.

### 3) 투자수단의 선택과 일반적 고려사항[85)]

투자수단의 선택은 포트폴리오의 구성이라는 전체적인 측면에서 고려되어야 하며 이것은 다시 개인자산관리라는 총체적인 그림을 통해 이루어져야 한다. 그런데 투자수단을 선택하는 과정에 있어서 가능한 선택대안을 놓고 우선순위를 따져야 할 필요가 종종 생긴다. 따라서 이때 일반적으로 무엇을 검토해야 하는가에 대해서 알아보자.

구체적인 검토사항으로는 원금과 투자소득의 안전성, 투자수익률, 원하는 시기에 특별한 대가 없이 투자자산을 현금화할 수 있는 가능성을 말하는 유동성, 특정투자

85) C. Victor Hallman and Jerry S. Rosenbloom, 앞의 책, pp. 142–163 참조.

그림 14-11» 투자자산의 선택과 일반적 고려사항

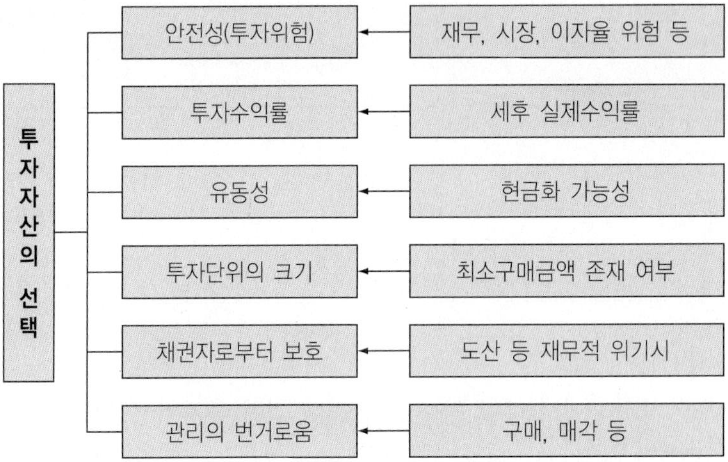


대상에 대해 최소거래금액에 대한 제한이 있는지 여부(투자단위의 크기 혹은 액면금액), 채권자로부터의 보호 여부, 관리의 번거로움 등이 있다.

투자위험에 대해 좀 더 구체적으로 알아보면 우선 재무적 위험(financial risk)이 있다. 예를 들어 주식이나 채권을 발행한 기업이 재무적 어려움에 처하여 이자나 배당금 등을 지불하지 못하거나 도산으로 인해 투자원금까지 위협받을 수 있을 가능성을 말한다. 두 번째는 시장위험(market risk)으로 개인기업의 상황과는 관계없이 주식시장이나 채권시장 전체, 특정산업 전체에 닥친 상황으로 말미암아 투자대상의 가격이 하락하는 현상을 말한다. 다음으로 이자율 위험(interest rate risk)이 있다. 이것은 시장이자율이 변동함으로써 기존에 투자된 투자자산의 가격이 하락하는 것과 투자기간의 만료에 따른 재투자조건이 악화되는 것 등을 의미한다. 마지막으로 물가상승으로 인한 구매력위험(purchasing power risk)이 있다.

## 5. 포트폴리오의 구성[86)]

### 1) 포트폴리오 구성시 고려사항

개인재무관리에 있어 중요한 내용 중의 하나는 자산의 포트폴리오를 어떻게 구성할 것인가 하는 문제이다. 포트폴리오란 공통의 투자목표를 만족시킬 수 있는 금융상품, 주식, 채권, 부동산 등 다양한 투자대상들의 조합을 의미한다. 물론 이러한 투자자산들을 직접 구매를 통해 소유할 수도 있고 퇴직연금, 개인연금이나 보험, 그리고 뮤추얼펀드 등을 통해 간접적으로 보유할 수도 있다.

포트폴리오의 선택에 있어 이론적인 부분은 해리 마코위츠(Harry M. Markowitz, 1952)의 포트폴리오 선택이론(mean-variance 분석)을 참조할 수 있다. 이것은 투자자가 각종 투자대상의 평균 수익률(mean)과 분산(variance)만 고려할 때 단일기간의 최적의 자산선택방법을 제시한 것이다.

이 이론은 〈그림 14-12〉와 같이 만일 투자대상을 주식, 채권 외에 무위험자산인 cash(현금이 아닌 단기 money market fund, 정기예금 등을 의미) 등을 포함시키는 경우 위험자산과 무위험자산 전체에 있어 최적배합을 알 수 있게 해주는데 이때 위험, 무위험자산 사이의 비율은 개인에 따라 달라지게 된다. 이 이론과 관련하여 주목할 만한 결론 중 하나는 평균수익률과 분산만을 고려하는 경우 모든 투자자의 위험자산 구성은 동일하다는 것이다.

포트폴리오를 구성함에 있어 일반적으로 가장 강조하는 사항은 포트폴리오라는 말 자체가 의미하듯이 이 안에 속해 있는 투자수단들의 다양성으로 말미암아 분산투자가 가능하다는 것이다. 분산투자는 이미 알아본 바와 같이 위험/수익률의 구성이나 각종 경제환경의 변화에 대해 서로 다른 수익률을 내며 반응하는 투자수단들로

86) L. J. Gitman and M. D. Joehnk, 앞의 책, pp. 642-647 참조.

그림 14-12» 포트폴리오 선택이론과 최적의 자산선택

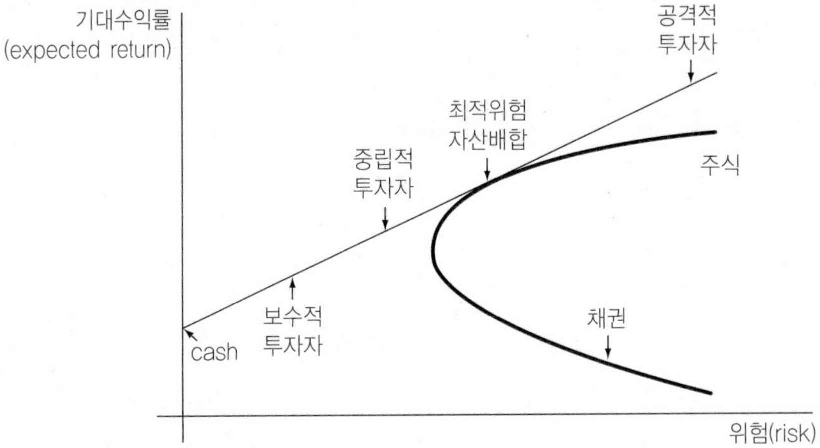


소수의 투자대상에 집중되어 있는 것에 비해 동일한 수익률을 달성하면서도 투자위험을 줄일 수 있다.

그러나 포트폴리오 구성은 단순히 분산투자에만 의미를 두는 것이 아니며 오히려 개인의 투자성향, 경제적 환경, 투자기간, 투자목표, 위험선호도 등 여러 개인적 상황들을 종합적으로 고려한 상태에서 내리는 자산구성 및 투자에 관한 총체적 의사결정사항이라고 봐야 한다.

그러면 포트폴리오를 구성함에 있어 고려해야 할 사항들을 알아보자.

포트폴리오 구성에서 전문가들이 말하는 가장 우선적인 고려사항은 개인소득의 크기와 안정성으로서 이것은 투자위험과 관련되어 있다. 투자와 한 발짝 더 나아가 투자상품이란 다양한 이름과 특성을 가지고 있지만 따지고 보면 결국 위험/수익률의 조합이 어떠한가로 집약될 수 있으며, 따라서 만일 소득이 크고 안정적이라면 어떠한 투자결과가 나타나든지 큰 문제를 야기치 않으므로 좀 더 위험이 높은 투자대상을 선택할 수 있다. 소득의 안정성이나 크기 외에 투자기간이나 가족상황(결혼 혹은 미혼 등), 그리고 투자경험 역시 고려사항에 들어 있다. 이러한 것들은 결국 투자위험을 어느 정도 감내할 수 있느냐 하는 것에 귀결된다고 볼 수 있다.

그런데 투자위험 등을 고려한 포트폴리오 구성에 있어 개인소득의 크기와 안정성에 앞서 우선적으로 고려해야 할 실제적인 기준이 있다면 그것은 해당 투자대상에 대한 지식, 즉 투자지식이다. 투자지식의 중요성은 이미 언급하였는데 다시 한 번 상기해야 할 사실은 개인소득의 크기와 안정성은 단지 투자위험의 감수능력을 말하지 투자위험을 줄여주지는 않는다는 것이다. 한편 위에서 위험의 선택에는 시간이라는 자산이 소요될 수 있음을 언급한 바 있다. 따라서 위험의 정도를 고려할 때에는 수익률이 동일할 경우 시간의 투입량을 최소화할 수 있는 투자대상을 골라야 하며 가능한 한 수익률과 시간의 기회비용을 비교해보도록 한다.

**표 14-3** 주요 투자수단과 수면의 등급

| 수면등급 | 투자수단 | 위험수준 |
|---|---|---|
| 반(半) 혼수상태 | 은행예금 | 원금에 대한 위험은 없음. 하지만 인플레이션 위험에는 노출되어 있음 |
| 편안한 밤잠 | MMF 등 | 채권 등 안전자산에 투자되므로 원금에 대한 위험은 거의 없음 |
| 한두 번의 편치 않은 꿈 가능 | 높은 등급의 회사채 | 만기까지 보유시 투자위험은 별로 없음. 만기 이전 매각시는 보통 혹은 그 이상의 투자수익률상 변동 가능 |
| 잠에서 깨기 직전 또렷한 꿈 | 우량주 분산투자 | 평균 혹은 그 이상의 투자위험. 한 해 정도는 마이너스 투자수익률도 가능 |
| 악몽이 다소 흔하게 나타남 | 부동산 소형성장주 | 상당한 정도의 투자위험. 한 해 정도는 마이너스 투자수익률도 가능 |
| 한 차례의 불면증 | 금 등 | 상당한 위험. 높은 인플레이션이나 치명적인 날에 대한 방어기능이 있다고 여겨짐 |

**자료** : Burton G. Malkiel, 앞의 책, pp. 282–283 참조.

〈표 14-3〉은 투자위험에 따라 일상생활의 만족도에 영향을 미치는 수면시간과 수면의 질이 어떻게 달라지를 예시하고 있는데 이것은 투자손실이 재정적 사활에 미치는 영향력과 연관된다.

투자위험과 어느 정도 관련이 있는 또 다른 고려사항은 투자를 통해 일정한 현재소득(current income)을 필요로 하는가 아니면 자본이득(capital gain)을 원하는가 하는 것이다. 만일 현재소득을 원하는 경우라면 당연히 채권이나 우선주, 그리고 임대료가 주된 수입이 되는 부동산 등에 치중해야 할 것이다. 그런데 현재소득보다 자본이득을 원하는 경우라면 상당한 투자위험을 감수하더라도 큰 수익을 내고 싶다는 것으로 해석할 수 있으며 투자대상도 여기에 맞추어 선택해야 한다.

투자위험 이외에 포트폴리오 구성과 관련하여 생각해봐야 하는 것이 있다면 세금문제이다. 세금은 위험/수익률의 상쇄관계에 직접적인 영향을 받지 않는 상태에서, 즉 추가적인 위험을 수용함이 없는 상태에서 수익률에 직접적이고도 상당한 영향력을 미치며 따라서 투자결정에 있어 매우 중요한 부분이다.

구체적으로 만일 개인에게 적용되는 소득세율이 상당히 높다면 가능한 한 소득공제를 허용하거나 아니면 투자소득에 대해 세금을 면제하는 등의 세제혜택이 있는 투자상품을 고르도록 해야 한다.

## 2) 자산배분방법

다음의 〈그림 14-13〉에서 보는 바와 같이 투자목표를 염두에 두고 투자위험, 희망소득의 종류, 그리고 세금문제를 고려한 상태에서 어떤 포트폴리오를 짤 것인가에 대해 대강의 기준이 잡혔다면 이제 적절한 투자대상 혹은 투자자산에 대한 실제 자금배분을 시작해야 한다. 이때 자금배분이란 일반 금융상품, 주식, 채권, 부동산 등 자산종류별 배분으로 이것이 이루어지고 난 후에야 같은 투자군, 예를 들어 주식이나 채권 등에서 하나씩 특정종목(예를 들어 특정기업의 주식이나 채권)을 고르는 일이 이어진다.

그런데 대부분의 일반투자자에게 있어서 투자는, 즉 예금처럼 저축이 아니라 투자수익률 추구를 그 목적으로 하는 경우에 있어서는 펀드 위주로 이루어지고 있는 것이 현실일 뿐만 아니라 투자의 전문성이나 분산투자 측면에서도 바람직하기 때문에 특정종목을 고르는 경우는 흔치 않다. 더구나 포트폴리오 전체의 수익률은 투자군별

그림 14-13» 포트폴리오의 구성과 고려사항들

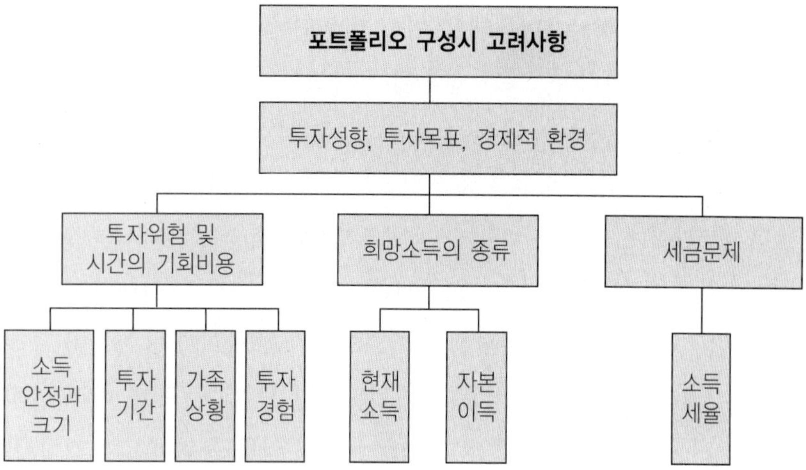


자산배분에서 대부분 결정되고 있음이 밝혀져 있는 실정이다. 한 전문가에 의하면 개인 포트폴리오 총수익률의 90%는 투자자산의 종류와 그 배분비율에 의해 정해지며 10% 이하만이 어떤 특정종목이나 뮤추얼펀드를 개인이 고르느냐에 의해 결정된다고 한다.[87)]

그러면 여기서 먼저 전문가들이 권하고 있는 실제적인 자산배분(Aisset Allocation) 방법을 알아보고, 이어서 개인자산관리 전체적인 측면에서 봤을 때 바람직한 자산배분방법에 대해 언급하기로 하자.

#### (1) 전문가들이 권하는 자산배분

투자수익률을 목적으로 하는 이른바 투자를 하는 경우 전문가들이 강조하는 점은 점진적 방식이 필요하다는 것이다. 즉, 처음에 쉽고 간단한 것으로 시작하여 기초를 삼고 만일 투자자금이 커지고 경험이 쌓이는 경우에는 이 기초 위에 좀 더 다양하고 복잡한 방법을 추가하라는 것이다.

---

87) Burton G. Malkiel, 앞의 책, p. 334 참조.

우선 투자를 처음으로 시작하며 큰 투자자금을 가지고 있지 못한 경우, 가장 무난한 방법은 자산별 배분이 이미 이루어진 펀드를 고르는 것이라고 말한다. 주식과 채권 등에 자신이 원하는 비율대로 이미 배분되어 있는 이른바 안정형펀드(balanced fund)를 고르는 것이다. 그런 연후에 투자경험과 투자금액이 늘어나면 주식형이나 채권형 등 각 투자군별 펀드로 그 투자대상을 확대해나간다는 전략이다.

그런데 만일 나이가 젊고 투자위험을 감수할 여유가 있는 경우는 처음부터 주식형으로 나갈 필요가 있으며, 이때도 개별주식이나 혹은 펀드매니저들이 직접 투자대상을 고르고 운영하는 펀드를 고르기보다는 인덱스펀드를 선택하여 출발점으로 삼는 것이 바람직하다고 한다. 주식형 인덱스펀드란 개별회사가 아니라 주식시장 전체의 흐름에 따라 수익률이 결정되는 것으로, 개별주식의 등락에 비해 안정적이고 또한 펀드운영비용이 매우 저렴하기 때문에 실제 수익률 측면에서 유리하다는 장점이 있다. 물론 인덱스펀드를 출발점으로 하더라도 위의 경우와 마찬가지로 그 다음 단계로는 좀 더 다양한 주식형펀드나 개별주식을 택할 수 있다고 말한다.

한편 인생주기별 자산배분에 대한 내용들도 많다. 왜냐하면 대부분의 사람들이 거역할 수 없는 인생주기를 살아가기 때문이다. 소득은 적지만 향후 보다 높은 소득이 기대되는 젊은 시기를 지나, 소득 측면에서 절정기라 할 수 있는 중년기를 지나고, 이어서 은퇴 및 노후시기를 보낸다. 그런데 이러한 인생주기는 투자수단의 선택에 있어 매우 중요한 요소인 소득과 나이를 동시에 포함하고 있으며 따라서 각각의 인생주기에 적합한 투자수단 및 자산배분이 권고되는데 대부분의 자산배분방식은 별 차이가 없다.

20, 30대의 시기는 투자기간도 길고 소득이 오랜 기간 지속적으로 발생할 것으로 예상되므로 주식 등 위험자산에 좀 더 공격적으로 투자를 하고, 나이가 들수록 채권이나 현금 등 안전자산에 대한 비중을 늘리되 가능하면 현재소득(current)을 가져다주는 방향으로 나아가라는 것이다. 대표적으로 버튼 G. 멜키엘은 20대 중반에는 자산배분에 있어 주식, 채권, 부동산, 현금성자산의 비율을 각각 65%, 20%, 10%, 5%로, 30대 중반에서 40대 초반에는 55%, 30%, 10%, 5%로, 그리고 50대 중반에는 45%, 37.5%, 12.5%, 5%로, 마지막으로 60대 후반 이후에는 25%, 50%, 15%, 10%

로 할 것을 권고하고 있다.[88)]

### (2) 개인자산관리 차원에서의 자산배분

위에서 일반적인 자산배분방법에 대해 알아보았는데, 이것은 투자위험에 따른 선택에 주된 영향을 미치는 소득과 나이를 기준으로 하고 또한 개인이 가지고 있는 여러 자산 중에서도 주식, 채권 등의 투자자산만을 고려한 경우이다. 그런데 만일 시간이나 지식 등의 무형자산을 포함한 전체자산의 관리를 생각한다면 투자자산의 자산배분(asset allocation)도 달라져야 한다.

#### ㉮ 30대

우선 30대는 전문가들의 기존 주장과 완전 달리 예금 등을 통해 어쩌면 인생 전반을 걸쳐 가장 안정적으로 투자자산이 운영되는 시기가 되어야 한다. 그 이유는 우선 30대가 장기직 투자를 시작하기 위한 기본자산 이른바 종잣돈을 모으는 시기이기 때문인데, '재산형성과 부채관리'에서 이미 살펴본 바와 같이 이 시기에 종잣돈을 만들어내느냐 아니면 반대로 부채를 발생시키느냐 하는 것은 인생 전체의 재무상황에 절대적 영향력을 미치게 된다. 이런 측면에서 봤을 때 투자위험으로 말미암아 종잣돈 형성에 차질이 발생할 가능성을 아예 없앨 필요가 있다는 것은 결코 논리적 비약이 아니다.

이러한 논지는 시간 등 무형자산을 염두에 두는 경우 더욱 명확해진다. 30대는 커리어 개발을 위한 지식을 쌓고 또한 40대 후반 정도부터 시작될 가능성이 있는 전업을 준비해야 하는 나이로서 시간이라는 자산의 가치가 매우 큰 시기이다. 만일 이 시기에 주식 등 위험자산에 대한 투자를 하는 경우 가격이 오르락내리락하는 이른바 투자위험에 동반되는 염려 혹은 흥분 등으로 말미암아 상당한 시간과 에너지를 여기에 소모할 가능성이 있다.

88) Burton G. Malkiel, 앞의 책, pp. 349–353 참조.

㉯ 40대

40대는 개인자산관리 측면에서 봤을 때 왕성한 사회활동으로 몸은 비록 바쁘지만 가족과 함께 보내는 시간 등을 통해 형성되는 인적자산, 그리고 건강 등에 대한 투자가 필요한 시기이다. 40대는 시간의 가치로 보면 비록 30대에 비해 시간당 소득은 커지지만 미래소득의 발생기간과 투자로 인한 소득증대 가능성을 고려하면 30대보다 상대적으로 작다고 봐야 한다.

재무적인 측면에서 보면 40대는 저축을 통한 종잣돈이 이미 형성되었고 본격적인 노후준비가 시작되는 시기이기도 하다. 따라서 투자에 대한 정신적 여유가 있는 만큼 다소 투자위험을 부담할 필요가 있는데 그렇다고 해도 개별자산을 놓고 투자를 저울질할 만큼 시간이 충분한 상태가 아니므로 인덱스펀드 등을 통해 투자하는 것이 적절하다.

㉰ 50대

50대는 제2의 직업 혹은 커리어를 위한 자기계발이 필요한 시기이지만 시간의 가치는 30, 40대에 비해 상대적으로 하락한 상태이다. 그리고 그동안 직업이나 경험

그림 14-14» 인생주기와 투자수단의 선정

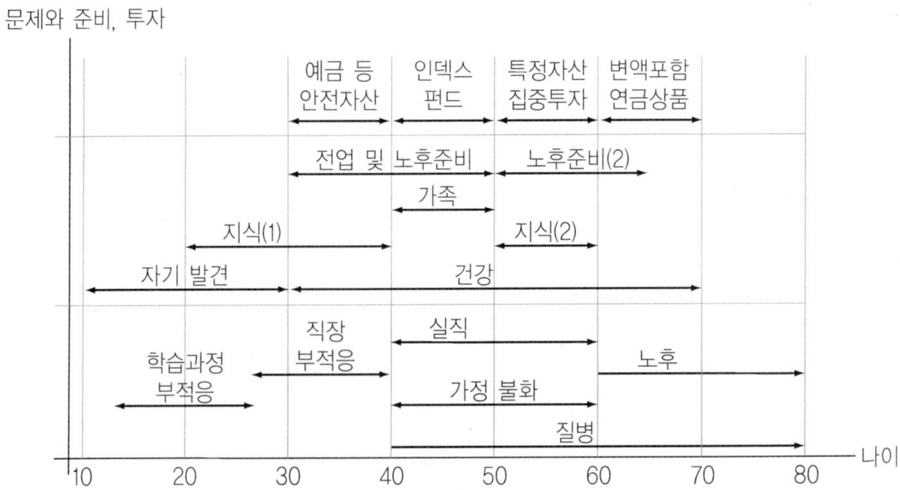

등을 통해 특정자산에 대한 안목을 어느 정도 얻은 상태이기 때문에 자신의 경력과 관련이 있는 부동산, 주식 등 각종 개별자산에 대해 시간을 들이면서 집중적 투자를 검토해볼 시기이다. 이 경우 개별자산을 다루기 때문에 객관적으로 판단되는 투자위험은 커졌지만 지식이나 경험 등이 받치고 있는 상태이기 때문에 주관적으로 느끼는 투자위험은 그리 크지 않다고 봐야 한다.

㉣ 60대

60대는 소득발생의 여지가 현저하게 줄어든 은퇴시기와 맞물려 있기 때문에 기본적으로는 연금상품의 구매 등 상당히 안정적인 투자가 요망된다. 하지만 개인자산 측면에서 볼 때 시간의 가치는 상당히 하락한 상태이며 또한 삶 자체가 다소 무료해지는 시기이기도 하다. 따라서 이러한 측면에서 볼 때 투자자금의 일부는 개별종목에 대한 연구가 필요하고 삶에 긴장을 가져다주기도 하는 주식, 부동산 등 위험자산을 통해 운영할 필요도 있다.

개인자산관리라는 측면에서 바라본 자산배분방법을 종합하면 궁극적으로 시간의 가치와 긴밀히 연결되어 있다고 할 수 있다. 이것은 시간이라는 무형의 자산을 도외시한 채 나이별 소득발생 능력에 국한시킨 기존의 자산배분방식과는 거의 정반대의

그림 14-15 » 시간가치관련 두 가지 자산배분방식의 비교

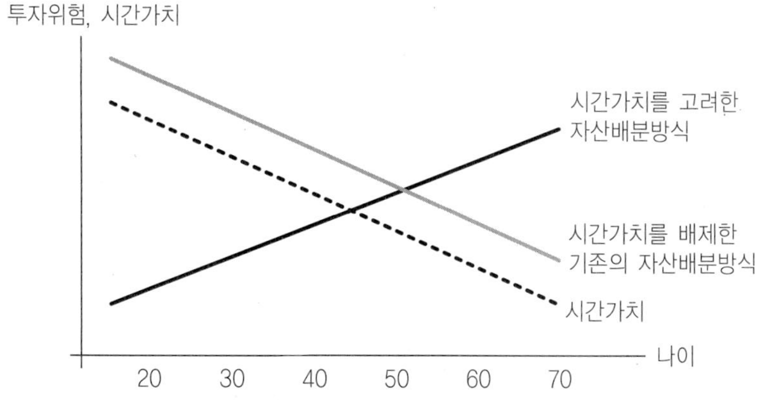

결론을 낳고 있는데, 시간이 가지고 있는 공급의 제한성과 시간의 가치가 갈수록 커지고 있다는 사실을 고려할 때 기존의 자산배분방식에 대한 제고가 필요한 시점이 왔다고 해도 무리는 아니다.

한편 자산배분은 일회성으로 끝나지 않는다. 왜냐하면 시간이 지나면서 개인적 상황이나 외부적 여건 등이 항상 변하기 때문인데 예를 들어 부양가족의 발생, 자식의 졸업, 은퇴 등이 있을 수 있고 또한 자산가치의 지속적 변동으로 인한 배분비율을 재조정할 필요성 등이 대두될 수 있다.

그리고 개인재무관리에 있어서 가계부 등 기록의 중요성이 강조된 바 있는데 투자에 있어서도 거래기록, 종목별 가격이나 수익률의 변동사항 등을 기록하여 보관하게 되면 투자의사결정에 있어서 상당한 도움을 얻을 수 있다.

# 제 15 장

# 현금성 자산과 금융기관의 상품

# | 들 | 어 | 가 | 기 | 에 | 앞 | 서 |

이 장에서는 투자대상이 되는 각종 자산 중 은행 등 금융기관이 주로 취급하는 현금성 자산에 대해 알아보기로 한다. 현금성 자산이란 은행의 보통예금처럼 현금화가 용이한 투자자산을 말한다. 흔히 보통예금과 같은 금융상품을 투자대상이라고 여기지 않는 경향이 있다. 그러나 수익률이 낮고 안전하다는 특징이 있을 뿐 분명한 투자자산이다. 이러한 현금성 자산들은 예금자보호제도에 의해 보호되고 수익률도 안정적이기 때문에 아무런 걱정이나 관리가 필요 없다. 따라서 개인자산관리라는 측면에서 볼 때 시간, 건강 등 다른 자산의 추가적 투입이 없다는 장점이 있고 아울러 언제든지 찾아 쓸 수 있다는 이른바 유동성이 좋다는 것 역시 장점으로 볼 수 있다.

금융상품의 일부 상품명이 CP, RP, MMF, MMDA 등 외국어로 되어 있어 좀 난해할 수 있다. 그러나 어떤 투자대상이든 한 가지 원칙에 의해 작동된다는 것만 알면 별로 신경 쓸 내용도 아니다. 그것은 바로 수익률이 조금이라도 높아지면 투자수익률이 다소 불안정해지고(위험해지고) 만일 수익률이 낮으면 정반대의 현상이 나타난다는 것이다. 따라서 투자자는 어떤 조합(저수익 & 저위험 혹은 고수익 & 고위험)을 택하느냐만 결정하면 되고 이 특정조합을 금융기관 직원에게 전달하면 적절한 상품을 배정받을 수 있다.

이 장에서는 은행, 자산운용회사, 증권사, 종합금융회사, 우체국, 상호저축은행, 신용협동기구 등의 금융기관에서 주로 다루는 금융상품들에 대해 알아보고자 한다. 보험회사의 관련 상품들은 '개인위험관리와 보험' 부분에서 따로 다룰 것이다.

현재 위에서 언급한 금융기관들은 저축, 대출, 투자신탁상품, 그리고 퇴직연금을 포함한 보험상품에 이르기까지 다양한 상품들을 취급하고 있다. 이러한 금융기관들은 개인의 입장에서 볼 때 현금성자산을 포함하는 단기 저축상품의 제공이라는 측면에서 아주 큰 역할을 한다고 볼 수 있다.

## 1. 금융기관의 특징과 상품의 종류[89)]

먼저 금융기관의 간략한 특징과 대표적인 상품들에 대해서 알아보자.
각각의 상품들을 개괄적으로 살펴보면 다음과 같다.

**표 15-1** 금융기관의 특징과 대표상품

| | 금융기관의 특징 | 주요 상품 |
|---|---|---|
| 은행 | 예 · 적금 및 대출업무를 위주로 함 광범위 소재로 입출금이 편리함 | 보통예금, MMDA, 적금, CD, RP, 신탁상품, 주택청약저축 등 |
| 자산운용 회사 | 다수의 고객을 대상으로 증권투자를 대행함 | 각종 수익증권, MMF, 뮤추얼펀드 등 |
| 증권사 | 본래 유가증권(주식, 채권)의 거래를 취급하나 증권업관련 부수업무 수행 | 증권저축, RP, CD 중계 등 |
| 종합금융 회사 | 단기금융업무, 외화조달 및 주선, 회사채발행주선(예금업무 제외) | CP, CMA, 발행어음, 표지어음 |
| 우체국 | 정부기관으로서 예, 적금 및 보험업무를 위주로 함. 입출금 편리 | 보통예금, 정기예금, 적금 및 보험상품 |
| 상호저축 은행 | 일반서민이나 중소사업자 위주의 지역서민 금융기관 | 신용부금, 보통예금, 정기예금, 정기적금 |
| 신용협동 기구 | 농협, 수협, 새마을금고 등 조합원에 의해 운영되는 지역서민 금융기관 | 출자금, 보통예탁금, 정기예탁금, 정기적금 |

**자료 :** 한국은행 홈페이지(www.bok.or.kr), '저축기관의 종류' 참조.

㉮ 보통예금은 가장 평범하고도 간편한 형태의 저축수단으로 요구불예금이라고도 불린다. 그 밖에도 저축예금, 자유저축예금이 있으나 둘 사이에 별다른 차이가 없

89) 한국은행 홈페이지(www.bok.or.kr) 참조.

다. 예금액, 예금기간, 입출금 등에 제한이 없어 자금의 빈번한 입출금이 요구되는 경우에 주로 사용된다. 하지만 이러한 편리성이 있는 만큼 금리 혹은 투자수익률은 상대적으로 가장 저조하다.

㉯ 다음으로 저축성예금인 정기적금이 있다. 정기적금은 일정금액을 일정기간 내에 정기적으로 납부하여 목돈을 만드는 상품으로 변동금리가 적용된다.

㉰ 어느 정도 목돈이 된 자금을 굴리기 위한 수단으로서 우선 정기예금이 있다. 정기예금은 저축기간과 금리가 미리 정해진 상품으로 매월 이자를 받을 수 있다. 그러나 중도해지시에는 본래 정해진 금리보다 낮은 금리가 적용된다. 한편 신용협동기구의 보통예탁금이나 정기예탁금은 은행의 보통예금이나 정기예금과 유사하며 다만 보다 안전한 투자인 은행상품에 비해서는 금리가 높다.

㉱ 목돈을 단기적으로 운용하는 데 주로 쓰이는 상품들도 있다. 대표적으로 MMDA, MMF, CMA 등이 있는데 MMDA(Money Market Deposit Account)는 시장금리부 수시입출금식예금, MMF(Money Market Fund)는 단기금융상품펀드, CMA(Cash Management Account)는 어음관리계좌를 말한다. 모두 입출금이 자유롭고 투자수익은 실적에 의해 배당되는 금융상품이다. 유사한 상품이기 때문에 서로 경쟁관계에 있다.

㉲ 아래에서 언급하는 CD, RP, CP 역시 투자의 특징상 서로 유사한 경쟁상품들이다.

• CD(Certificate of Deposit)

양도성예금증서를 말한다. 일종의 정기예금증서로 무기명으로 되어 있어 다른 사람에게 양도가 가능하다. 실세금리가 반영되며 액면금액에서 정해진 기간 동안 미리 확정된 이자를 차감한 금액으로 거래되며 목돈의 단기자금(3–6개월)을 운용하는 데 주로 사용된다.

• RP(Repurchase Agreement)

환매조건부채권을 말한다. 단기금융상품이며 금융기관이 다시 사들이겠다는 조건하에 금융기관이 보유하고 있는 국공채 등 채권을 투자자가 매입하는 형식으로 되어 있다. 투자수익의 경우 연동하는 실세금리가 적용되는 방식으로 이 점은 CD, CP, RP 모두 마찬가지 형태이다.

- CP(Commercial Paper)

  기업어음을 말한다. 억 단위의 목돈을 단기(보통 3개월)로 운용하는 데 주로 사용된다. 투자형식을 보면 기업이 발행한 어음을 금융기관이 매입하고 이것을 다시 개인이나 기관에 매각하는 형태를 취하고 있다.

한편 발행어음과 표지어음은 모두 어음을 중심으로 만들어진 금융상품으로 CP와 유사한 투자상 특성을 가지고 있으나 CP와는 달리 예금자보호대상에 속하며 따라서 금리가 상대적으로 낮다.

㉥ 신탁상품은 투자자가 직접 투자에 대한 모든 사항을 결정하고 투자절차를 진행해나가는 직접투자방식이 아니라, 은행을 통해 투자자금을 운영하는 간접투자방식을 말한다. 신탁상품에는 특정금전신탁과 불특정금전신탁이 있다. 특정금전신탁은 투자자가 신탁된 재산의 운용과 관련하여 가이드라인을 제공하는 반면, 불특정금전신탁은 은행이 운용에 관한 결정을 한다. 특정금전신탁은 투자자 각각에 적합한 투자형태가 사용될 수 있다는 장점을 가지고 있는데 은행은 이러한 서비스를 제공하는 대가로 일정한 비용을 받게 된다. 한편 증권사에서 판매하는 유사한 상품으로는 랩어카운트가 있으며 자산관리에 관한 종합적인 서비스를 제공한다.

㉦ 기타 상품으로서 신용협동기구 상품 중 출자금이란 조합원이나 회원의 자격을 취득하기 위해 개인이 신용협동기구에 납부한 자본금을 말한다. 조합원은 매년 이익이 발생한 경우 배당을 받게 되며 1인당 1천만 원 이하의 출자금에 대해서는 배당소득에 대해 세금이 없다.

이러한 상품들의 특징을 보면 대부분 1년 이하의 단기성 상품으로 특히 3개월 이내에 입출금이 이루어지는 현금성자산도 상당부분 있는 것을 알 수 있다.

## 2. 금융상품의 특징과 투자상 선택

### 1) 금융상품의 특징[90)]

이제 금융상품들을 이해함에 있어 실제적으로 가장 중요한 문제로서 이러한 금융상품들이 어떤 목적을 위해 사용될 수 있는지 구체적으로 알아보도록 하자. 금융상품들은 크게 i) 특수목적을 가진 경우 ii) 유동성 목적 iii) 투자자금과 투자기간에 따르는 상품 등 모두 세 가지로 분류가 가능하다.

#### (1) 특수목적을 가진 경우

우선 위의 금융상품 중 몇몇 상품은 본래부터 의도된 목적을 가지고 있다. 대표적인 것이 주택을 마련하기 위한 주택청약예금(부금), 주택청약저축, 주택청약종합저축 그리고 장기주택마련저축 등이다. 그리고 노후문제를 위한 개인연금신탁(보험), 주택연금(역모기지론) 등과 대출을 받기 위한 상호부금(은행)과 신용부금 등도 여기에 속한다. 이 중 주택상품들은 주택청약에 있어 우선권이 있고, 연금상품들은 노후자금마련의 지원이라는 목적에서 혜택—예를 들어 정부가 부여하는 세제혜택—이 주어진다. 하지만 연금상품의 경우 계약기간이 길고 조기해약에 따른 페널티가 따르므로 가능한 한 본래의 목적에 부합할 경우에만 선택해야 한다.

#### (2) 유동성을 목적으로 하는 경우

이미 언급한 바와 금융상품들은 일반 투자상품과는 달리 현금성 혹은 유동성이 대부분 높지만 일부 상품의 경우 언제든지 입출금이 가능한 뛰어난 유동성을 가진다. 대표적인 것이 저축예금, MMDA, MMF, CMA, 예탁금 등인데, 따라서 언제든지

---

90) 한국은행 홈페이지 참조.

현금화가 필요한 자금이라면 이러한 상품들이 적합하다.

위의 상품 중 하나를 택하여 유동성이라는 목적을 충족한 경우 각 금융기관별 선택이라는 문제가 남게 되는데 여기에 대한 답은 해당 금융기관의 서비스내용, 그리고 이 자금을 앞으로 무슨 목적으로 사용하려고 하는가에서 찾을 수 있을 것이다. 예를 들어 자금거래가 은행을 통해 대부분 이루어지고 있다면 거래통합을 위해 은행의 MMDA 혹은 저축예금, 그리고 향후 주식이나 채권투자를 염두에 두는 경우는 미리 증권사의 MMF를 통해 단기간 운영하는 것이 바람직하다.

### (3) 투자자금/투자기간/세제혜택 기준으로 적합한 상품

특수목적과 유동성목적으로 선택하는 경우를 제외한 나머지 금융상품들은 소득과 투자기간이라는 두 가지 기준에 따라 적합한 상품을 고르는 것이 가능하다. 흔히 세제혜택을 중시하는 경우가 있는데, 세제혜택은 소득의 크기, 그리고 투자기간 모두와 밀접한 관계를 가지고 있다. 일반적으로 소득이 커서 한계세율이 높은 경우와 투자기간이 긴 경우에 세제혜택이 상당한 의미를 갖게 된다.

우선 투자자금이 크고 투자기간이 1년 이하의 단기인 경우는 RP, CP, CD, 표지어음, 발행어음, 예탁금, 단기수익증권(자산운용회사) 등을 선택대상으로 삼을 수 있다. 예를 들어 금융시장에 밝지 않고 투자용 시간이 부족한 개인이 크지 않은 투자자금을 가지고 금리향방에 따라 상품을 옮기는 것은 별로 의미가 없다. 따라서 이 경우는 차라리 투자에 따른 시간소비나 번거로움이 없는 보통예탁금이나 저축예금이 더 적합할 수 있다. 한편 개인의 소득이 크고 한계소득이 높다면 비록 단기이지만 세금우대나 비과세 여부를 확인할 필요가 있을 것이다.

투자기간이 1년 이상이고 투자자금이 큰 경우는 자신의 소득이나 재산에 비례하여 투자위험이 높은 자산, 예를 들어 장기수익증권이나 뮤추얼펀드, 은행 등의 신탁상품들이 적합할 수 있다. 물론 기간이 길어진 만큼 세금혜택도 좀 더 비중 있게 다뤄야 한다. 그런데 투자자금이 크지 않다면 위에서 본 바와 마찬가지로 정기예금이나 적금, 정기예탁금을 통해 편안히, 그리고 간편히 목돈을 마련해가고 상대적으로 많은 시간을 자기계발이나 기타 유용한 방면에 사용하는 것이 바람직하다.

그림 15-1» 은행 등 금융기관의 상품선택

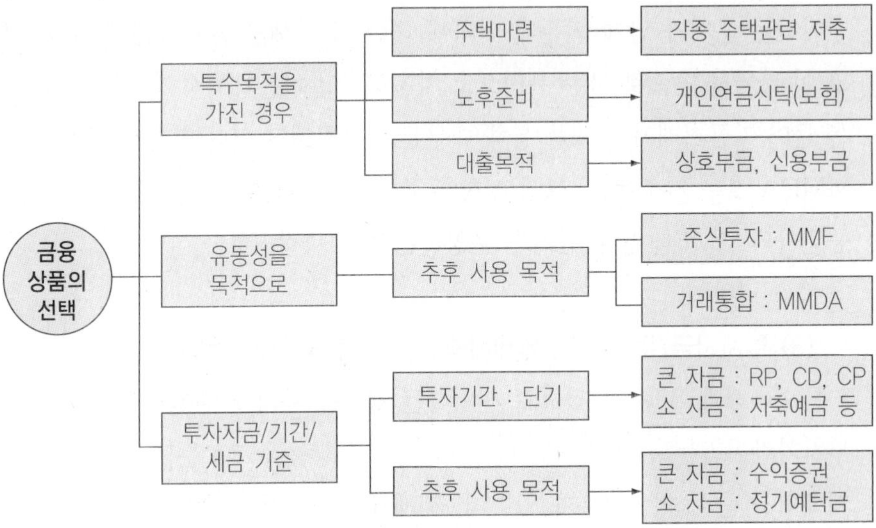


한편 투자기간이 5년에서 10년 이상 장기적일 경우는 투자위험은 각자의 취향에 맞춰 선택하되 반드시 세제혜택을 고려해야 한다. 따라서 이 경우 장기주택마련저축이나 연금상품 등과 같은 특수목적을 위해 만들어지고 세제혜택이 큰 상품들이 적합하다.

## 2) 금융상품과 예금자보호제도

금융상품 중에서 예금으로 분류되는 경우에 한하여서 금융기관에 지불문제 발생 시 정부가 나서서 일정한 범위 내에서 지급을 보장해주는 안전장치가 있다. 이것을 예금자보호제도라고 하는데, 이 제도는 예금보험에 가입한 금융기관에게 발생한 각종 예금보험사고, 즉 예금의 지급정지, 영업인(허)가의 취소, 해산 또는 파산 등으로 고객의 예금이 지급되지 못하는 경우 예금보험공사가 대신 지급해주는 제도이다. 여기서 예금이란 실적배당상품에 대비되는 저축상품으로서 금융기관이 미리 정한 원칙에 따라 만기일에 원리금을 지급하겠다는 약속을 전제로 예치받은 것을 말한다.

보호한도를 보면 원금과 이자를 합하여 1인당 최고 5천만 원이며 이때 이자는 해당 금융상품의 약정된 이자와 예금보험공사의 결정이자(시중은행 1년 정기예금 금리) 중 적은 금액이다. 따라서 대부분의 경우 예상이자는 받을 수 없게 된다. 보호한도를 넘어서는 나머지 예금의 경우는 파산한 금융기관의 선순위채권의 변제 후 잉여재산에 대하여 채권액 대비 비례분배 된다.

**표 15-2 » 예금자보호제도 대상 금융상품**

| | 대상 | 비대상 |
|---|---|---|
| 은행<br>(농 · 수협<br>중앙회,<br>외은지점<br>포함) | • 보통예금, 별단예금, 당좌예금 등 요구불예금<br>• 정기예금, 저축예금, 기업자유예금, 주택청약예금 등 저축성예금<br>• 정기적금, 주택청약부금, 상호부금 등 적립식예금<br>• 연금신탁, 퇴직신탁 등 원금보전형 신닥 및 표지어음<br>• 외화예금(한도 있음) | • 양도성 예금증서(CD), 환매조건부 채권(RP)<br>• 특정금전신탁 등 실적배당형 신탁 및 개발신탁<br>• 금융투자상품(수익증권, 뮤추얼펀드, MMF 등)<br>• 은행발행채권, 농 · 수협 중앙회 공제상품 |
| 투자<br>매매업자,<br>투자<br>중계업자 | • 금융상품 중 증권 등의 매수에 사용되지 않고 고객계좌에 현금으로 남아 있는 금액<br>• 자기신용대주담보금, 신용거래계좌 설정보증금, 신용공여담보금 등의 현금 잔액<br>• 원금보존 금전식탁 등 | • 금융투자상품(수익증권, 뮤추얼펀드, MMF 등)<br>• 청약자예수금, 제세금예수금, 선물옵션거래예수금, 유통금융대주담보금<br>• 환매조건부채권(RP), 증권사발행채권<br>• 종합자산관리계좌(CMA), 랩어카운트, 주가지수연계증권(ELS), 주식워런트증권(ELW) 등 |
| 보험<br>회사 | • 개인이 가입한 보험계약(변액보험 제외), 퇴직보험계약<br>• 원금보존 금전신탁 등 | • 법인보험계약(보험계약자 및 보험료 납부자가 법인인 보험계약), 보증보험계약, 재보험계약, 변액보험계약 |
| 종금사 | • 발행어음, 표지어음, 어음관리계좌(CMA) | • 금융투자상품(수익증권, 뮤추얼증권, MMF 등), 수익증권, 환매조건부채권(RP), 종금사발행채권, 기업어음(CP) 등 |
| 상호저축<br>은행 | 보통예금, 저축예금, 정기예금, 정기적금, 신용부금, 표지어음 등 | • 저축은행 발행채권 |

**자료:** 예금보험공사 홈페이지(www.kdic.or.kr).

예금자보호제도를 활용하기 위해서는 〈표 15-2〉를 참조함과 동시에 금융상품 구매 시에도 확정금리형 또는 실적배당형 여부를 확인할 필요가 있다. 현재 개인연금신탁 등 원금보장형신탁을 제외한 대다수의 신탁은 예금자보호제도에서 제외되어 있다.

한편 예금자보호제도가 적용되지 않는 금융기관의 경우에도 자체적으로 설립한 안전기금 등을 통해 유사한 형태의 예금자보호를 하고 있다.

### 3) 금융상품과 세금

현재 일반 저축상품을 통해 발생하는 이자나 배당 등의 소득에 대해서는 소득세(14%)와 지방세인 주민세(1.4%)가 부과되며 소득세가 감면되는 경우는 농어촌특별세가 적용된다. 그런데 일부 저축상품에 대해서는 이러한 세금에 대해 면제 혹은 경감 혜택이 주어지고 있다.

#### (1) 비과세 금융상품

비과세 금융상품은 이자와 같은 금융소득에 대해 세금이 부과되지 않고 어떤 상품의 경우 소득공제까지 허용되기도 한다. 보험상품을 제외한 비과세 금융상품으로는 2010년 현재 장기주택마련저축, 생계형저축, 예탁금(농 · 축 · 수협, 신협, 새마을금고) 농어가목돈마련저축(2011년 이전 가입 경우) 등이 있다(〈표 15-3〉 참조).

#### (2) 세금우대 혜택

다음으로 세금우대 혜택이 있다. 세금우대란 이자 등에 대한 소득세율이 14%가 아니라 9%가 적용되고 다만 농어촌특별세(0.5%)가 추가되어 9.5%의 세율이 원천징수를 통해 부과되는 것을 말한다.

세금우대를 제공하는 지정상품이 있는 것은 아니며 생계형저축과 마찬가지로 비과세상품이나 신용협동기구의 예탁금을 제외한 대부분의 저축상품에 가입시 세금우대적용을 신청함으로써 가능해진다. 현재 1인당 최대 2천만 원(60세 이상 노인, 장애인은 최대 6천만 원)까지 세금우대혜택이 가능하며 부모와 부부, 자녀 명의를 활

**표 15-3** 비과세 금융상품

| 상품명 | 가입대상 | 상품특징 | 비고 |
|---|---|---|---|
| 생계형 저축 | 60세 이상의 개인, 장애인, 상이자, 생활보호대상자 등 | 전 금융기관을 통틀어 1인당 3천만 원 한도. 금융기관의 저축상품에 '생계형저축'으로 가입시 금융소득 비과세 | 중도해지의 경우에도 비과세 혜택을 받을 수 있음 |
| 장기주택 마련 저축 | 무주택자이거나 전용면적 85평방미터 이하의 1주택 소유 세대주(단 2010년 이전 가입 경우) | 근로소득자의 경우 연간 300만 원 한도 내에서 적립금의 40%까지 소득공제. 10년 이상 가입시 이자나 배당소득에 대해 면세됨 | 7년 이내 해지시 그 동안 감면받은 이자소득세 전액 추징. 5년 이내 해지시 소득공제액 추징 |
| 예탁금 및 출자금 | 상호금융, 새마을금고, 신용협동조합의 조합원 위주(준조합원, 회원, 준회원, 계원 포함) | 예탁금은 잔액기준 3,000만 원(출자금의 경우는 1,000만 원) 한도 내에서 농어민, 저소득 근로자는 완전비과세 | 일반조합원은 농어촌특별세(1.4%) 과세. 예탁금은 2012년 말까지만 비과세 |

**자료 :** 한국은행, 『금융생활 길라잡이』, 2010 참조.

용할 수도 있다. 단 1년 이내에 해지하는 경우에는 세금우대가 적용되지 않는다.

예를 들어 1억을 저축상품에 가입하는 경우 만일 이자율이 6%라면 600만 원(이자)의 이자가 발생한다. 이때 세금우대혜택이 없는 경우 600×0.154=92.4만 원의 세금이 발생한다. 하지만 세금우대의 경우 600×0.095=57만 원의 세금이 적용되며 따라서 35.4만 원(년)을 절약할 수 있다.

글로벌해진 주식투자 시대 : 어느 나라의 주식을 살 것인가?

영어에서 가장 비싼 네 단어는

'This time it's different(이번엔 다르다)' 이다. – 존 템플턴

# 제 16 장

# 주식

# 들어가기에앞서

주식투자가 대중화되면서 사람들의 마음속에는 한 가지 의문이 자리 잡게 되었다. 그것은 주식투자에 성공할 수 있는 비결이 있느냐 하는 것이다. 물론 시중에서는 이렇게 하면 높은 수익률을 올릴 수 있다는 이른바 비법서(?)를 심심치 않게 볼 수 있다. 예를 들어 어떤 사람은 주식(캔들)차트를 보라고 하고, 또 어떤 사람은 환율, 유가 등 특정경제지표를 보라고 한다. 그러면서 죽음을 넘어선 자신의 성공사례를 통해 검증된 비법임을 확신시키고자 한다. 과연 비법이란 존재하는 것일까?

이 장에서는 지금까지 알려진 주가의 방향예측에 관한 이론들을 정리하고 있다. 한마디로 지금 어떤 주식이 저평가 혹은 고평가되었는지 여부를 어떻게 알 수 있는지에 대한 이론들이다. 결론부터 말하자면 유감스럽게도 최소한 주식에 대한 연구논문 중에서는 그 비법이란 것을 찾을 수 없다. 그렇다면 남들보다 고수익을 낼 수 있는 방법이란 진실로 없는 것인가? 중국영화에 나오는 무림의 고수처럼 재야의 고수들은 없는 것일까?

사견을 달자면, 주식시장도 가끔 오버하는 경향이 있고 이것을 냉철히 판단할 수 있는 능력이 있는 경우 일정기간 혹은 특정 시장상황 동안 고수익을 낼 수 있는 있는 이른바 나만의 비법을 가질 수는 있다. 즉, 이따금 주식시장의 평균적 수익률 이상을 달성할 수 있는 방법이 전혀 없지는 않는 것이다. 그런데 문제는 이 능력을 겸비하기까지는 수많은 우여곡절과 좌절, 심지어 경제적 파탄까지 겪겠다는 각오를 해야 한다는 데 있다. 한마디로 공짜는 없다. 그리고 결론적으로 이러한 질문을 우리 스스로에게 해야 한다. 과연 그 많은 시간과 정력 등을 포함한 투입물에 비춰봤을 때 내가 과연 남는 장사를 하긴 한 것인가?

주식이 점차 일반인들의 주변에 가까이 다가오고 있다. 이러한 현상은 투자자산의 종류가 다양화되면서 우리나라도 선진국의 경우처럼 금융자산이 점차 그 비중을 늘려가는 추세임을 반영하는 것이기도 하다.

그런데 이러한 현상은 점차 가속화될 수밖에 없다. 왜냐하면 퇴직연금제도가 정착되고 특히 근로자 자신이 퇴직자금의 투자에 대한 의사결정권을 가지는 확정급여형 연금제도(DC)의 비중이 높아진다면 주식투자는 포트폴리오의 상당부분을 차지할 것이기 때문이다. 따라서 주식투자에 대해서 좀 더 관심을 가지고 나름대로의 투자방법과 투자지식을 습득할 필요가 있다.

미국 백만장자들의 투자양상에 대한 내용을 담고 있는 한 책에 의하면[91] 주식투자를 함에 있어 공격적인 투자를 하는 사람들은 10% 미만이며, 일반적인 투자자들이 실제 거래를 하는 데 있어 많은 시간을 할애하고 기업이나 주식 자체에 대한 연구를 소홀히 하는 반면, 백만장사들은 비록 적은 수의 주식일망정 주식 자체에 대한 연구에 대부분의 시간을 투자하고 거래 횟수도 많지 않았다.

이러한 결과는 우리나라에 있어서도 예외는 아니라고 볼 수 있으며 이것은 어떠한 투자이든 투자대상에 대한 연구와 관찰에 보내는 시간과 지식이 얼마나 중요한지를 웅변해준다.

## 1. 주식투자의 개념

주식은 〈그림 16-1〉에서 보는 바와 같이 가격의 변동성이 큰 대표적인 고위험-고수익 투자대상이다.

91) 토마스 J. 스탠리 · 윌리엄 D. 댄코, 앞의 책, p. 151.

그림 16-1 » 우리나라 주가의 변화

자료 : 한국은행 홈페이지.

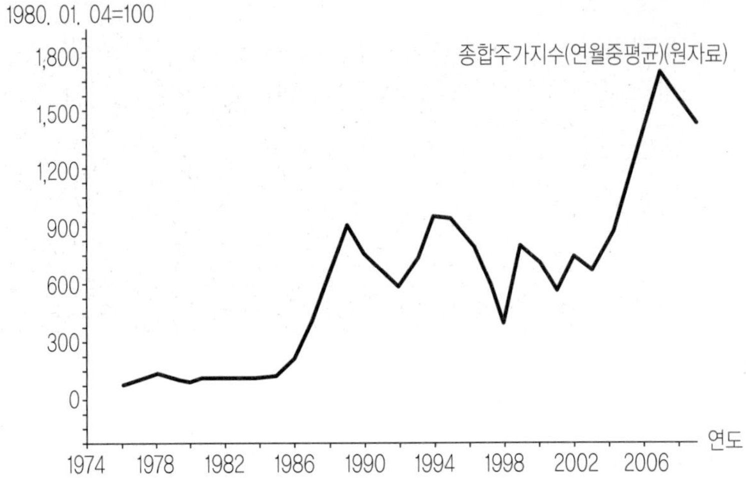


그런데 주식은 실제 많은 개인투자자들이 투자대상으로 삼고 있으며, 특히 미국 등 선진국에서는 기업연금 등 은퇴용 자금의 상당부분이 뮤추얼펀드 등 간접투자를 통해 주식에 할당되고 있는 실정이다. 그렇다면 주식이 다른 투자대상에 비해 상대적으로 고수익을 얻을 가능성이 있다는 것 외에 어떠한 특징들을 가졌는지 알아보자.[92)]

### ㉮ 주식은 장기적으로 봤을 때 다른 투자대상들을 능가한다

이 특징은 주식은 비록 단기적으로 수익률 변동이 심한, 즉 투자위험이 높은 투자대상이지만 장기적으로 봤을 때는 수익률 측면에서 다른 투자대상과 꾸준한 간격을 유지하면서 궁극적으로 높은 수익률을 제공한다는 것을 강조한 말이다. 사실 이러한 주장은 역사적으로 입증되었으며 세계적으로 유사한 결과를 보여주었다. 그러나 과거는 결국 과거일 뿐이며 향후에도 이러한 결과가 되풀이될 것이라는 보장은 어디에도 없다.

92) Arthur J. Keown, 앞의 책, p. 404 참조.

**㉯ 분산투자를 통한 위험감소가 가능하며 또한 다른 투자대상과 함께 투자되는 경우 분산투자 효과를 가져다준다**

주식의 경우 다른 투자대상에 비해 분산투자효과가 상대적으로 크고, 또한 채권이나 부동산 등 다른 투자대상과 함께 투자되는 경우 투자수익률이 서로 다르게 변동하므로 분산투자효과를 어느 정도 기대할 수 있다.

**㉰ 유동성이 크다**

주식은 거래되는 시장이 워낙 발달해 있기 때문에 원하는 경우 손쉽게 매각하여 현금화할 수 있는 장점을 가지고 있다.

**㉱ 이자율변동 외에 투자수익률의 변화를 가져올 수 있는 다양한 요인들이 있다**

예를 들어 대표적 투자대상인 채권의 경우 가격변동과 이를 통한 높은 수익률달성은 금리변동(하락)만이 가져다줄 수 있다. 그러나 주식은 금리 외에도 해당기업의 수익을 높일 수 있는 다양한 재료가 있고 이것들을 통해 주가상승을 기대할 수 있다. 그러나 이러한 재료들은 정반대의 결과도 도출할 수 있기 때문에 반드시 장점이라고 할 수는 없다.

## 2. 주식투자의 이론적 기초

### 1) 주식투자비율의 결정

먼저 주식에 대한 투자비율과 관련하여 현대 재무관리 이론이 제시하는 바는 주식투자비율은 통상적으로 두 가지 이유에 근거하여 연령이 높아짐에 따라 감소시켜야 한다는 것이다.

그 이유 중 첫 번째는 인간의 인적자본이 보통 주식보다는 덜 위험(risky)하며, 인적자본의 가치가 개인의 전체 자산에서 차지하는 비율은 나이가 많을수록 줄어들기 때문이다. 두 번째는 어떤 연령에서든지 자신의 노동공급량을 조절할 수 있는 융통성이 크면 클수록 위험자산(risky assets)에 대한 투자량을 늘릴 수 있는바, 거래성 자산의 가치에 변화가 발생했을 때 노동량의 변화를 통해 대처할 수 있기 때문이다. 그런데 젊은 근로자의 경우는 노동량을 변화시킬 수 있는 기회가 많지만 나이가 들수록 그런 기회가 줄어들기 때문에 당연히 위험자산에 대한 투자비율은 연령이 높을수록 줄어들어야 한다고 말하고 있다. 그러나 이러한 재무관리상의 이론은 단순히 개인의 물적 자산만을 고려한 결과이며 개인의 유·무형자산을 모두 고려한 경우는 이미 살펴본 바와 같이 상당히 다른 결과를 가져온다.[93]

## 2) 주식투자의 기본적 이론

주식투자와 관련하여 많은 책과 강연이 이른바 '주식투자의 성공비법'을 말하고 있다. 그러나 주식투자의 성공은 대부분의 다른 투자수단과 마찬가지로 결국 미래의 여러 경제적 불확실성에 의존하기 때문에 이른바 비법이란 있을 수 없다. 그리고 설혹 있다고 하더라도 실제투자에 있어 개인이 이것을 적용할 수 있느냐 하는 것은 별개의 문제이다. 대표적으로 손실이 발생하는 경우 이것을 일정한도 내에서 제한하라고 요구하는 '손절매'를 들 수 있는데 이것이 실행되기 전까지는 많은 고민과 경험이 뒤따라야 하며 그 자체가 개인자산관리의 입장에서 모두 투자비용이 된다.

주식투자와 관련하여 앙드레 코스톨라니(Andre Kostolany)라는 투자자는 "주가가 올라가는 것은 수요가 공급을 초과할 때뿐"이며 "주가의 장기적 흐름(10년 이상)을 결정하는 주 배경음악은 전쟁과 평화, 그리고 장기적인 경제발전"이고 중기적으로 영향을 미치는 요소로는 돈과 심리가 있는데 이것이 추세를 결정한다고 하였다.[94] 즉, 대부분의 투자자들이 관심을 가지고 있는 중기적 투자기간에 있어서는 거시적 경제여건 등과 같은 객관적 자료보다는, 시중에 투자자금이 얼마나 있으며 또

93) Zvi Bodie, 앞의 논문, p. 4.

94) 앙드레 코스톨라니, 『돈, 뜨겁게 사랑하고 차갑게 다루어라』, 미래의창, 2001, p. 98–115.

한 투자자들이 시장을 어떻게 보느냐 하는 심리적 측면이라는 두 가지가 실제적으로 중요하다는 것이다.

주식투자를 통해 수익을 올리기 위해서는 기본적으로 주가의 향후 변동을 예측할 수 있어야 한다. 즉, 현재의 주가가 실제보다 저평가되었다거나 혹은 어떤 주식에 대해 다른 투자자들이 많은 관심을 가지고 있고 이에 따라 주식을 사고자 하는 수요가 커질 것이라는 것 등에 대한 판단이 서야 하는 것이다.

주가의 향후 변동에 대한 예측을 중심으로 실제 사용되고 있는 투자분석방법에 관해서는 버튼 G. 멜키엘이 세 가지로 잘 정리해놓았다.[95] 그것은 기본적 분석(Firm Foundation Theory), 기술적 분석(Castle-in-the-air-theory), 효율적 시장가설(Random Walk Theory)이다.

먼저 기본적 분석은 미국의 금융가 월스트리트에서 90% 이상의 분석가들이 사용하고 있다는 상당히 수리적이고 과학적인 분석방법으로, 주식은 본질적 가치(intrinsic value)를 가지고 있기 때문에 이것을 계산하는 경우 현재 시장에서의 가격과 비교를 통해 저평가 혹은 고평가 여부를 판단할 수 있다는 것이다. 이 분석은 주식의 가치가 본래 배당으로 인해 발생하기 때문에 미래배당의 가치를 계산하는 것이 가장 중심되는 과제가 된다.

이러한 분석방법을 적용할 수 있는 대표적인 투자지표가 PER(가격/수익 비율, Price/Earnings Ratio)이다. 이것은 1주당 가격을 1주당 수익으로 나눈 것으로서 간단히 기업의 수익 1단위에 대한 투자자들의 평가를 나타내는데, 비록 현재 수익은 낮지만 향후 안정적인 높은 수익이 발생할 것으로 예상되는 경우 PER 수치는 높아진다. 따라서 만일 어떤 주식이 투자가치가 있기 위해서는 투자자들의 평가를 통해 나타난 PER이 본질적 가치를 계산해서 나타난 경우보다 낮아야 할 것이다.

이 분석의 가장 큰 문제점은 당연히 미래배당의 크기와 시기를 어떻게 예상하느냐 하는 것이다. 현실적으로 기본적 분석의 중요한 부분인 기업의 향후 수익성은 아무도 정확히 예측할 수 없기 때문에 이것을 판단하고 주가를 결정하는 기준은 사실보다는 시장의 심리상태일 경우가 많다.

---

95) Burton G. Malkiel, 앞의 책, 1999, pp. 29–33 참조.

다음으로 기술적 분석(Castle-in-the-air-theory)은 기본적 분석이 가지고 있는 현실적 복잡성과 또한 미래의 예측이라는 불확실성에 문제를 제기한다. 그리고 주가는 주식의 수요에 영향을 미치는 다른 투자자들의 예상에 의해 좌우되기 때문에 투자대중의 움직임을 분석하는 것이 핵심임을 주장하고, 이것을 드러낼 수 있는 차트분석 등 이른바 기술적인 분석(technical analysis)에 노력을 기울인다. 차트분석은 과거 주가의 흐름과 거래량 등을 분석하는 것인데 이러한 분석방법의 배경에는 기업의 미래 수익성이나 배당 등은 해당기업의 과거 주가에 이미 반영되어 있고 주가는 추세를 가지고 움직이는 경향이 있다는 논리가 존재한다.

마지막으로 효율적 시장가설은 투자와 관련하여 직접적 도움을 주는 투자방법이라기보다는 순수한 현대적 투자이론이라고 볼 수 있다. 이 이론은 해리 마코위츠(1952)의 포트폴리오 선택이론(mean-variance 분석)에서 시작된 현대 포트폴리오 이론(Modern Portfolio Theory)의 영역 속에 있다.

이 이론에서 제시하는 투자방법은 단순하다. 일반적으로 투자수익은 기업의 수익성에 영향을 미칠 수 있는 정보 등을 다른 투자자들에 앞서 취득함으로써 가능한데 현실적으로 투자시장은 매우 효율적이기 때문에 이러한 정보들이 순식간에 주가에 반영되고 따라서 예외적인 수익률을 얻는 것이 불가능하다는 것이다.

따라서 투자수익은 철저히 투자위험에 의존하며 만일 투자수익률을 높이고자 한다면 더 높은 투자위험을 감수하는 수밖에 없는데 이때 위험의 평가기준은 이른바 베타($\beta$)이다.[96)]

베타($\beta$)는 분산투자를 통해 제거 가능한 비체계적 위험(unsystematic risk)이 배제된 상태에서 남아 있는 체계적 위험(systematic risk)의 크기를 가리키는 지표이다. $\beta$는 간단히 시장포트폴리오 기대수익률의 변화에 대한 개별 주식의 기대수익률의 변화 정도를 가리키며, 예를 들어 $\beta$가 1.10이라면 시장보다 10% 위험을 더 취한다는 것을 의미한다.

---

96) 베타($\beta$)는 자본자산가격결정모형(Capital Asset Pricing Model : CAPM)에 그 근거를 두고 있다. 분산화를 통해 제거할 수 없는 위험에 대해서는 프레미엄이 제공될 수 없으며, 수익률 제고를 위해서는 제거할 수 없는 체계적 위험(systematic risk)을 $\beta$의 조작을 통해 증대시켜야 한다고 말한다.

효율적 시장가설의 문제점은 이 이론이 가지고 있는 가정인 시장의 효율성 여부와 관련된다. 즉, 정보의 즉각적 전달이 과연 가능하며 또한 각종 정보들이 시장을 통해 완벽하게 가격으로 환산될 수 있는지의 여부와 관련된다.

표 16-1 » 주식투자의 세 가지 이론

| | 기본적 분석 (Firm Foundation Theory) | 기술적 분석 (Castle-in-the-air-theory) | 효율적 시장가설 (Random Walk Theory) |
|---|---|---|---|
| 관련 주요인물 | John. B. Williams, Warren Buffet 등 | 경제학자 Keynes 등 | Markowitz 등 재무이론 학자 |
| 핵심 주장 | 주식 등 투자수단은 계산 가능한 본질적 가치를 보유 | 미래수익에 대한 정보는 과거 주가에 이미 반영 | 회사의 새로운 정보는 시장에 즉각 반영됨 |
| 중시하는 부분 | 장래배당의 현재가치 등 본질적 가치 | 심리적 가치(투자대중의 심리) 중시 | 시장의 효율성(예외적 수익률 달성의 불가능) |
| 주요 업무 | 미래의 기업의 수입과 배당 흐름을 추정 | 주가 차트의 생산과 해석 (다른 투자자들에 대한 연구) | $\beta$의 계산, 이용 및 분산투자 |
| 문제점 | 불확실한 미래수입 등을 추정할 수 있는 예언자 필요 | 과거와 미래 주가의 상관성, 과거 추세의 지속성 | 시장의 실제적 효율성 여부와 투자전략상 무익 |

## 3. 주식투자의 실전적 전략

주식투자에 있어서 실제적으로 사용될 수 있는 투자전략에는 몇 가지가 있다. 이것들의 특징은 투자위험 혹은 주식시장의 불확실성을 시간을 통해 완화하는 데 대부분의 목적이 있다.

### 1) 평균투자효과 혹은 달러코스트 에버리징(Dollar Cost Averaging)

일정한 금액의 주식을 일정한 기간을 두고 구매하는 것을 일컫는다. 이러한 투자방법이 가지는 의미는 주가가 낮아졌을 때 보다 많은 주식을 구매하고 주가가 높아졌을 때 적은 주식을 구매함으로써 가격변동의 충격을 완화시킬 수 있다는 것인데, 실제 계산해보면 가격이 높은 시점과 낮은 시점의 평균적인 가격으로 주식을 사는 것에 비해서도 주당 평균단가가 낮아지는 것을 확인할 수 있다.

이러한 전략이 가지는 장점은 투자자들이 흔히 가지기 쉬운 투자상의 문제점, 즉 주식구매와 매도의 적절한 시점을 개인이 찾아낼 수 있다거나 혹은 그렇게 해야 한다는 투자상의 부담 이른바 'Timing the market' 의 오류로부터 벗어날 수 있다는 것이다. 그런데 이것은 비록 이론적으로 그럴 듯하지만 실행상 어려움이 따를 수 있다. 그 이유는 주식시장이 하락세를 보이고 추가적으로 더 하락할 것으로 예상되는 불황기에도 계속 주식을 사들여야 하고 반대로 주가가 올라가서 주식이 상대적으로 비싸 보이는 시점에서도 구매행진을 계속 유지해야 하기 때문이다.

### 2) 구매 후 보유전략(Buy and Hold strategy)

주식을 사서 오랜 기간 팔지 않고 보유하는 것을 말한다. 이 투자방법 역시 평균투자효과와 마찬가지로 시장을 능가할 수 있다고 하는 이른바 투자자의 오류인 'Timing the market' 의 부담에서 놓여나고 또한 거래횟수를 줄임으로써 각종 수수료 및 기타 거래비용을 줄일 수 있다는 장점이 있다. 이외에도 미국의 경우처럼 자본이득에 대해 세금을 부과하는 대신 장기투자에 대해 세제상 혜택을 제공하는 경우는 세금상의 장점을 가질 수도 있다.

그 밖에도 실전적 주식투자방법은 몇 가지가 더 있다. 주로 손절매와 매 거래당 거래총액의 제한 등과 같이 위험자산인 주식을 다룸에 있어 심리적인 문제를 극복하는 내용들이다. 그러나 현실적으로 주식투자를 성공적으로 이끄는 데 있어 가장 중요한 관건은 우선 투자주식에 대한 지식이며, 이것보다 더 중요한 문제는 시간 등과 같이 투자를 함에 있어 소요되는 실제비용을 고려한 경우에도 투자를 실행해야 할 가치가 존재하는지 먼저 확인하는 것이다.

# 제 17 장

## 채권

# 들어가기에 앞서

채권투자는 일반인에게 아직 낯선 투자대상이다. 그러나 채권은 주식, 부동산 등과는 또 다른 특성과 색깔을 가지고 있으며 이에 따라 분산투자를 생각하는 경우 반드시 알고 있어야 할 투자대상에 속한다.

채권은 안정적 투자이며 또한 금리가 떨어질수록 가격이 상승한다는 혜택이 있다. 따라서 만일 연예인들처럼 소득이 들쑥날쑥하거나 아니면 불경기에 타격을 많이 받는 업종에 있다면 채권투자를 좀 더 적극적으로 검토해볼 필요가 있다.

채권투자는 안정적 투자이지만 금리변동에 따라 절대적인 영향을 받기 때문에 큰 수익률을 낼 수 있는 여지도 있다. 언젠가 투자의 귀재 조지 소로스(George Soros)는 큰돈을 벌 수 있는 기회가 있는데 그때는 바로 경제의 패러다임이 바뀌는 시기라고 했다. 그런데 우리나라에도 그런 시기(IMF)가 있었으며 이때 대부분의 사람들이 고통스러워했지만 큰돈을 번 사람도 있었다. 바로 금리의 격변을 읽고 채권투자를 했던 사람들이다. 즉, 금리가 급상승하던 시기에 헐값에 채권을 샀고 그 이후 금리가 안정되고 채권가격이 급상승하자 그 차익을 누렸던 것이다.

지식으로 무장하고 준비하여 기다리는 사람에게 언젠가 기회는 오기 마련이다.

채권 : 그럴듯한 빌딩을 가진 정부와 기업이 발행

채권이란 국가, 공공단체, 기업체 등이 일반 투자자로부터 자금을 빌리는 경우 발행하는 채무증서로 주식과 같은 유가증권에 속한다. 투자상의 특징을 보면 채권을 소유하고 있는 투자자 대부분이 미리 정해진 금리에 따른 이자를 정기적으로 받으며 채권의 만기가 도래하면 원금에 해당하는 채권의 액면가를 상환받는다.

채권에 대한 투자는 아직까지 일반인들에게는 다소 생소한 실정이다. 그러나 고령화라는 시대적 흐름 속에서 노후문제 등 여러 재정문제가 점차 개인에게 그 책임이 돌아가는 실정이고 보면 새로운 투자수익의 확보나 최소한 분산투자의 측면에서도 채권을 포함한 다양한 투자자산에 대한 이해가 긴요하다 하겠다. 특히 퇴직연금상품의 경우 채권은 주력상품이 될 가능성이 높은데, 그 이유는 채권이 주식에 비해 투자위험이 적으면서 예금과 같은 현금성자산에 비해서는 상대적으로 높은 수익률을 제공하기 때문이다. 더욱이 현대는 채권이 점차 흔하게 사용되는 경향이 있는데 예를 들어 지적재산권의 확보 등으로 미래수익이 확보되는 경우 이것을 근거로 채권을 발행하는 경우도 출현하고 있다.

## 1. 채권투자의 투자상 의의

어떤 투자든지 투자자들이 원하는 내용이 있다면 다음과 같을 것이다. 첫째는 아무리 투자환경이 여의치 않아도 최소한의 수익률은 보장되며, 둘째는 시장환경이 좋을 경우 이런 기회에 동승하여 높은 수익률을 제공하며, 셋째는 가능하다면 일정한 현재소득(current income)을 꾸준히 제공하는 것이다. 그런데 이러한 투자자들의 요구조건에 상당히 부합하는 투자대상이 바로 채권이라고 볼 수 있으며 구체적인 이유는 다음과 같다.

**그림 17-1** » **투자수단별 수익률 비교**

**기준** : 2002년 7월.
**자료** : 〈LG주간경계〉, 2002. 9.

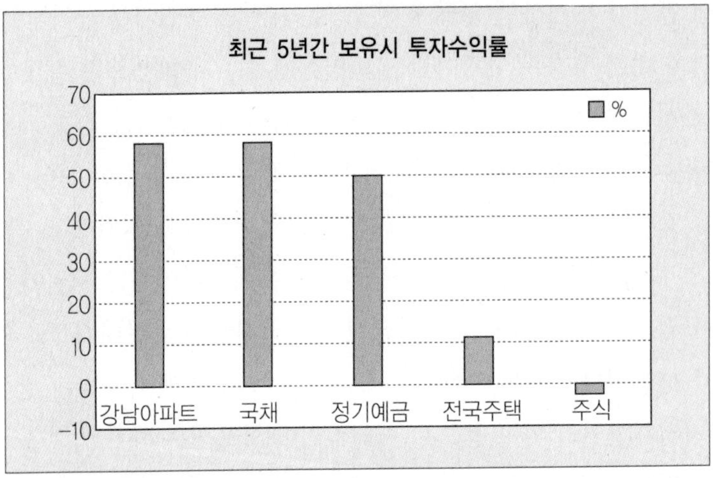


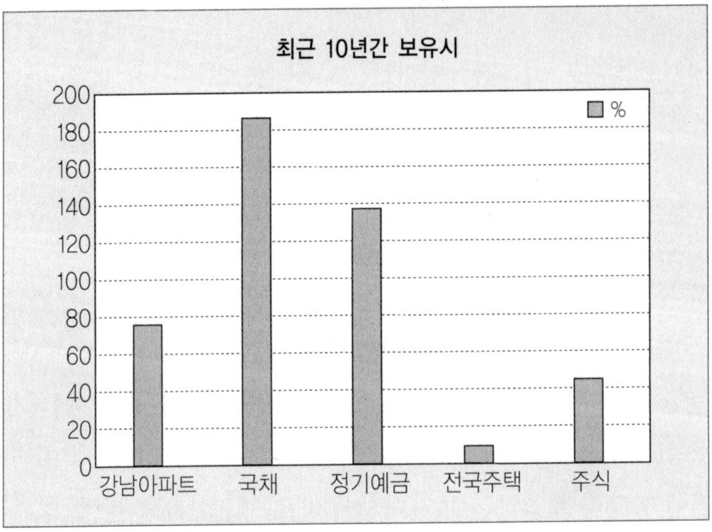

### 1) 안정성

채권은 만기까지 보유하는 경우 어느 정도 일정한 수익률이 보장된다. 이러한 경우에 얻을 수 있는 수익률을 만기수익률이라고 하는데, 미리 정해진 금리가 있어 투자기간 동안 정기적으로 받게 되는 이자를 투자하는 데 따른 재투자 위험이 크지 않다면 처음에 예상한 수익률을 달성하는 것은 어렵지 않다.

또한 원금의 안전성 측면에서도 채권은 탁월한 투자수단이 될 수 있는데 예를 들어 국가에서 발행하는 국채의 경우 지불능력을 기준으로 볼 때 더 이상 비교대상을 찾기가 쉽지 않다. 채권투자의 이러한 안정성은 주된 소득이 불안정한 사람에게 더욱 적합한 투자대상이다.

### 2) 수익성

채권은 금리의 변동상황에 따른 자본이익(capital gain)의 발생이 가능할 뿐 아니라 우리나라의 경우 이러한 이익에 대해 세금을 부과하지 않고 있다. 채권투자가 실제 가지고 있는 투자수익의 잠재성은 〈그림 17-1〉에서도 확인할 수 있다.

더구나 전환사채, 신주인수권부사채 등을 제대로 활용하는 경우 주식으로의 전환에 따른 시세차익을 확보할 수 있다. 그리고 채권의 금리는 은행금리보다 일반적으로 높다.

### 3) 유동성

채권은 채권유통시장을 통해 언제나 현금화가 가능하다.

### 4) 분산투자효과 제고

채권은 일반적으로 주식과는 다른 움직임을 보이기 때문에 주식과 함께 투자자산으로 편입하는 경우 분산투자를 확대함으로써 위험의 감소를 가져오게 되는데, 이러한 분산투자의 중요성은 현대 포트폴리오 이론을 통해 주장되었고 또한 현실적으로 수용된 내용이다.

그 밖에도 채권은 이자소득을 통해 일정한 현금흐름을 제공하여 은퇴시 연금 외에 일정한 추가수입이 필요한 경우에 유용하게 사용될 수 있다.

그리고 중장기적으로 봤을 때 개인의 재무관리상 위험관리 수단이 되기도 한다. 예를 들어 경기가 좋지 않을 때는 개인의 재무상황 역시 열악할 가능성이 큰데 만일 이때 불경기 때에 흔히 볼 수 있는 바와 같이 금리가 하락한다면 채권의 자산가치상승으로 이어져 개인의 재정상황을 호전시킬 수 있다.

## 2. 채권의 종류와 채권가격의 결정

### 1) 채권의 종류

먼저 발행주체를 기준으로 국공채와 회사채가 있다. 국공채는 국가의 재정적 필요상 발행한 국채와 지방채(지방자치단체 발행, 지하철공채), 그리고 공공기관에서 발행한 공채를 포함한다.

회사채는 글자 그대로 기업의 자금조달을 목적으로 발행한 채권이다.

그 밖에 산업은행, 중소기업은행 및 일반은행에서 자금조달을 위해 발행하는 금융채권이 있다. 투자기간은 1-5년이며 할인채, 복리채, 이표채 등 이자지급방식이 다양하다.

다음으로 이자지급방법을 기준으로 〈표 17-1〉과 같은 분류가 가능하다.

**표 17-1** 채권의 종류(이자지급방법 기준)

| 종류 | 특징 | 사례 |
|---|---|---|
| 할인채 | 액면금액에서 만기까지 이자를 현재시점에서 (단리) 할인하여 판매. 이자의 재투자위험 없음 | 통화안정증권 |
| 이표채 | 정한 기간(보통 3개월)에 표면이자(coupon interest) 지급 만기상환시 원금(액면금액)지급 | 회사채, 금융채 등 |
| 복리채 | 이자가 재투자(복리)되고 만기에 이자와 원금 모두 상환 | 국민주택채권 |
| 분할상환채 | 일정한 거치기간을 지나 원리금 동시 상환 | 서울도시 철도공채 |
| 영구채 | 원금상환이나 만기 없이 이자만 계속 지급 | 없음 |

그 밖에 보증 유무에 따라 보증채(발행회사 외의 제3자가 보증하는 보증채)와 비보증채가 있다.

또한 옵션의 종류에 따라 나눌 수 있다. 채권구매자에 대한 일종의 유인책으로 사용되는 이러한 옵션이 부가된 대표적 채권으로는 i) 발행기업의 보통주로 변환할 수 있는 권한이 주어진 전환사채(CB)와, ii) 지정된 기간에 지정된 행사가격으로 일정한 수의 보통주를 매입할 수 있는 선택권이 부여된 신주인수권부사채(BW)가 있다.

## 2) 채권의 가격결정

채권투자를 위해서는 채권의 가격이 어떻게 결정되며 무엇이 결정요소인지를 알아야 한다.

채권은 유가증권으로 그 가치 혹은 가격은 기본적으로 이 자산을 소유함으로써 발생하게 되는 미래 현금흐름에 의해 결정된다. 다만 이러한 현금흐름이 미래에 장기간에 걸쳐 발생하기 때문에 돈의 시간가치를 고려해야 하며, 따라서 현금흐름을 이자율로 할인한 이른바 현재가치를 구한 다음 이것들을 모두 합한 것이 채권의 가격이 된다. 수식으로 표현하면 다음과 같다.

$$PB = \sum_{t=1}^{N} \frac{I}{(1+R)^t} + \frac{F}{(1+R)^N}$$

$PB$ : 채권의 가격, $I = \mathrm{i} \times F$ =이자지급액, i : 채권의 액면이자율(coupon rate),
$N$ : 만기까지 기간, $F$ : 채권의 액면가, $R$ : 채권수익률(시장의 요구수익률, 할인율)

이 식에서 본 바와 같이 채권의 가격은 채권수익률(혹은 할인율), 액면가, 액면이자율(coupon rate) 및 만기 등의 네 가지 기본요소에 의해 결정된다.

그런데 채권의 가격결정에 있어 중요한 역할을 하는 채권(요구)수익률 혹은 할인율은 또한 여러 요인 특히 투자위험(risk)에 의해 영향을 받는다. 우선 채권발행기관이 채무를 이행하지 못하고 도산한다거나 하는 채무불이행 위험, 인플레이션율 등의 시장위험 등이 있으며 이외에도 세금 등 투자가치에 영향을 미치는 여러 요인들이 있다.

## 3. 채권가격의 변동과 채권투자수익률

### 1) 채권가격의 변동

위에서 채권가격을 결정하는 요소들에 대해 살펴보았는데 여기에서는 각 요소들의 변동에 대하여 채권가격이 어떤 변화를 보이는지 정리해보자.

채권가격변동에 있어 가장 핵심적인 사항은 채권가격이 시장이자율 혹은 채권수익률의 변동과 역의 관계에 있다는 것이다. 즉, 시장이자율이 상승하면 채권가격은 하락하고 반대로 이자율이 하락하면 채권가격은 상승한다.

그 이유는 매우 상식적이다. 채권의 특징이 채권매매시에 받을 수 있는 이자액이 이미 정해져 있다는 것인데, 만일 시장이자율이 내려가면 시장에서 거래되는 이자에 비해 이미 받기로 약속된 이자가 더 크므로 그만큼 채권 자체의 가치가 커질 수밖에 없다. 그런데 만일 이자소득이 있는 경우는 시장이자율 하락시 비록 채권가격은 상승하지만 이 이자소득을 재투자함에 따른 재투자수익은 하락하게 되어 가격상승을 상쇄하는 효과가 동시에 나타난다는 것을 알아야 한다.

시장수익률의 변동이 채권가격의 변동방향을 결정한다면, 채권만기 및 표면이자율 각각의 상대적 차이는 채권가격의 변동폭을 결정한다. 예를 들어 이자율변동과 채권만기의 관계에 있어서 만기가 긴 채권일수록 이자율변동에 민감하게 반응해서 채권가격도 변동폭이 커지는데 예를 들어 5년짜리 채권은 3년짜리 채권에 비했을 때 이자율이 내려가면 가격이 더 상승한다. 한편 표면이자율은 채권수익률이 하락하는 경우 이자율이 낮을수록 가격상승폭이 더 크다.

**표 17-2 » 채권가격 결정요소의 변동과 채권가격의 변화**

| 결정요소 | 변화 | 채권가격 | 비고 |
|---|---|---|---|
| 채권수익률 | 상승 ↑ | 하락 ↓ | 동일 수익률 변동시<br>가격상승폭>가격하락폭 |
| | 하락 ↓ | 상승 ↑ | |
| 만기, 표면이자율과 채권수익률의 관계 | | | |
| 만기 | 확장 → | 변동폭 ↑ | 단, 한계증가율은 체감 |
| | 축소 ← | 변동폭 ↓ | 단, 한계감소율은 체감 |
| 표면이자율 | 높음 ↑ | 변동폭 ↓ | 수익률 하락이 확실시<br>무이표채 등에 투자 필요 |
| | 낮음 ↓ | 변동폭 ↑ | |

## 2) 채권투자수익률의 산출

채권의 수익률은 몇 가지로 표현된다.

### (1) 경상수익률 혹은 현재수익률(current yield)

경상수익률은 채권액면이자를 채권의 가격으로 나눈 것인데 자본손실이나 이득,

그리고 화폐의 시간가치는 고려하지 않는다.

$$\text{경상수익률}(\textit{current yield}) = \frac{\text{채권액면이자}}{\text{채권의 시장가격}}$$

**(2) 만기수익률(yield to maturity)**

기본적으로 기대수익률이라고 할 수 있는데 채권의 시장가격에 매입 후 만기까지 보유하는 경우에 얻게 되는 수익률을 말한다. 내부수익률을 구할 때와 같은 방식으로 산출한다.

## 4. 듀레이션의 이해와 채권투자

### 1) 이자율 위험과 듀레이션

위의 채권의 가격결정 부분에서 본 바와 같이 채권에 대한 투자실적을 결정하는 것은 채권발행기관이 도산하지 않는 이상 시장요구수익률 혹은 할인율의 변동이다. 이자율변동이 가져다주는 이러한 투자위험을 가리켜 이자율변동 위험이라고 부르는데, 채권투자자의 경우 당연히 이자율변동 위험을 제거하거나 적절한 범위에서 통제하고자 하며 듀레이션의 용도가 바로 이것과 관련된다.

결론부터 말하면 듀레이션은 수익률 변동에 대한 채권가격의 변동성을 측정하는 수단이며 이것의 중요한 사용법은 이자율변동 위험을 제거하는 데 있다.

듀레이션(duration)이란 현금흐름이 발생하는 각 시점까지 걸린 시간에 가중평균을 곱함으로써 실질적 만기를 나타내고자 한 것으로, 이때의 가중평균은 매번 발생하는 현금흐름의 현재가치가 전체 현금흐름의 현재가치에서 차지하는 비중을 계산한 것이다.

(Macaulay)듀레이션을 수식으로 표현하면 다음과 같다.

$$(Macaulay)\text{듀레이션}(D) = \frac{\sum_{t=1}^{N} \frac{CF_t}{(1+R)^t} \times t}{\frac{\sum_{t=1}^{N} CF_t}{(1+R)^t}}$$

$CF_t$ : $t$기의 현금흐름, $N$ : 만기까지 기간, $R$ : 채권수익률(시장요구 수익률, 할인율)

실질적 만기를 나타내는 듀레이션 수치가 의미를 가지는 것은 위에서 본 바와 같이 채권가격변화 정도가 만기(maturity)와 관계가 있기 때문인데, 채권의 경우 현금흐름이 다양하고 또한 돈의 시간가치를 고려해야 하는 특성으로 인해 만기의 모호성이 발생한다. 예를 들어 무이표채와 기타 채권 사이에는 비록 만기라는 수치가 동일하게 주어진다 하더라도 이자율변동에 대한 채권가격의 변동 정도는 각기 다르게 나타나며 이에 따라 보다 명확한 만기의 개념이 필요해진다.

듀레이션은 만기와 채권수익률, 그리고 표면이자율에 의해 영향을 받으며 듀레이션 결정요소들의 변동에 따른 듀레이션의 변화에 대해서는 〈표 17-3〉에 정리되어 있다.

**표 17-3** » **듀레이션 결정요소들의 변동과 듀레이션의 변화**

| 결정요소 | 변화 | 듀레이션 | 비고 |
|---|---|---|---|
| 만기 | 상승 ↑ | 상승 ↑ | 채권수익률이 낮을수록 변동폭 확대 |
| | 하락 ↓ | 하락 ↓ | |
| 채권수익률 | 상승 ↑ | 하락 ↓ | 만기가 길수록 변동폭 확대 |
| | 하락 ↓ | 상승 ↑ | |
| 표면이자율 | 상승 ↑ | 하락 ↓ | 만기가 길수록 변동폭 확대 |
| | 하락 ↓ | 상승 ↑ | |

듀레이션의 용도는 다음과 같다.

우선 각 채권의 듀레이션 비교를 통해 이자율변동 위험의 상대적 크기를 확인할 수 있다. 이것은 만기와 듀레이션은 동일한 방향으로 움직이며 만기가 길수록 채권가격의 변동폭이 크다는 점을 응용한 것이다. 그런데 만일 이자율변동에 따른 채권가격의 실제적 변동률을 추정하고자 한다면 다음과 같은 수정듀레이션을 사용해야 한다.

$$\text{채권가격변동률} = (-1) \times \text{만기수익률의 변동률} \times (\text{수정듀레이션}) \times 100$$

이며

$$\text{수정듀레이션} = \frac{(Macaulay)\text{듀레이션}}{(1 + \text{연간 만기수익률})}$$

이다.

다음으로 채권수익률의 변동은 채권가격의 하락 혹은 상승과 함께 이와는 반대로 재투자소득의 상승 혹은 하락을 가져오는데, 만일 자산의 듀레이션과 부채의 듀레이션이 일치하는 경우 채권가격의 하락(상승)과 재투자이익의 상승(하락)을 서로 상쇄되게 함으로써 이자율변동 위험을 없앨 수 있다. 여기서 자산은 보유하고 있는 채권을, 부채는 실제투자기간 혹은 지불이 이미 예정된 채무를 말한다.

채권투자에 있어 흔히 등장하는 듀레이션의 사용법은 투자기간을 보유채권의 듀레이션과 일치시킴으로써 이자율변동 위험을 제거하는 것이다.

### 2) 채권투자방법

채권투자는 다른 투자자산과 마찬가지로 예상되는 이자율의 변화를 근거로 하여 투자수익의 극대화를 추구할 수 있다. 그러나 이것은 항상 역의 결과를 낳을 가능성이 있으며 이에 따라 대부분의 투자자들은 이자율의 변동에 관계없이 일정한 투자수익을 얻을 수 있는 투자방법, 이른바 위험관리 혹은 면역전략을 채택한다.

이자율변동으로 인한 투자위험을 관리하고자 하는 경우 우선적으로 생각할 수 있는 간단한 방법은 가능한 한 듀레이션이 적은 채권을 선택하고 채권투자기간 혹은 보유기간을 자금의 수요시기와 일치시킴으로써 최소한 가격위험을 제거하는 것이다.

그 밖에도 제한조건이 추가되지만 좀 더 기술적으로 이자율변동 위험을 통제하는 몇 가지 방법이 있다. 예를 들어 무이표채(zero coupon)를 이용하는 것이다. 무이표채는 이자가 없는 만큼 원하는 경우 재투자위험까지 없앨 수 있다.

또한 이미 살펴본 바와 같이 듀레이션과 채권투자 혹은 보유기간을 일치시킴으로써 가격위험과 재투자위험을 서로 상쇄시키는 것이다. 그런데 실제 투자에 있어서는 투자기간과 일치하는 듀레이션을 가진 채권을 찾는 것이 쉽지 않을 수 있고 또한 지속적으로 만기와 듀레이션을 일치시키는 작업이 따라야 한다.

부동산 매매 및 임대에 관한 광고 : 홍콩의 거리

큰 집이 천 간이라도 밤에 눕는 곳은 여덟 자뿐이요,
좋은 논밭이 만 경이라도 하루 먹는 것은 두 되뿐이다. – 『명심보감』

# 제 18 장

# 부동산

# | 들 | 어 | 가 | 기 | 에 | 앞 | 서 |

좁은 국토를 가진 상황을 반증하듯 우리나라 사람들은 부동산에 대해 오랜 애착을 가져왔다. 그리고 부동산은 종종 애증의 대상이 되기도 하였는데, 어느 날 갑자기 거부가 되는 사람이 있는가 하면 임차해 살고 있는 땅이 개발되거나 집이 경매에 넘어가는 바람에 거리에 나앉는 사람도 있다.

부동산투자의 특징 중 하나는 투자금액이 크다는 것, 그리고 가격변동이 그리 안정적이지 못하다는 것이다. 당연히 부동산투자 결과가 어떻게 되느냐에 따라서 개인가계는 심각한 영향을 받게 된다.

자신이 거주할 집을 구매하는 것을 포함하는 부동산투자에 있어서 반드시 유의할 점은 가능한 한 자기자금으로 해야 한다는 것이다. 그 이유는 주식, 부동산 등과 같이 가격변동이 심한 이른바 위험자산(risky asset)의 경우 돈을 빌려서 투자하게 되면 경제의 부침 속에서 소득의 하락과 부동산가치의 하락이라는 충격을 동시에 맞을 가능성이 있기 때문이다. 물론 이것을 견디지 못하는 경우 손실매각이나 경매라는 심각한 상태에 직면하게 된다.

한편 이 장에서는 부동산투자와 관련해서 명심해야 할 투자의 핵심을 언급하고 있다. 그것은 한마디로 부동산가격의 흐름에 영향을 미칠 수 있는 경제적 요소, 예를 들어 금리나 정책변화 등 너무나 많아서 이것을 모두 분석함으로써 부동산가격의 변화를 예측하기는 힘들다는 것이다. 따라서 그나마 우리가 할 수 있고 반드시 해야 할 것은 부동산가치가 입지의 영향을 상당히 받는다는 점을 고려하여 자주 발품을 팔아야 한다는 것이다.

## 1. 부동산의 자산으로서의 특성과 가격결정

부동산투자란 주로 토지, 주택, 사무빌딩, 공장건물 등에 대한 투자를 일컫는다. 먼저 부동산투자의 긍정적 측면을 보면 일반적으로 주식이나 채권의 투자수익률과 다른 투자수익률의 변화를 보이므로 분산투자 기회를 제공하며 또한 사무빌딩 등 임대가 가능한 부동산인 경우 월세에 의한 정기적 수입을 기대할 수 있다.

그러나 부동산투자는 대체적으로 현금화 즉 유동성이 떨어지고, 근간에는 지역별, 부동산 종류별 차별화가 나타나면서 경우에 따라서 가격하락이라는 현상이 자주 등장하고 있다. 더구나 일본 등에서 1990년대 초반에 나타난 부동산거품의 붕괴현상과 우리나라의 경우 IMF 사태 이후 볼 수 있었던 부동산위기 등은 부동산투자가 상당한 투자위험을 수반할 수 있음을 보여준다.

그러면 부동산 가격이 어떻게 결정되는지를 알아보자.

부동산은 기본적으로 부동산시장을 통해 거래되는 상품의 하나로 수요와 공급에 의해 가격이 결정된다. 즉, 가격에 반비례하는 수요곡선과 가격에 비례하는 공급곡선이 만나는 곳에서 가격과 공급량(수요량)이 결정된다. 이때 부동산의 가격 혹은 가치는 주식, 채권 등 일반자산과 마찬가지로 부동산을 소유함으로써 발생하는 미래 순현금흐름의 현재가치를 말한다. 예를 들어 상업용 부동산의 경우 그 가치는 부동산을 소유함에 따른 순수익의 현재가치(중도매각의 경우 매각자금의 현재가치를 포함)를 말한다.

그런데 부동산의 수요와 공급은 여러 외부적 영향을 받는다. 부동산 수요에 영향을 미치는 요인으로는 금리, 유동성자금의 크기, 경기, 소득과 산업 및 인구구조의 변화 등 사회환경적 변화가 있으며, 공급에 영향을 미치는 것으로는 정부규제 등이 대표적이다. 이러한 요인들에 의해 비록 가격이 오름(내림)에도 불구하고 추가적 가격상승을 기대한 투기적 수요가 발생하여 가격상승(하락)을 더욱 부추기는 경우가 있다.

## 1) 수요와 공급의 변화요인[97)]

### (1) 수요의 변화요인

금리는 다른 자산의 수요변화에 있어서도 주된 요인인데 부동산 수요에도 적지 않은 영향을 미친다. 금리가 올라가거나 향후 금리상승이 예상될 때 이 두 가지는 두 가지 측면에서 수요를 축소시키는 기능을 한다.

우선 대부분의 부동산 구입이 레버리지를 이용한 투자, 즉 은행 등 금융기관의 자금을 일부 빌려서 이루어지기 때문에 금리상승은 투자비용을 높이는 결과를 낳는다. 다음으로 금리상승은 대체투자수단의 수익률을 상승시키는 결과를 낳고 이것은 투자자금의 기회비용을 높이는 역할을 한다.

또 다른 수요변화 요인은 시중자금사정으로 그중에서도 투자를 염두에 두고 기회를 기다리고 있는 대기성 혹은 유동자금의 규모이다. 대기성자금이란 해외자금의 유입이나 기업이 주식시장 등을 통해 자금을 직접 조달함에 따라 개인에게 대출의 기회가 확대되는 것 등으로 말미암아 조성되는 것인데 적절한 투자시기가 왔을 때 즉각 투입되는 자금이므로 부동산수요에 적지 않은 영향을 미친다.

소득과 산업 및 인구구조의 변화는 수요량 크기와 개별수요상품의 변화를 가져오는데 인구노령화, 조망조건이나 넓은 평수의 선호현상 등과 관련이 있다.

### (2) 공급의 변화요인

부동산 공급은 수요 못지않은 영향력을 가지고 있다.

우선 부동산은 그 특성상 부동성, 즉 다른 곳으로 이동이 불가능하기 때문에 대체공급이 쉽지 않고 더구나 토지의 경우 한 국가 혹은 한 지역 내에서는 공급 자체가 제한되어 있다. 따라서 수요가 단기간에 급격히 상승하는 경우 가격이 큰 폭으로 오르게 되는데 건물의 경우는 수요와 공급에 있어 시간적인 갭현상으로 인해 가격의 등락이 심해지기도 한다.

정부정책의 변화 역시 공급에 상당한 영향을 미친다. 정부는 주택공급의 확대정책

---

97) 손경환, 『부동산투자@성공전략』, 한국경제신문사, 2000, p. 89 · 93 · 123 참조.

외에도 부동산과 관련된 세금, 경기활성화 및 투기억제대책 등을 통해 간접적으로 부동산의 공급량을 변하게 하는 결과를 낳는다. 예를 들어 부동산거래와 관련한 각종 규제나 실제거래에서의 과세 및 양도소득세 강화 등의 투기억제 조치들은 공급 자체가 한정되어 있는 부동산의 경우 공급축소를 가져와 투기대상 부동산의 가격을 올리는 역기능을 낳기도 한다.

## 2) 부동산투자가치의 결정기준

부동산투자란 결국 부동산의 매매를 통해 비용과 세금을 제외한 상태에서 가능한 한 높은 투자수익을 달성하고자 하는 것이다. 여기서 투자수익은 주식이나 채권 투자와 마찬가지로 임대료 등과 같은 현재소득(current income)과 매매가의 차이에 의한 자본이득(capital gain) 두 가지를 포함한다. 따라서 실제 부동산투자는 다른 투자와 마찬가지로 현재 시장에서 거래되는 부동산가격에 비해 가치가 저평가된 것들을 찾는 것으로 집중된다.

부동산가치의 저평가 여부는 i) 현재시점에서 실제 거래가격과 전문적 시각에서 주로 평가 가능한 본질적 가치(내재가치 혹은 절대적 가치)의 차이로 나타날 수 있다. 예를 들어 건물의 물리적 상태나 혹은 부동산에 포함된 대지의 가치 등이 일반인에게 제대로 인식되지 않는 경우를 말한다. 두 번째는 투자를 생각하는 대부분의 경우가 여기에 해당되지만, ii) 현재가격과 물가상승률을 고려한 상태에서 미래시점에서의 가격(시간적 가치 혹은 미실현가치) 차이가 존재하는 경우가 있다. 여기서 미래가치를 높이는 것은 주로 외부적 여건의 변화로 교통 등 환경여건과 교육여건, 정부정책 등의 변화 그리고 투자자들의 가치개념변화 등을 예로 들 수 있다. 그리고 여기에는 부동산의 일부를 개량하여 투자가치를 높이는 것도 포함된다.

구체적으로 봤을 때 상업용 부동산의 경우 저평가 여부는 상대적으로 간단하다. 위에서 이미 알아본 바와 같이 임대료 등의 미래 투자수익과 비용 부분, 즉 구매자금 차입에 따른 이자비용에 자기자본의 기회비용(대체자산 투자수익)을 합한 금액의 비교 등 주로 가시적인 숫자를 중심으로 한 분석을 통해 판단이 가능하다.

그런데 개인자산관리의 주요 부분 중 하나인 주택의 경우는 다소 추상적이며 복잡하다. 왜냐하면 주택이란 그 가치를 평가할 때 예상되는 미래의 매각가격 외에도 상업용 부동산의 월세에 해당하는 주거서비스, 즉 집의 사용가치를 고려해야 하기 때문이다. 주거서비스는 자연환경이나 교통환경, 교육환경 같은 주위환경이나 직장 등 주요 활동장소와의 거리, 집의 규모나 구조 등을 통해 제공되는 심리적, 정서적 만족감으로 표현이 가능하며, 이것들은 실제적으로 주택의 가치를 평가할 때 매우 중요시된다. 흔히 부동산의 가치에 있어 '입지'의 중요성을 강조하는데 주거서비스의 대부분이 입지와 관계된다고 볼 수 있다.

부연하면 입지는 부동산을 다른 일반상품과 구분하는 기준이라 할 만큼 중요한 요소이다. 즉, 부동산은 그 부동성으로 인해 균일적인 특성을 가진 일반상품들과는 달리 비록 같은 형태의 건물이라 하더라도 어느 지역에 있느냐에 따라 그 가치가 다를 수 있는데 비록 인터넷 등을 통해 정보의 공유가 용이해졌다 하더라도 직접 현장답사 등을 통해 확인하지 않으면 그 가치를 판단하기가 쉽지 않다.

## 2. 부동산투자의 실제

### 1) 주택구입의 판단기준

위에서 부동산가치를 결정하는 여러 요인에 대해 알아보았다. 그러면 실제적인 부동산투자, 특히 주택구입은 어떻게 해야 하는지에 대해 살펴보자.

원칙상 주택구입에 대한 판단은 〈표 18-1〉에서와 같이 두 가지 기준에서 가능하다.[98] 하나는 자가주택의 마련에서 얻을 수 있는 만족감 혹은 효용과 이에 따른 비용부담을 비교해보는 것이고, 또 하나는 자가주택의 투자수익과 대체투자수단에서

98) 손경환, 앞의 책, pp. 279-281 참조.

**표 18-1** » 주택구입에 따른 비교

| | 주택구입의 효용 | 주택구입의 비용 |
|---|---|---|
| 1) 효용과 비용 비교 | i ) 주택가격상승 부담에서 해방<br>ii ) 자가주택에 사는 만족감 | i ) 세금, 금융비용, 유지, 관리비용, 감가상각비<br>ii ) (집값-전세금) 부분의 투자수익(기회비용)<br>iii ) 단, 집값 상승금을 차감 |
| | **자가주택의 투자수익률** | **대체수단의 투자수익률** |
| 2) 투자수익률 비교 | 집값 상승률/<br>(1-전세값 비중) | 대체투자수익률 |

**자료** : 손경환, 앞의 책, pp. 279-281 참조하여 작성.

얻을 수 있는 투자수익을 비교하는 것이다.

위의 〈표 18-1〉에서 보는 바와 같이 주택을 단지 주거목적만이 아니라 투자가치까지 고려하는 경우 반드시 투자대상, 즉 주택의 향후 가격이 어떻게 될 것인가를 생각하지 않을 수 없다. 특히 개인의 입장에서 봤을 때 가장 큰 목돈이 들어가는 자산이기에 더욱 그러하다.

그러면 이미 언급한 바와 같은 주택가격에 영향을 미치는 요인들을 중심으로 현재시점 혹은 미래시점을 기준으로 저평가된 주택을 찾는 실제적 과정은 어떠한가.

정리해보면 주택의 가치를 결정하는 것으로 우선 거주서비스라는 입지적 특성을 대표로 하는 개별주택으로서 특성이 있고, 다음으로 해당주택의 수요와 공급에 영향을 미치는 경기, 금리, 유동자금 등 외부에서 주어지는 경제적 변수 및 정책변화 등이 있다. 먼저 후자와 관련하여, 외부에서 주어지는 경제적 변수와 같은 요인들은 기본적으로 전문가에게조차 정확한 예측을 불허한다. 또한 만일 시장에 이러한 변수들의 전개상황에 대한 의견이 어느 정도 모아진 상태라면 이것은 가격에 대부분 이미 반영되어 있다.

결국 비록 시장의 자금사정이나 시장에서의 수요와 공급상황의 변화가 부동산가격에 직접적인 영향을 미친다고 인정하더라도 이러한 경제변수들에 대해 남보다 앞선 예측을 바탕으로 투자를 결정하고자 하는 경우 기본적으로 상당한 지식과 경험, 그리고 시장에 대한 끊임없는 관찰을 필요조건으로 하며 또한 이것들이 갖춰진 경우에도 예측이 어긋남에 따른 투자위험은 반드시 따른다.

다음으로 주택의 개별적 특성과 관련하여서는 우선 입지 등 주택이 가지고 있는 여건들에 대한 정보는 이미 다른 투자자에게도 노출되어 있어 차별화된 정보를 갖기가 쉽지 않다. 그럼에도 불구하고 일반투자자들이 가장 확실하게 의존할 수 있고 또한 최소한 투자손실의 발생을 막을 수 있는 유일한 방법이 만일 있다면 그것은 많은 시간을 들여 주택의 개별적 특성을 확인하는 것이라고 할 수 있다.

또한 최근 들어 소비의 양극화 현상과 더불어 부동산투자에 있어 나타나는 개별화, 차별화 현상은 그 필요성을 더욱 더하고 있다.

그림 18-1» 주택가격의 결정요소

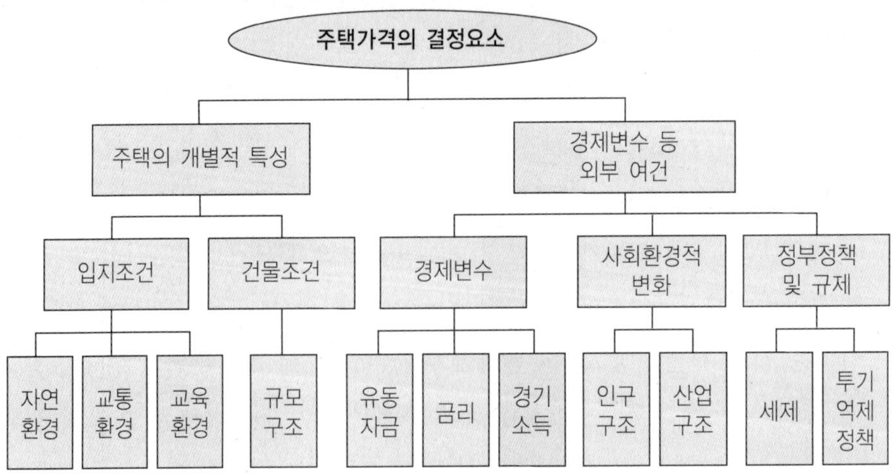


결론적으로 수익률이 매우 큰 폭으로 변하고 임대료수입과 같은 이른바 수익성이 보다 중시되며 또한 세제 역시 강화되고 있는 현실 속에서 매매가격의 차이에 의한 단기적 자본이익을 추구하는 부동산투자를 생각한다면 일종의 투기라고밖에 볼 수 없다. 이러한 투기성향하에서 투자자들은 당연히 많은 시간과 에너지, 그리고 다량

의 투자정보를 쏟아부어야 하며 이러한 노력에도 불구하고 투자위험은 여전히 남는다. 따라서 총체적 개인자산관리를 생각하는 개인의 경우라면 이 모든 투입물을 고려한 상태에서 부동산투자를 통해 적절한 기대수익률을 올릴 수 있는지 냉철히 계산해볼 필요가 있다.

주택의 경우 기존의 것을 구매하기도 하지만 신규로 분양을 받기도 한다. 〈표 18-2〉는 국민주택 또는 민영주택을 분양 또는 임대 받을 수 있는 청약자격이 주어지는 주택마련저축상품을 보여준다. 입지가 좋은 주택의 경우 경쟁률이 매우 높은데 투자자의 입장에서는 항상 주택의 가치와 분양 가능성을 동시에 검토할 필요가 있다.

**표 18-2** » 청약저축, 청약부금, 청약예금 등 주택마련저축 비교

| 항목 | 청약저축 | 청약부금 | 청약예금 |
|---|---|---|---|
| 가입대상 | 무주택세대주로서 1세대 1계좌에 한하며, 20세 미만인 단독세대주는 가입불가* | 주택청약예금실시지역에 거주하는 만 20세 이상의 개인. 단, 만 20세 미만의 세대주인 경우 가입 가능(단, 단독 세대주는 가입불가) | 주택건설지역에 거주하는 만 20세 이상의 개인(세대주인 경우는 만 20세 미만인 경우도 가입 가능**) |
| 청약가능주택 | 국민주택과 민간건설 중형 국민주택 | 85평방미터 이하 민영주택과 민간건설 중형 국민주택 | 민영주택과 민간건설 중형 국민주택 |
| 취급은행 | 신한, 우리, 농협 등 | 모든 은행 | 모든 은행 |
| 가입지역 | 전국 | 청약예금제도 실시지역 | |
| 저축기간 | 국민주택 등에 입주자로 선정된 날까지 | 2년 이상 5년 이내 목적부 적금임 | 1년(자동재예치) 정기예금임 |
| 저축금 및 저축방법 | 월 2만-10만 원, 자유적립식 | 월 5만-50만 원, 자유적립식 | 청약가능면적에 따른 지역별 예치금액, 거치식 |
| 청약 1순위 | 2년 경과되고 24회 이상 납입시 | 2년 경과되고 납입인정 금액이 지역별 청약예금 예치금 이상 납입시 | 2년 이상 경과시 |

* 만 60세 이상 또는 장애인인 직계존속을 부양하는 호주승계 예정자는 세대주가 아니더라도 세대구성원 전원이 무주택요건을 갖추고 있으면 가입 가능.

** 20세 미만 세대주 중 단독세대주는 가입 불가.

2009년에 추가적인 주택마련저축상품의 하나로서 주택소유, 가구주 여부와 관계없고 공공 · 민영주택에 모두 청약할 수 있는 주택청약종합저축 상품이 새롭게 등장하였다. 이 상품은 가입 후 2년이 지나면 1순위청약 우선순위가 주어진다. 한편 위에서 언급한 네 가지 주택마련저축 상품들은 그중 하나만 가입이 가능하다.

## 2) 부동산에 대한 간접투자방식

일반개인이 부동산투자를 하는 경우 주택 등 부동산을 구매할 수도 있지만 여러 간접투자방식도 있다. 대표적으로는 부동산투자신탁회사 이른바 리츠(REITs)를 통하는 경우이다. 리츠는 부동산전문 뮤추얼펀드라고 할 수 있으며, 일반 리츠와 구조

**표 18-3** 국민주택기금 대출

| 항목 | 주택기금대출 | |
|---|---|---|
| | 근로자, 서민 주택구입자금/중도금 자금 | 전세자금 |
| 대출 대상자 | 대출신청인과 배우자의 합산소득(급여)이 2천만 원 이하인 근로자 및 서민으로 대출신청일 현재 무주택세대주 | 연간급여(소득)가 3천만 원 이하인 무주택세대주로 대출대상 주택을 임차하고자 임차보증금의 10% 이상을 지불한 자 |
| 대출 대상 주택 | 주거전용면적 85평방미터 이하의 준공된 주택. 다만, 주택의 가격이 3억 원을 초과하는 주택은 대출 제외 | |
| 대출 한도 | 1억 원 이내(구입자금은 매매(분양)가격의 100% 범위 내, 중도금은 분양가격의 70% 범위 내) | 최고 6,000만 원 이내(전세금액의 70% 이내). 단 3자녀 이상 다자녀세대는 8천만 원 이내 |
| 대출 금리 | 연 5.2%(2006. 2. 23-2. 26 신청분 중 연소득 2천만 원 초과자는 연 5.7%). 단, 3자녀 이상 다자녀가정은 호당대출한도까지 연 4.7% | 연 4.5% |
| 대출 기간 | 20년(1년 거치 19년 원리금 균등분할상환 또는 3년 거치 17년 원리금 균등분할상환) | 2년(2회 2년 단위로 연장 가능, 최장 6년) |
| 소득 공제 | 15년 이상의 장기주택정당차입금에 대해서는 이자상환액에 대해 소득공제(한도 있음) | |

조정 리츠 등 몇 종류가 있다. 리츠는 다음에서 살펴볼 뮤추얼펀드와 구조가 동일하며 소액의 투자자금을 가진 개인이 주주의 형태로 부동산에 투자하는 것이다. 거래소에 상장되어 주식처럼 거래되는 리츠는 매매차익 외에도 배당수익을 기대할 수 있는 특징이 있다.

### 3) 주택구입자금의 조달

부동산투자는 대부분 많은 투자자금을 필요로 하며 이에 따라 적절한 금융수단을 선택하는 것이 절대적으로 필요하다. 일반적으로 적절한 금융수단이란 일반 대출의 경우와 마찬가지로 이자율이 낮고 원리금상환에 대한 부담이나 제재가 적은 것이라야 한다.

**표 18-4 » 모기지론의 내용**

| | 모기지론 |
|---|---|
| 대출만기 | • 10년, 15년, 20년, 30년<br>• 대출만기 시 연령은 만 75세 이내 |
| 대출금리 | 고정금리(10년, 15년, 20년, 30년 만기 조건에 따라 각각 공사에서 제공하는 기준 대출금리 적용) |
| 상환조건 | 매월 원리금균등분할상환 또는 매월 원금균등분할상환. 거치기간 최장 3년 선택 가능(연 단위 선택) |
| 조기상환 수수료 | 1년 이내 2.0%, 3년 이내 1.5%, 5년 이내 1.0%, 5년 이후는 면제 |
| 자격조건 | 무주택자 또는 1주택자만 대출 가능(동일 세대 기준). 단, 대체취득을 위한 일시적 2주택은 허용 |
| 대출대상 주택 | 9억 원 이하의 주택 |
| 대출금액 | 담보평가금액의 최고 70%까지, 최고 3억 원까지 대출 가능 |
| 대출금리 | • 만기별 대출금리 차등화<br>• 중도상환수수료(상환원금기준) : 1년 이내(2.0%), 3년 이내(1.5%), 5년 이내(1.0%) |

현재 주택구입을 위한 대출상품은 은행 등 많은 금융기관에서 판매 중에 있다. 그런데 자격조건이 되는 경우 국민주택기금대출과 일반은행 혹은 주택금융공사에서 제공하는 모기지론 등을 이용할 수 있다. 〈표 18-3〉과 〈표 18-4〉에서 볼 수 있는 바와 같이 국민주택기금대출의 경우가 금리, 중도상환수수료 측면에서 유리함을 알 수 있다.

# 제 19 장

# 간접투자상품

# 들어가기에 앞서

앞에서 투자란 단지 투자원금만 투입되는 것이 아니라 시간, 건강 등 우리에게 소중한 자산들이 동시에 투입되는 것임을 밝힌 바 있다.

펀드 등 간접투자방식은 투자원금 외에 다른 자산을 투입하고 싶지 않거나 혹은 투자 자체가 번거롭고 자신이 직접 하기에 부담감을 느낄 때 선택할 수 있는 투자대안이다.

이 장에서는 펀드 등 간접투자방식의 장점과 문제점에 대해 알아보고자 한다. 흔히 펀드투자의 장점으로서 전문가에 의한 투자라는 것을 강조한다. 그러나 그동안의 실제 경험을 보면 학벌 등 대단한 이력을 가진 전문가에 의한 투자가 하락장에서는 다소 도움이 되지만 대단한 투자수익을 가져다준다는 등식은 거의 성립되지 않는 것으로 나타났다.

간접투자의 장점은 무엇보다 '내 돈'이 아니다 보니 펀드매니저가 수익의 등락에 감정적으로 휘둘리지 않고 좀 더 냉철하다는 것이다. 개인투자자들은 대부분 손실에 대한 혐오증을 가지고 있어 적절한 선에서 손해를 마무리하는 이른바 손절매를 못하는 경향이 많다.

한편 펀드투자의 단점은 펀드매니저 이른바 '투자머슴'을 고용하는 것이 너무 비용이 크다는 것이며, 또한 펀드의 종류가 너무 많아 어느 펀드를 고를지 막막하다는 것이다. 이러한 두 가지 문제점들을 동시에 해결하는 한 가지 방법으로 인덱스펀드를 들 수 있는데 더 자세히 알아보도록 한다.

어려움 : 수많은 펀드 중 하나의 선택

## 1. 간접투자상품의 종류

현대에 있어 투자가 가지는 복잡성과 전문적 관리의 필요성은 갈수록 전문가에 의한 간접투자를 부각시키고 있다. 특히 퇴직연금제도의 실행에 따른 근로자의 투자참여는 간접투자상품에 대한 수요와 함께 이러한 상품에 대한에 투자자의 이해를 요구하고 있는 실정이다.

간접투자상품으로는 수익증권, 뮤추얼펀드, 그리고 은행 등의 금전신탁 모두 세 가지가 있다.

먼저 수익증권은 일반투자자로부터 모은 자금을 전문적 투자대행기관인 자산운용회사가 투자자를 대신하여 유가증권에 분산투자를 통해 관리하고 여기서 생긴 이익을 투자자에게 분배하기로 계약하면서 자산운용회사가 발행하는 권리증서를 말한다.

뮤추얼펀드는 여러 투자자로부터 모은 기금 즉 펀드를 만들어 운영한다는 점에서는 수익증권과 유사하다. 그러나 뮤추얼펀드는 위에서 본 것처럼 자산운용회사와의 계약관계에 의해서 만들어지는 계약형이 아니라 회사형이라고 불리는데 각 펀드마다 하나의 새로운 회사가 만들어지는 형태를 띠기 때문이다. 즉, 뮤추얼펀드에서는 각각의 투자자가 수익증권에서처럼 계약자가 아니라 한 회사의 주주와 같은 역할을 갖는 것이다.

마지막으로 금전신탁이란 은행이 일반 예금 등을 처리하는 일반계정이 아니라 특정 혹은 불특정의 금전신탁계정이라고 하는 것을 따로 두어 고객을 위해 투자서비스를 제공하되 이에 대한 투자결과는 고객이 책임지도록 한 투자상품을 말한다.

## 2. 간접투자의 장단점 : 뮤추얼펀드를 중심으로

투자란 포트폴리오 관리 부분에서 이미 살펴본 바와 같이 쇼핑을 하는 것처럼 일회성 사건이 아니라 일련의 번거로운 과정을 의미한다. 즉, 먼저 투자자산을 골라야 하고 이것들을 적절한 시기에 실제로 구매해야 할 뿐 아니라 투자시장에 대한 꾸준한 관찰과정을 거친 다음 자신에게 유리하거나 혹은 필요한 시점에서 매각을 해야 한다.

뮤추얼펀드란 간단히 말해 투자자들에게 필연적으로 요구되는 투자자산의 선택이나 관리라는 복잡한 문제를 전문적인 관리자에게 위탁한 것이다. 이와 같은 기본적인 개념의 전제하에서 뮤추얼펀드에 대한 나머지 내용들은 상식적일 수밖에 없다. 예를 들어 투자자금이 들어가 있는 기금 즉 펀드는 당연히 위탁자가 주인이 되어야 하며 다만 이 위탁자들은 한두 사람이 아닌 다수이기 때문에 이러한 경우에 소요되는 제도적 장치들이 갖추어져야 할 것이다.

그림 19-1» 증권투자신탁(뮤추얼펀드)의 구조

자료 : 송영렬, 『증권투자론』, 학문사, 2000, p. 220.

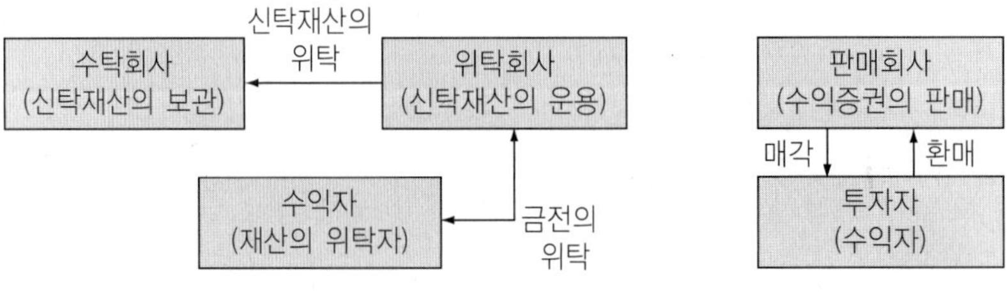


이처럼 뮤추얼펀드 등을 통한 간접투자란 새로운 투자대상에 대한 투자가 아니라 기존의 주식이나 채권 등을 보유하는 방식을 직접적이 아니라 간접적인 방식으로 바꾼 것에 불과하다. 현재 뮤추얼펀드와 같은 간접투자방식은 개인투자자가 늘어나면

서 투자의 대세를 이루고 있는데, 그 배경에는 전문가에 의한 관리 외에도 큰 기금이 형성된 만큼 다양한 투자자산에 대한 분산투자가 가능하다는 것 등 몇 가지 추가적인 장점들이 있다.

그러면 뮤추얼펀드가 가지고 있는 장단점들을 좀 더 자세히 살펴보자.

## 1) 뮤추얼펀드 투자의 장점과 단점

### (1) 장점

**㉮ 소규모 자금에 의한 분산투자**

만일 투자자금은 충분하지 않지만 안정적인 수익률을 가져다줄 분산투자를 찾는 경우

**㉯ 전문가에 의한 투자관리**

따라서 투자를 위해 연구하며 소비할 시간이 없거나 외국의 주식이나 기타 특수시장에 대한 투자를 원하지만 지식이 없는 경우

**㉰ 다양한 선택의 가능성**

뮤추얼펀드는 그 종류가 매우 다양하며 2006년 현재 뮤추얼펀드를 포함하는 국내의 펀드 수는 8천여 개에 이르고 있음

**㉱ 다양한 서비스**

적립식펀드의 경우 목돈은 없는 일반 직장인들이 적금형식을 통해 매달 일정금액씩 투자할 수 있는 계기를 제공함

### (2) 단점

뮤추얼펀드를 통하는 경우 펀드에 수용되는 각각의 투자종목의 선택은 펀드매니저가 대행해주지만 뮤추얼펀드 자체의 선택이라는 문제는 여전히 투자자의 부담으로 남아 있다. 그러나 뮤추얼펀드의 가장 큰 문제는 역시 각종 투자서비스를 받는 대가로 지불해야 하는 비용문제이다.

# 3. 펀드투자에 따른 비용과 뮤추얼펀드의 선택

## 1) 펀드투자의 비용 : 적립식 펀드를 중심으로

다음의 펀드의 선택 부분에서 강조하는 바와 같이 펀드의 투자결과는 비용 부분에 의해 상당한 영향을 받는다. 따라서 먼저 펀드비용에는 어떤 것들이 있는지 알아볼 필요가 있다.

우선 가입자가 인식하게 되는 비용들은 보수와 수수료 두 가지로 나뉘며 다음의 표와 같다.

**표 19-1 »** 적립식펀드의 각종 비용

| 부담자 | 구분 | 내용 | 지급대상 | 지급사유 | 실례(주식형펀드) |
|---|---|---|---|---|---|
| 펀드 부담 | 신탁 보수 | 판매보수 | 은행, 증권사 | 펀드 판매 | 1.82% |
| | | 운용보수 | 자산운용 회사 | 적립금 운용 | 0.61% |
| | | 수탁보수 | 은행 등 수탁회사 | 기금의 보관 | 0.04% |
| | | 사무관리 | 사무관리 회사 | 일반 업무 | 0.03% |
| | | 기타 | | 매매수수료 등 | |
| 가입자 부담 | 수수료 | 선(후)취 판매수수료 | 펀드 | 펀드 가입(인출)시 | 없음 |
| | | 중도환매 수수료 | | 중도 환매시 | 90일 미만 이익금의 70% |
| | | 기타 | | | |

**출처 :** 신종욱, 『노후에 자식보다 든든한 연금재테크』, 국일증권경제연구소, 2006, p. 214.

보수는 가입자의 펀드자산 평가액에 일정비율을 곱한 것이다. 한편 수수료는 보수처럼 일정기간마다 발생하는 비용이 아닌 일회적 비용인데 대표적인 경우는 펀드가입시, 적립금의 인출시 그리고 해약으로 말미암은 중도환매 등이다. 그렇지만 이 세 가지 모두에 대해 부과되지는 않으며 일반적으로 중도환매수수료가 있는 경우 나머지 두 가지에 대해서는 수수료가 없다.

보수 부분에 대해 좀 더 구체적으로 살펴보면 〈표 19-1〉에서 보는 바와 같이 주식형펀드의 경우 일반적으로 총보수(펀드평가액 기준 약 2.5%)의 약 30%를 제외한 나머지는 판매보수가 차지하고 있음을 알 수 있다. 한편 채권형펀드나 혼합형펀드(주식투자 정도가 중인 경우)의 총보수는 일반적으로 주식형펀드에 비해 1-2% 정도 낮다.

펀드의 비용은 같은 주식형, 채권형 내에서도 차이가 있다. 주식형의 경우 펀드별로 1.5%에서 2.5%이며 채권형은 그 차이가 줄어들어 0.5%에서 1.5%의 차이를 나타낸다. 그러므로 비용이 그 가치에 해당하는 만큼의 결과상 차이를 만들어내는지 확인해볼 일이다.

두 번째로 펀드에서 직접 지불되기 때문에 펀드가입자들이 제대로 알지 못하고 넘어가는 비용이 있다. 즉, 신탁보수 부분의 기타비용으로 이것은 주식, 채권 등 유가증권의 매매수수료와 차입금의 이자 등을 포함한다. 따라서 거래가 자주 이루어지는 펀드의 비용과 주로 연관된다.

펀드비용으로는 그 밖에도 현금보유에 따른 기회비용이 있다. 펀드가입자들의 환매, 적립금인출 등에 대비하기 위해 가지고 있는 현금은 투자기회를 놓치고 있어 이에 따른 기회비용을 발생시킨다.

## 2) 뮤추얼펀드의 선택[99]

앞에서 언급한 뮤추얼펀드의 여러 장단점을 고려하여 뮤추얼펀드를 투자대상으로 하기를 결정했다면 이어서 펀드선택 문제를 고려해야 한다. 그러면 펀드선택 과정에 대해 알아보자.

---

99) L. J. Gitman and M. D. Joehnk, 앞의 책, p. 689 참조.

### (1) 뮤추얼펀드의 구매순서

#### ㉮ 투자목표의 설정

펀드구매는 일반적인 재무계획처럼 목표설정이 중요하다. 따라서 먼저 투자목표를 검토한 다음 이것이 펀드 고유의 투자목적과 일치하는지 확인해야 한다.

투자목표는 투자를 통해 얻고자 하는 것으로 이것은 즉각 투자위험의 선택문제와도 연결된다. 예상투자기간에 대한 고려 또한 필요하다. 그러나 이것은 투자위험의 선택과 맞물려 있는 문제라고 볼 수 있다.

#### ㉯ 펀드평가확인 및 비용의 비교

펀드선택에 있어서는 펀드평가사의 평가를 확인할 필요가 있다. 이것은 일종의 객관적인 자료이므로 최소한 문제가 있는 선택을 막아주는 기능이 있다.

펀드의 선택에 있어서 비용문제가 중요하다는 것은 〈표 19-2〉를 통해 알 수 있다. 이 표는 20만 원을 매달 적립하되 총적립기간이 10년에 걸치는 경우를 가정한 것이다. 표에서 보는 바와 같이 투자수익률이 6%일 때 1년 비용이 만일 1%, 2%, 3%라면 이것은 투자수익의 20%, 38%, 55% 정도를 갉아먹는다는 것을 알 수 있다.

다음으로 참고할 만한 자료는 거래의 빈번 여부에 따른 비용의 발생 가능성을 엿볼 수 있는 회전율(turnover rate)과 펀드의 존속기간이다. 펀드의 존속기간이 길다는 것은 일반 상품과 마찬가지로 나름대로 검증과정을 통과한 펀드라는 것을 의미한다.

#### ㉰ 인덱스펀드의 고려

버튼 G. 멜키엘은 그의 책에서 투자형태상 수동적이라 할 수 있는 인덱스펀드가 일반적인 펀드매니저가 적극적으로 운영하는 펀드에 비해 가지는 투자결과상의 우월성을 다음과 같이 지적하고 있다.[100] 예를 들어 1969년 초 우리나라의 종합주가지수와 유사한 Standard & Poor 주식 인덱스펀드에 10,000달러를 투자한 사람은 모든 배당금이 재투자된다는 가정하에서 2002년에 327,000달러 가치를 소유할 수

---

100) Burton G. Malikiel, 앞의 책, p. 15.

**표 19-2** » **펀드 비용의 크기에 따른 적립금액의 비교** (단위 : 만 원)

| 기간(월) | 비용 0% | 비용 1% | 비용 2% | 비용 3% |
|---|---|---|---|---|
| 1 | 20.1 | 20.1 | 20.1 | 20.0 |
| 12 | 247.9 | 246.6 | 245.3 | 243.9 |
| 24 | 511.2 | 505.8 | 500.5 | 495.2 |
| 36 | 790.7 | 778.2 | 766.1 | 754.1 |
| 48 | 1087.4 | 1064.6 | 1042.4 | 1020.9 |
| 60 | 1402.4 | 1365.6 | 1330.1 | 1295.7 |
| 72 | 1736.8 | 1682.0 | 1629.4 | 1578.8 |
| 84 | 2091.9 | 2014.6 | 1940.8 | 1870.5 |
| 96 | 2468.9 | 2364.1 | 2264.9 | 2171.0 |
| 108 | 2869.1 | 2731.5 | 2602.2 | 2480.6 |
| 120 | 3294.0 | 3117.7 | 2953.2 | 2799.6 |
| 투자수익 | 894.0 | 717.7 | 553.2 | 399.6 |
| 총비용 | 0.0 | 176.2 | 340.7 | 494.4 |
| A 대비 총비용(6%) | 0 | 0.197 | 0.381 | 0.553 |
| ** A 대비 총비용(10%) | 0 | 0.134 | 0.260 | 0.377 |

**출처 :** 신종욱, 앞의 책, p. 220.

있음에 비해 적극적으로 운영되는 일반펀드에 투자한 사람은 213,000달러밖에 가질 수 없었다는 것이다. 그 차이는 114,000달러로, 이것은 인덱스펀드가 일반펀드를 기준으로 규모상 50% 더 큰 투자결과를 낳았다는 것을 보여준다.

우리나라의 인덱스펀드는 순수한 의미의 인덱스펀드와 펀드매니저의 판단에 따라 적극적으로 운용되는 액티브펀드의 중간단계에 있으며 이에 따라 비용도 이와 유사한 위치를 차지하고 있다. 자산운용협회에 의하면 2006년 3월 기준 인덱스펀드의 수는 30여 개이며 수탁고는 주식형펀드의 3.7%를 차지하고 있다.

㉣ **세금의 고려**

펀드투자와 관련하여 세금문제는 아직은 큰 영향력을 갖고 있지 않다. 왜냐하면 채권펀드투자를 제외하는 경우 선진국과는 달리 자본이익에 대한 과세가 없기 때문이다. 하지만 환매 혹은 적립금 환수 시 소득세가 부과되며 펀드 자체에 대한 과세는 없다.

만일 세금을 줄이고자 한다면 절세용 펀드에 관심을 기울일 필요가 있는데, 예를 들면 장기주택마련펀드와 같은 비과세형 펀드와 세금우대형 펀드, 그리고 분리과세형 펀드가 있다.

**그림 19-2» 펀드선택 순서**

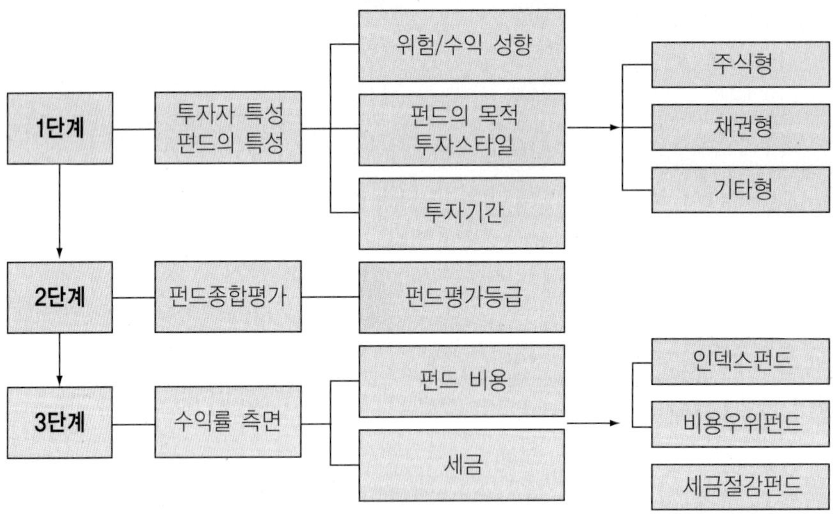

# 개인위험관리와 보험

V

싱가포르 공항의 '위험' 해 보이는 한 광고

우리가 두려워하는 대부분의 것들이 실제로는 거의 일어나지 않는다는 사실을 알게 되었어요. 두려움은 실제로 일어나는 일과는 상관이 없어요. 삶에서 일어나는 대부분의 일들은 걱정과 두려움의 전조 없이 찾아옵니다.
– 엘리자베스 퀴블러 로스, 『인생수업』에서

끝이 좋으면 모든 것이 좋다. – 셰익스피어의 희곡

# 제 20 장

# 개인위험관리의 의의

# 들어가기에 앞서

재산을 포함한 여러 자산을 가능한 한 불려나가는 것은 결코 기분 나쁜 일은 아니며 또한 바람직한 일이다. 그러나 우리가 살아가는 이 세상의 삶은 각종 사고 등 여러 위험에 노출되어 있다. 따라서 우리는 하나라도 더 채우는 것뿐만 아니라 크게 잃지 않는 것에 대해서도 관심을 기울여야 하는데 이것은 마치 축구나 각종 스포츠에서 공격수 외에 수비수를 두고 있는 것에 비유할 수 있다.

이 장은 개인위험관리의 필요성에 대해 소개하고 있다. 좀 더 간단히 그 이유를 소개하면 우리는 100만 원을 더 벌었을 때 얻는 만족감보다 100만 원을 잃었을 때 느끼는 상실감을 더 크게 생각하는 경향이 있기 때문이다.

한편 개인위험관리 하면 화재, 사고 등 외적 위험에 대해서만 주로 언급한다. 하지만 이런 것들은 그 결과를 놓고 보면 내적 위험에 비해 그리 심각하지 않을 수 있다. 왜냐하면 외적 위험은 최소한 보험이라는 보호수단을 가지고 있는데 내적위험은 그렇지 않기 때문이다. 내적 위험이란 다른 사람들이 보고 있는 상황에서는 저지르지 않을 행동을 혼자 있을 때 은밀히 저지름으로써 발생하는 위험을 말한다.

인간은 사고나 질병 등 다양한 위험에 둘러싸여 살아가는 존재이며 이러한 위험들을 본능적으로 피하고 싶어한다. 왜냐하면 이러한 위험들은 실제 개인에게 닥치는 경우 정신적 피해뿐만 아니라 경제적인 피해까지 동반하기 때문이다. 하지만 이러한 위험들의 발생 여부는 거의 대부분 개인의 통제영역 밖에 있다. 따라서 개인이 할 수 있는 일은 결국 위험들이 발생할 가능성을 축소시키거나 아니면 위험의 결과로 예상되는 피해를 최소화시킬 수 있는 방법을 찾는 것이다.

개인위험관리란 개인재무관리의 일부로서 결국 의도적인 계획을 통해 자신이 처한 상황을 통제한다는 것인데, 위험 자체의 차단은 거의 불가능하므로 보험 등의 수단을 통해 위험으로 야기될 수 있는 재정적 피해만큼은 최소화하고자 하는 노력이라고 볼 수 있다.

미래에 발생할 가능성이 있는 문제들을 예견하고 미리 대비해가는 개인위험관리는 단지 닥쳐올 위험으로부터 보호해주는 기능만 있는 것이 아니다. 개인위험관리는 복리라고 하는 자금의 운용력과 함께 세제혜택 등을 통해 보다 효율적으로 위험에 대비하게 하는 잠재적 기능이 있다. 대표적인 예가 노후라는 위험에 대비한 개인재무설계이다.

개인위험관리의 효율성은 노후준비가 대부분 20년 이상의 오랜 기간을 통해 이루어지고 이처럼 장기간에 걸쳐 노후를 위한 저축이 이루어지는 경우 복리의 힘이 그 위력을 발휘하기 때문이다.

복리의 위력은 이미 언급한 바 있다. 예를 들면 투자수익률 혹은 이자율이 5%일 때 원리금의 합은 15년 후에 기존 원금의 2배가 되고 28년 후에는 4배에 이르게 된다. 만일 투자수익률이 높아지는 경우는 불어나는 속도가 더 커지는데 예를 들어 7%일 경우 원리금의 합은 10년, 21년, 30년 만에 각각 2배, 4배, 7배로 늘어난다.

다음은 세제혜택 부분이다. 어느 나라 정부든지 세금 부분에 있어서 세수확보에 많은 관심을 기울이지만 은퇴자금에 대해서만은 세제혜택을 부여해서라도 자금마련을 장려하고 있는 실정이며 우리나라도 예외는 아니다.

세제혜택의 대표적인 예는 우리나라의 퇴직연금과 개인연금 중 연금저축상품으로서 구체적인 세제혜택은 〈그림 20-1〉에서 보는 바와 같다.

그림 20-1» 연금제도의 세제혜택

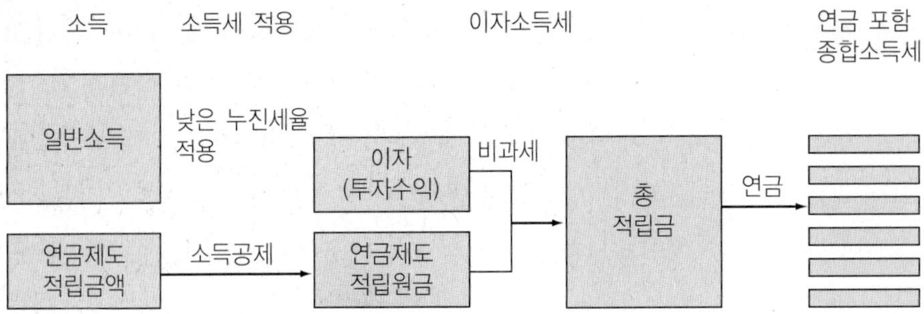


그림 20-2» 세제혜택의 차이에 따른 적립금액의 비교

**자료 :** 신종욱, 앞의 책, p. 71.

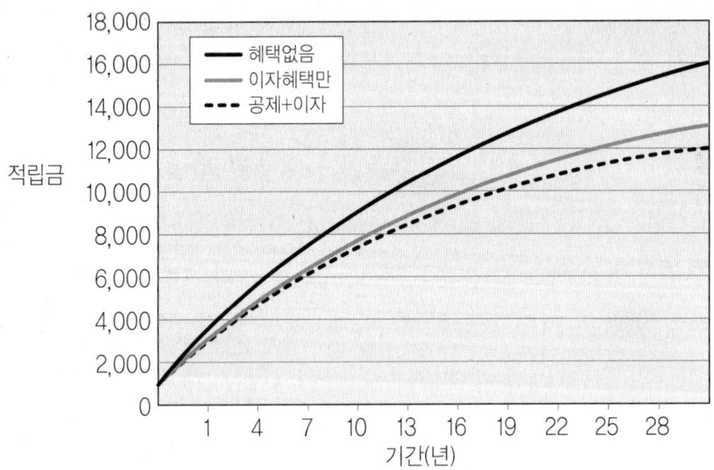

우선 퇴직연금이나 연금저축에 적립하는 돈에 대해서는 일정한도 내에서 소득공제가 이루어지며, 뿐만 아니라 이 적립금의 투자를 통해 발생하는 이자소득이나 투자소득에 대해서도 당장 과세가 되지 않는다.

이렇게 적립된 자금은 계속 과세가 늦춰지다가 노후에 실제로 자금을 인출하는 경우 세금이 부과된다. 하지만 이때는 이미 소득이 과거에 비해 상대적으로 하락한 상태이며 더구나 투자소득의 경우 비과세상태에서 계속 자라왔기 때문에 이러한 세제혜택이 노후자금 축적에 제공한 가치는 은퇴자금처럼 장기간에 걸치는 경우 결코 적지 않다.

예를 들어 연간 저축금액 240만 원, 투자수익률 6%, 은퇴 전후의 소득세율 20%를 가정하는 경우 소득공제와 투자수익에 대한 혜택은 세제혜택이 전혀 없는 경우와 투자수익에 대한 세제혜택만 있는 경우를 비교하면 잘 알 수 있다. 〈그림 20-2〉를 보자. 은퇴까지의 시간이 30년 남았다고 했을 때 두 가지 세제혜택이 모두 있는 경우는, 세제 혜택이 전혀 없는 경우와 투자수익에 대한 세제혜택만 있는 경우에 비해 금액상 각각 약 3천만 원과 약 2천만 원 더 크며 이것은 적립금의 규모에서 볼 때 각각 24%와 14%에 해당한다.

필요한 보험 : 자동차(?)보험

모든 일에 미리 대비하면 성공하고 아니하면 실패한다
(凡事豫則立 不豫則廢). - 『중용』

하늘에는 예측 불가능한 바람과 구름이 있고,
사람에게는 아침저녁으로 교차하는 복과 재앙이 있다. - 『후흑파경』

*Personal Asset Management*

# 제 21 장

# 개인위험관리와 보험상품

# | 들 | 어 | 가 | 기 | 에 | 앞 | 서 |

이 장에서는 개인에게 닥쳐올 수 있는 외적 위험의 종류와 함께 이에 대한 보장수단으로서 보험상품에 대해 알아보고자 한다.

보험은 생활에 꼭 필요함에도 불구하고 아직까지도 많은 사람들에게 제대로 인식되지 못하고 있는 상품이다. 이미 오래전의 일이지만 국정감사장에 가면 국회위원들이 (보장형) 보험상품의 해약과 관련하여 왜 납부보험료에 대해 이자는커녕 원금도 제대로 돌려주지 않느냐고 호통치는 경우가 있었다고 한다. 과연 원금은 어디로 갔는가? 당연히 원금은 보험사고가 발생한 어느 가입자에게 돌아갔다. 그럼 사고가 없었던 나는 손해를 봤는가? 절대 그렇지 않다. 보험가입자는 사고가 발생해도 보장받을 수 있다는 정신적 평안함과 위로를 이미 받고 있었던 것이다.

한편 보험회사들이 각종 위험과 관련하여 여러 종류의 보험상품들을 출시하다 보니 많은 사람들은 보험상품의 선택에 어려움을 느낀다. 더구나 CI, 유니버셜(Universal) 등 영어까지 뒤섞인 상품명은 난해함을 가중시킨다. 그러나 보험상품이 몇몇 기준에 의해 분류될 수 있고 각각의 상품은 그중 한두 가지의 기준이 합해진 것이라는 사실을 알면 보험상품에 대한 이해가 그리 어렵지 않다. 이제 구체적으로 알아보자.

## 1. 개인에게 발생하는 위험들과 위험관리

### 1) 개인위험의 종류와 일반적 대처방법[101)]

개인과 가정에게 경제적 피해를 가져다주는 위험들과 여기에 대한 일반적 대처방법들은 다음과 같다.

#### (1) 조기사망(premature death)

조기사망은 주로 가족의 수입원인 가장이 사망함으로써 초래되는 경제적 위험들을 가리킨다. 이 경제적 위험으로는 사망자가 벌어들일 미래소득의 상실, 사업상 중요인물이 사망함으로 인한 사업 혹은 가업가치의 하락, 장래비용 및 그동안 미지불된 채무 등 사망시점에서 발생하는 여러 비용과 이외에 추가되는 경비의 발생을 들 수 있는데 예를 들어 주부의 가사일처럼 그동안 비용 없이 제공되던 것이 이제는 돈을 주고 구매해야 한다는 것 등이 있다.

이러한 경제적 위험들에 대비할 수 있는 대처방법들은 개인이 구입하는 생명보험, 직장이나 기타 사업과 관련하여 단체로 구매하는 생명보험, 자동차보험, 국민연금의 유족연금, 퇴직연금이나 개인연금보험 등을 통한 상속금 등이다.

#### (2) 장애(disability)

조기사망의 경우와 마찬가지로 가족의 주 소득원인 가장 등이 장기적이고도 회복불가능한 장애를 입음으로써 발생하는 경제적 위험을 말한다.

대처방법으로는 개인이 혹은 직장, 사업장 등을 통해 구입하는 건강보험, 상해보험을 포함하는 생명보험에서 보상하는 장애보험, 사회보험인 산재보험, 국민연금의

---

101) G. Victor Hallman and Jerry Rosenbloom, *Personal Financial Planning*(6th Edition), McGraw-Hill, 2000, pp. 14-18 참조.

장애연금, 자동차보험 등이 있다.

#### (3) 질병

개인이나 가족에게 발생하는 질병 등으로 인해 야기되는 의료비로 말미암은 경제적 위험이다. 질병은 간단한 것도 많지만 암이나 기타 고질적 질환으로서 장 · 단기적으로 많은 비용을 수반하는 질환들이 있다.

여기에 대한 대처방법으로는 사회보험으로서 의료보험과 산재보험, 개인이 혹은 직장, 사업장 등을 통해 구입하는 건강보험 등이 있다.

#### (4) 장기간병과 요양

일상생활의 일부를 혼자 힘으로 하지 못함으로써 다른 사람의 도움을 받아야 하는 경우에 발생하는 비용으로 인한 경제적 위험이다.

#### (5) 재산 및 배상(property and liability)

재산을 소유하고 있는 경우 재산에 미치는 직접적 피해와 이러한 피해로 말미암은 사업의 중단 등과 같은 간접적 피해가 있다. 배상은 개인이나 가족구성원 등이 실수 등으로 말미암아 다른 사람에게 미친 손실을 보상해주어야 하는 경우 발생하는 경제적 위험이다.

#### (6) 실직

실직은 당장 경제적 문제를 야기시킨다. 하지만 실직은 단지 돈만의 문제가 아니라 한 개인의 정체성 문제를 동반하며 존엄성을 위협하는 것이 될 수도 있다. 실직에 따른 경제적 문제는 고용보험과 같은 사회보험에서 일정기간에 걸쳐 커버를 해주고 있다. 그러나 장기적인 대책은 될 수 없으며, 따라서 비거래성 자산관리 등을 통해 본인이 미리 준비를 해야 한다.

## 2) 위험관리(risk management)

위험을 관리하는 방법에는 일반적으로 위험통제(risk control)와 위험재무(risk financing) 두 가지가 있으며 이것은 각각 두 가지로 다시 나눌 수 있다. 그리고 네 가지 위험관리방법은 독립적으로 사용될 수도 있고 두 가지 이상이 동시에 사용될 수도 있다.

### (1) 위험통제(risk control)

위험통제는 그야말로 위험 자체를 가능한 한 통제함으로써 손해를 최소화하고자 하는 노력을 말한다. 위험통제에는 우선 예상되는 손실의 크기를 가능한 한 줄이도록 조치하는 손실통제가 있다. 이것은 위험의 발생확률은 높지만 그로 인한 손실의 심각성은 생존을 위협할 정도로 크지 않을 경우를 주로 말한다. 손실통제의 대표적인 예는 화재라는 위험에 대비해 건물 내에 스프링클러를 설치하는 것이다. 스프링클러를 설치하는 경우 화재로 인한 직접적인 피해와 함께 생산활동의 중단 등과 같은 간접적인 피해를 줄일 수 있으며 아울러 화재보험료를 줄일 수 있는 장점이 있다.

다음으로 위험회피가 있다. 이것은 사고발생의 가능성도 크고 손실의 심각성도 크리라 예상되는 경우에 해당되는데, 이러한 위험에 대해서는 가능하다면 직접적으로 연관되지 않는 것이 최선일 것이다.

### (2) 위험재무(risk financing)

사고가 발생하는 것을 미연에 방지하는 것이 힘들 경우 초래될 경제적 손실에 대비해 자금을 마련하는 것을 가리킨다. 먼저 위험전가가 있다. 이것은 사고가 일어날 가능성은 적지만 손실규모가 상당하리라 예상되는 경우 제3자에게 어느 정도 대가를 지불하고 그 위험을 이전하는 것을 말한다. 위험이전의 대표적인 경우가 바로 보험가입이다. 보험은 보험료를 지불하는 대신 사고발생시 손실피해액을 보험회사가 보상해주는 제도로 위험이 보험회사로 이전된 결과를 낳는다.

위험보유는 사고가 일어날 가능성도 작고 피해규모도 작을 경우에 해당하며 이때는 위험이 있음을 스스로 인식하고 자체적으로 자금을 적립하는 등의 방법으로 대비하거나 사고발생시 내부적으로 해결하는 것을 말한다. 물론 보험가입을 통한 해결도 가능할 수 있으나 이때는 피해규모에 비해 보험료라는 비용이 과다하게 느껴질 수 있기 때문에 구태여 위험의 이전이라는 방식을 취하지 않는다.

이상의 네 가지 중 어느 방식을 택할 것인가 하는 것은 〈그림 21-1〉에서 보는 바와 같이 손실확률이나 손실규모를 기준으로 할 수도 있다. 그런데 이러한 선택에 있어서는 그 방식이 가지고 있는 각종 비용(cost)과 혜택(benefit)을 꼼꼼히 비교해보는 자세가 필요하다.

그림 21-1» 위험관리의 방법

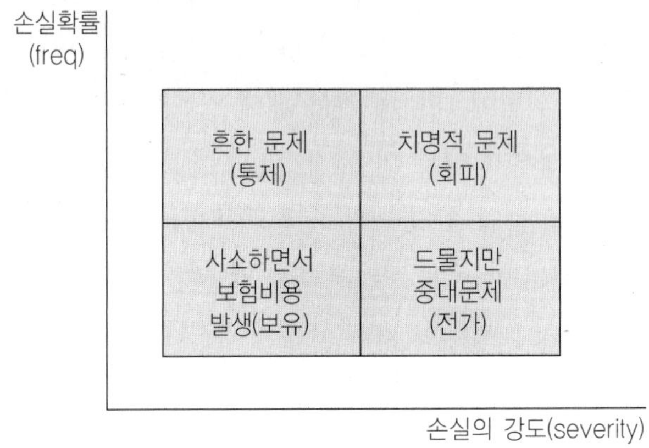


## 2. 생명보험

생명보험은 자신이 아닌 타인을 위한 보험이라고 할 수 있다. 즉, 대부분의 경우 가장이 자신에게 죽음 등의 문제가 발생할 때 가족에게 미칠 수 있는 경제적 문제를 해결하고자 하는 의도에서 구매하는 경우가 많기 때문이다. 그러나 구태여 생명보험

을 구입할 필요가 없는 경우도 있다. 예를 들면[102)]

i ) 독신으로 부양가족이 없는 경우

ii ) 결혼을 했지만 맞벌이 부부로 자식이 없는 경우

iii) 결혼을 한 상태지만 수입이 없는 경우

iv) 은퇴한 경우 등이 여기에 해당한다.

## 1) 생명보험상품의 종류[103)]

생명보험상품은 여러 기준으로 나눌 수 있다. 예를 들어 동일한 내용을 가진 상품이라도 보장내용(보험사고)을 중심으로 혹은 계약형태 등을 기준으로 분류가 가능한데 마치 동일한 사람을 성별로 혹은 나이별, 지역별로 구분할 수 있는 것과 마찬가지이다.

### (1) 보장내용(보험사고)별 분류

보험상품을 구매하는 사람의 입장에서 아마도 가장 먼저 떠올리는 것은 자신이 보호받고 싶은 보험사고, 즉 보험내용(보험사고)일 것이다. 대표적인 보험사고는 사망, 장해사고, 질병, 노후 등이며 이러한 것들은 대부분 개인과 가족에게 상당한 경제적 문제를 가져온다.

보험사고를 기준으로 보험상품을 구체적으로 분류해보면 다음과 같다. 그런데 대부분의 보험상품은 사망이나 생존 등의 기본적인 보장 외에 몇 가지를 함께 보장하거나 혹은 특약(특별보험약관)을 두어 다양한 보장을 하고 있기 때문에 보험내용(보험사고)만을 기준으로 하여 보험상품을 분류하기는 실제로 어렵다.

#### ㉮ 사망보험

피보험자의 사망 혹은 1급 장애로 인정되는 경우를 보험사고로 하며 사망보험과

---

102) Arthur J. Keown, 앞의 책, p. 270 참조.

103) G. Victor Hallman and Jerry Rosenbloom, 앞의 책, pp. 45-55 참조.

재해, 암 등에 대한 보장성보험이 여기에 속한다. 대표적인 사망보험상품으로는 사망의 원인과 관계없이 보험금을 지급하는(단 자살인 경우 계약개시일로부터 2년 경과 필요) 종신보험상품과, 이것의 단기형이라고 할 수 있는 정기보험상품(주로 가입기간 5년 이상임)이 있다. 재해, 암 등으로 인한 사망의 경우는 제3분야보험에서 주로 다룬다.

먼저 종신보험은 보험기간이 종신이기 때문에 언젠가 한 번은 보험금이 지급된다는 것이 주된 특징이라 할 수 있으며, 소득원이 되는 가장의 사망이 가져올 수 있는 가족의 경제적 문제를 해결하는 것에 주된 초점을 둔다.

납입기간은 다양하게 선택할 수 있는데 일정기간 동안은 〈그림 21-2〉에서 보는 바와 같이 초기에 연령대비 본래 부담해야 할 보험료에 비해 높은 수준의 보험료를 평준보험료로 납입하므로 위험보장을 위한 비용 외에 남는 돈(책임준비금이라 불림)을 담보로 하여 대출(약관대출)을 받을 수도 있다. 마찬가지 이유로 보험료 납입이 종료된 후 연금보험으로 전환하는 것이 가능하고, 해약을 통해 목돈의 해약환급금을 받을 수도 있다.

그림 21-2 » 가입기간에 따른 보험료(자연보험료)의 변화와 평준보험료의 관계

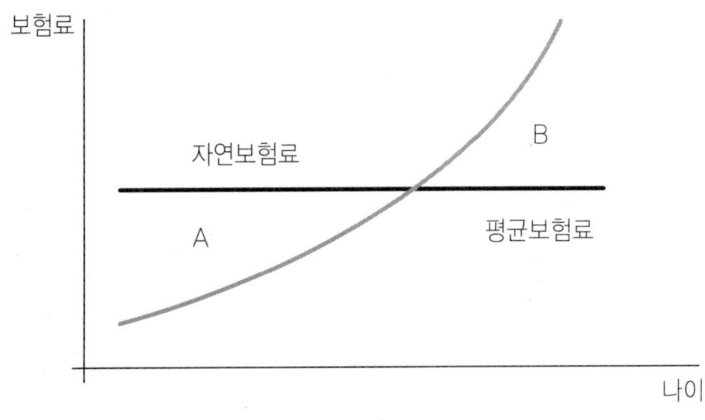


위험의 보장이라는 점을 떠나 종신보험은 금융회사의 하나인 보험회사와 〈표 21-1〉에서 논의되는바 다양한 금융계약이 가능하며 이에 따라 변액종신보험, 유니버셜

표 21-1 » 일반적 종신보험의 주계약

| 구분 | 지급사유 | 지급금액 |
|---|---|---|
| 사망보험금 | 사망 또는 동일한 재해 또는 재해 이외의 동일한 원인으로 여러 신체부위의 합산 장해지급률이 80% 이상의 장해시 | 보험가입금액 |

종신보험, 변액유니버셜종신보험 등이 있다.

한편 가입자가 선택할 수 있는 특약으로는 재해관련 특약, 정기특약, 소득보장특약, 입원특약, 암특약 등이 있어서 추가적인 보장을 받을 수 있다.

다음으로 정기보험은 보장내용에 있어서 종신보험과 차이가 거의 없다. 다만 보험가입 기간이 미리 정해진 보장성보험이기 때문에 종신보험에 비해 보험료가 상대적으로 저렴하다. 나이제한 등 몇몇 조건하에서 종신보험으로 전환이 가능하며 보험만기까지 생존시 보험금이 지급되지 않고 종료되는 것이 기본이나, 만기보험금 즉 기존에 납입한 보험료를 돌려주는 만기환급형도 있다.

### ㈏ 생존보험

본래 보험가입자인 피보험자가 보험기간 종료시까지 생존하는 경우에 한하여 보험금이 지급되는 것을 원칙으로 만들어진 상품들이다. 하지만 우리나라에서 판매되는 생존보험들은 대부분 사망에 대해서도 보장을 하고 있으며, 사망보장에 따르는 추가적인 비용은 보험료의 일부로 당연히 포함된다. 교육보험과 연금보험이 여기에 속하는 대표적인 것들이다.

교육보험은 보험대상자인 자녀가 생존하여 발생되는 교육비를 마련하기 위한 것이다. 그러나 가입자녀의 사망이나 재해발생에 대해서도 보험금이 지급되는 형태가 많다. 한편 보험료 납입기간이 완료되기 전 부모의 사망이나 장해발생 등이 가능할 수 있다. 이때는 예를 들어 교육자금을 보장해주는 특약을 통해 교육자금을, 보험료 납입을 면제해주는 특약을 통해 보험료납입 면제를 받을 수도 있는데, 단 특약기간 중에 발생한 것이라야 한다. 특약은 이외에도 암진단에 따른 특약 등이 있다.

연금보험은 은퇴 이전 기간 동안의 적립을 통해 은퇴 이후 기간 동안 연금을 받는 것을 주목적으로 한다. 즉, 노후에 있을 경제적 능력의 상실이라는 위험을 보장받기 위한 것으로 볼 수 있다. 그런데 적립기간 동안에는 일반사망이나 재해사망에 대한 보장기능을 대부분 가지고 있으며 암이나 질병관련특약들을 포함하고 있다. 연금보험에 대한 자세한 내용은 '노후위험의 관리와 은퇴경영' 부분에서 자세히 다루기로 한다.

#### ㈐ 생사혼합보험

사망보험과 생존보험을 제외한 나머지 보험을 지칭한다. 보험기간이 만기가 되든지 아니면 도중에 사망시 모두 보험금이 지급되는 것들을 말한다. 〈표 21-2〉에서 언급되는바 보장성과 저축성이 혼합된 보험이다.

**표 21-2** 생사혼합보험의 주계약 예시

| 구분 | 지급사유 | 지급금액 |
|---|---|---|
| 사망 보험금 | 보험대상자(피보험자)가 보험기간 중 사망하거나 장해분류표 중 동일한 재해 또는 재해 이외의 동일한 원인으로 여러 신체부위의 합산 장해지급률이 80% 이상인 장해상태가 되었을 경우 | 보험가입 금액 |
| 은퇴자금 | 보험대상자(피보험자)가 보험기간이 끝날 때까지 살아 있을 경우 | 기납입 보험료 |

#### ㈑ 제3분야보험 등

제3분야보험은 각종 재해로 인한 사망, 장해사고에 대비한 상해보험과, 암, 뇌혈관, 심장질환 등 특정질병에 대처하기 위한 질병보험, 그리고 치매, 식물인간 등 더 이상 일상생활이 불가능하고 다른 사람의 간병이 필요한 상태에 도달하는 것에 대비한 장기간병보험 등이다. 그런데 제3분야보험은 생명보험이나 손해보험 모두에 해당될 수 있으며 또한 최근 들어 그 중요성이 상대적으로 커지고 있으므로 따로 다루기로 한다.

### (2) 계약형태별 분류

한편 보험상품은 금융상품의 일종이기 때문에 보험료의 납부기간, 보험료의 구성, 그리고 보험료 납부방법 등과 관련하여 보험회사와 다양한 계약형태를 취할 수 있다. 계약형태는 우선 보험료의 납부기간과 보험료 구성 등의 기준에 따라 크게 정기보험(term insurance)과 저축성보험(cash value insurance) 두 가지로 나눌 수 있다.

㉮ 먼저 정기보험은 특정기간 동안에만 보험회사로부터 각종 위험들에 대해 보장을 받고 계약기간이 끝나면 보장 역시 종결되는 형태를 말한다. 정기보험은 이처럼 보장이라는 본래의 목적에 충실한 상품으로, 주로 보장성보험이라고 불리며 계약기간 만료시까지 피보험자가 생존하는 경우 납입한 보험료를 돌려주는 계약형태도 있지만 이 경우 당연히 보험료가 높다. 보장성보험은 상해보험, 실손의료보험, 장기간병보험, CI보험 등이 대표적이다. 한편 대부분의 생명보험관련 위험들은 나이가 들어갈수록 커지기 때문에 보험료는 계약시마다 매번 증가하기 마련이다.

㉯ 다음으로 보험가입자가 보험구입을 통해 위험에 대한 보장을 받는 것과 동시에 금융기관인 보험회사를 통해 저축도 하기를 원하는 경우 구입하는 저축성보험이 있다.

저축성보험은 본래 저축을 위한 목적으로 만들어졌다기보다는 정기보험이 장기화되면서 매년 증가된 보험료를 부과하지 않고 일정한 평준보험료를 부과하는 과정 중에 만들어진 것이다. 단기보다는 장기의 경우 보험가입 초기에는 보험료가 원래 부과되어야 할 금액보다 크기 마련인데 이때 남는 금액이 저축의 형태로 변화한 것이다.

이런 측면에서 본다면 비록 사망에 대한 보장을 위주로 하지만 장기에 걸치고 초기보험료가 큰 우리나라의 종신보험이 여기에 가까운 것으로 볼 수 있다. 하지만 저축성보험이라는 이름에 좀 더 가까운 보험들이 따로 있으니 노후연금을 위한 연금보험, 자녀의 학자금마련을 위한 교육보험, 생사혼합보험(양로보험) 등을 들 수 있다.

그런데 저축성보험의 경우는 순수보장을 위한 보험료를 제외한 나머지 저축 부분의 보험료에 대한 투자문제가 따른다. 즉, 누가 투자에 대한 결정을 하고 동시에 투자위험 역시 떠맡을 것인가 하는 문제가 결정되어야 하는 것이다.

이 경우 두 가지 대안에 대한 선택이 주로 이루어진다. 하나는 보험회사가 투자의 주체가 되고 원금과 함께 일정한 투자수익률을 보장하는 확정형(고정형)이 있다. 또 하나는 반대로 보험가입자가 투자의 주체가 되어 보험회사가 제공하는 주식형, 채권형 등 여러 투자용 펀드 중 하나를 스스로 선택하되 투자결과에 대한 모든 책임을 지는 이른바 변액보험이 있다. 변액보험은 뮤추얼펀드 등과 같은 다른 저축형태들이 가지고 있는 높은 투자수익성의 가능성과 인플레이션 위험에 대한 대처능력 등을 고려하여 경쟁력을 갖도록 만든 상품이라고 볼 수 있다.

저축성보험의 경우에는 보험료납부와 관련하여 한 가지 선택이 가능할 수 있다. 정기적으로 내는 보험료를 고정시키거나 어떤 한도 내에서 보험가입자가 어느 해에 납부하는 보험료를 스스로 결정하도록 하는 것이다. 후자를 일컬어 유니버셜보험이라고 하는데 그 구성요소가 저축, 순수보장, 비용 부분으로 분리 보고되어 투명성이 높아진 상품이다. 이 상품의 특징은 다음과 같다. 우선 보험료를 추가로 납입하여 추가적인 보험금을 받을 수 있게 하며 중도에 보험료를 내지 못하는 경우가 발생해도 기존에 납입한 저축성보험료를 이용함으로써 해약이 지연된다. 그리고 중도에 해약환급금의 일정범위 내에서 기존에 납입한 보험료의 일부를 인출할 수 있다.

현재 국내에서 판매되고 있는 보험상품들은 보장성과 저축성을 기준으로 분명한 구분이 어렵다. 일반적인 구분법은 만기시 환급금을 납입한 총보험료와 비교하는 것인데 전자가 크면 저축성이라고 본다.

지금까지 생명보험상품을 보험내용(보험사고)별로 그리고 보험계약형태별로 나누어 살펴보았다. 그런데 실제 판매되는 보험상품들은 두 가지가 조합되어 있다. 〈그림 21-3〉에서 보는 바와 같이 보험상품의 이름은 어떤 보험사고를 보장받으며 계약방식은 어떠한지를 나타내는데 예를 들어 변액종신보험이라 함은 보험기간이 종신인 사망보험으로 보험기간 동안 받는 보험료 중에서 순수하게 보장을 위해 사용되는 보험료와 보험회사의 비용을 모두 공제한 나머지 돈에 대한 투자위험은 가입자가 지는 방식임을 뜻한다.

그림 21-3» 보험상품의 종류

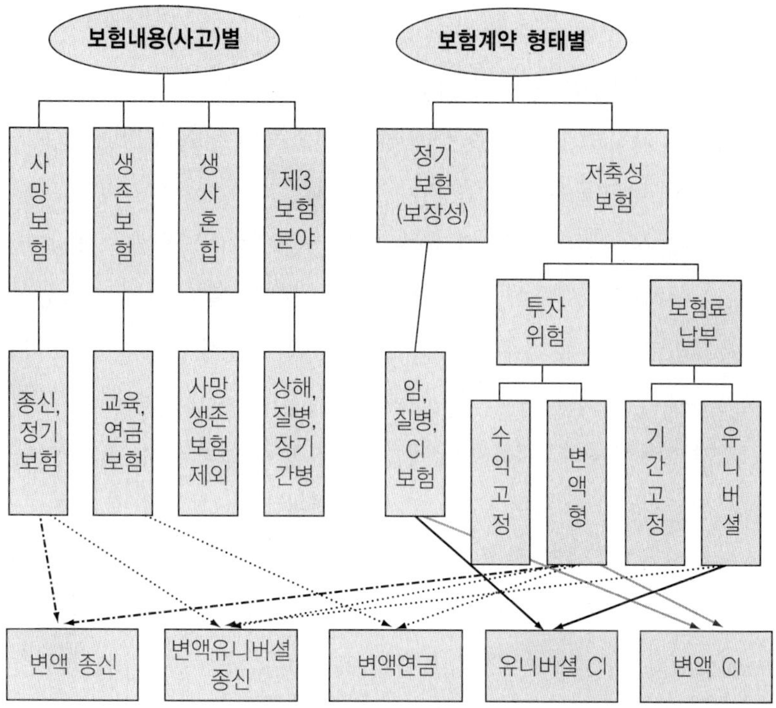


## 2) 생명보험 가입금액104)

생명보험의 가입금액을 결정하기 위해서는 먼저 보험금이 무엇을 위해 사용되는지 그 목적을 분명히 해야 한다. 그런 다음에 목적에 맞는 가입금액을 계산해야 하는데, 현실적으로 대부분의 사람들은 피보험자 혹은 가장의 사망 후에 발생할 재정적 상황에 대해 구체적으로 계산하는 것을 번거롭다고 느끼거나 아니면 고려의 대상으로 삼는 것 자체에 크게 흥미를 갖지 않기 때문에 주먹구구식으로 대처하게 된다.

가입금액 결정에 통상적으로 제시되는 방법은 두 가지이다. 가입 금액을 고려함에 있어 주의해야 할 사항은 이것이 최소 몇 년 후 미래에 받을 것으로 예상되는 금액인 만

104) Arthur J. Keown, 앞의 책, pp. 270–272 참조.

큼 현재와 같은 구매력을 유지하기 위해 향후 물가상승률을 고려해야 한다는 것이다.

### (1) 수입기준방식

이 방식은 개개인의 구체적 재정상황을 고려하지 않은 상태에서 단지 가족의 생계를 책임지는 가장의 사망으로 인해 발생할 소득의 상실을 대체할 수 있는 금액을 찾고자 하는 데 바탕을 둔다.

이 방식을 통하는 경우 연간 총수입을 기준으로 5-15배에 해당하는 금액을 가입금액으로 정하라는 결론이 일반적인데, 이 금액은 몇 년간의 소득상실을 대체하고자 하는지 그리고 향후 투자수익률에 어떻게 가정하는지에 따라 달라진다.

〈표 21-3〉은 보험금을 통해 소득대체가 요구되는 소득상실기간과 물가상승률을 제외한 투자수익률(혹은 이자율)에 따라 연간 총소득의 몇 배가 보험금으로 필요한지를 보여준다. 이 수치는 보험수리적 방식에 의해 계산된 것으로, 구체적으로 말하면 소득상실기간 동안 1원의 보험금(즉 소요 연간 총소득)이 필요하다고 할 때 이것을 보험가입 시점의 가치인 현재가치로 나타낸 것이다. 예를 들어 예상인플레이션율 3%, 예상투자수익률 6%, 그리고 연간 총소득이 1억이며 자식들이 결혼하기 전까지 10년간 보험금을 통한 소득대체가 필요하다면 사망시 보험금으로 8.53억 원(1억×

**표 21-3** 보험가입금 계산을 위한 수입배율

| 기간(년) | 인플레이션율 공제 후 투자수익률 | | |
|---|---|---|---|
| | 2% | 3% | 4% |
| 5 | 4.71 | 4.58 | 4.45 |
| 10 | 8.98 | 8.53 | 8.11 |
| 15 | 12.85 | 11.94 | 11.12 |
| 20 | 16.35 | 14.88 | 13.59 |
| 25 | 19.52 | 17.41 | 15.62 |
| 30 | 22.40 | 19.60 | 17.29 |
| 35 | 25.00 | 21.49 | 18.66 |
| 40 | 27.36 | 23.11 | 19.79 |

8.53)을 지불하는 생명보험에 가입할 필요가 있다는 것이다.

물론 계산을 할 때 연간소득 중 일부를 소비하는 당사자가 사망에 따른 소요소득의 조정, 세금문제, 그리고 여타 상황의 변화에 따른 조정은 개인에 따라 가능하다.

#### (2) 소요금액기준방식

이 방식은 필요한 소요금액을 하나씩 직접 계산해보는 것이다. 당연히 계산 자체는 복잡하지만 보다 정확한 소요금액 즉 보험가입금액을 계산할 수 있다는 장점이 있다. 소요금액을 계산하기 위해 고려해야 할 항목들은 자녀들의 학자금, 기존부채, 배우자 및 자녀들의 생활비, 장례비 등 사망 후 즉각적으로 필요한 자금 등이다.

### 3) 보험의 구매

보험회사에서 지급하는 보험금액이 현실적으로 충분한지 확인해야 한다. 만일 충분하지 않다면 당연히 보험가입금액을 높여야 하며, 만일 보험료상승이 부담되는 경우는 공제금액(deductible)을 높일 필요가 있다.

공제금액이란 손실발생시 보험가입금액의 일부를 보험회사에 앞서 보험가입자가 먼저 지불하는 것이다. 공제가 보험료를 낮추는 데 기여하는 이유는 우선 보험가입자로 하여금 손실의 일부를 부담하게 함으로써 손실방지에 노력할 것이라는 것이 인정되며 아울러 보험회사의 입장에서도 사소한 손실에 대한 지불책임을 지지 않음으로써 보험금지급에 따르는 각종 경비를 줄일 수 있기 때문이다.

#### (1) 보험상품과 보험회사의 선택

보험회사의 선택에 있어 고려해야 할 요소로 가입자가 원하는 상품을 제공하고 있느냐 하는 것이 무엇보다도 관건이지만 이외에도 보험회사의 재무적 건전성, 서비스 수준, 가격(보험료) 등을 살펴야 한다.

㉮ **재무적 건전성**

보험가입의 주목적이 손실발생시 보험금을 받고자 하는 것인데 문제는 보험가입과 보험금지급 사이에는 일반적으로 상당한 시간적 차이가 존재한다. 따라서 보험회사 선택에 있어 장기적, 재무적 건전성 혹은 안전성은 무엇보다 중요한 문제이다. 미국과 같은 선진국의 경우 보험회사의 안전성을 제3의 신용평가회사가 평가해주고 있으며 따라서 객관적인 판단이 가능하다. 그러나 우리나라의 경우는 현재 마땅한 신용평가 단체나 기관이 없으며, 지급여력이라는 지표를 주로 사용하고 있다.

㉯ **서비스**

서비스의 관건은 보험에서 커버(부보)해주는 사고발생시 보험계약에 따른 보험금 청구가 따르게 될 때 얼마나 신속하고 공정하게 처리해주느냐 하는 것이다. 보험사고는 대부분의 경우 개인을 곤란에 빠뜨리기 때문에 이러한 상황에서의 보험회사의 서비스는 더욱더 큰 의미를 가질 수밖에 없다. 그 밖에도 생명보험의 경우 개인재무설계, 그리고 손해보험의 경우 리스크분석 등이 주요 서비스 항목이다.

한편 새로운 보험상품의 출시나 기타 개인적인 필요에 의해 기존의 상품을 해약하고 다른 보험상품을 구매하고자 하는 경우가 있을 수 있다. 이때는 기존계약의 해약과 동시에 새로운 상품을 구매하는 과정을 거치는 것보다 계약 자체의 전환, 즉 보험계약 전환절차를 밟을 필요가 있으며 이를 통해 보험비용을 절약할 수 있다.

### (2) 생명보험 표준약관

보험상품의 구매에 있어 보험약관을 이해하는 것은 매우 중요하다. 보험약관은 보험구매자와 보험회사간 계약내용을 기술하고 있는데 일반 상거래에서 계약조건이 차지하는 비중의 크기는 말할 나위가 없을 것이다.

생명보험 표준약관(2005년 2월 개정) 중 개인이 알아야 할 중요한 내용들을 정리해보면 〈표 21-4〉와 같다. 참고로 생명보험의 경우 어떤 사람을 대상(피보험자)으로 하여 보험을 들 수 있는지 여부를 결정하는 이른바 피보험이익은 계약의 체결시에만 존재하면 된다. 그리고 생명보험의 경우 보험계약의 일반원칙인 보험자대위가 적용되지 않는다.

**표 21-4** » 생명보험약관상 주요내용

| 항목 | 내용 |
|---|---|
| 제1관 보험 계약의 성립과 유지 | 제2조(청약의 철회) ①계약자는 청약을 한 날 또는 제1회 보험료를 납입한 날부터 15일 이내에 그 청약을 철회할 수 있습니다.<br>제5조(계약내용의 변경)<br>④계약자가 제1항 제5호에 의하여 보험금을 받는 자(보험수익자)를 변경하고자 할 경우에는 보험금의 지급사유가 발생하기 전에 보험대상자(피보험자)의 서면에 의한 동의가 있어야 합니다. |
| 제2관 보험료의 납입 (계약자의 주된 의무) | 제9조(제1회 보험료 및 회사의 보장개시일)<br>①회사는 계약의 청약을 승낙하고 제1회 보험료를 받은 때부터 이 약관이 정한 바에 따라 보장을 합니다. 그러나 회사가 청약시에 제1회 보험료를 받고 청약을 승낙한 경우에는 제1회 보험료를 받은 때부터 이 약관이 정한 바에 따라 보장을 합니다.<br>③회사는 제2항에도 불구하고 다음 중 한 가지의 경우에 해당되는 경우에는 보장을 하지 아니합니다.<br>1. 제22조(계약 전 알릴의무 위반의 효과)를 준용하여 회사가 보장을 하지 아니할 수 있는 경우<br>제13조(보험료의 납입연체로 인한 해지계약의 부활 (효력회복))<br>①제12조(보험료의 납입연체시 납입최고(독촉)와 계약의 해지)에 따라 계약이 해지되었으나 해약환급금을 받지 아니한 경우 계약자는 해지된 날부터 2년 이내에 회사가 정한 절차에 따라 계약의 부활(효력회복)을 청약할 수 있으며… |
| 제3관 보험금의 지급 (회사의 주된 의무) | 제16조(보험금을 지급하지 아니하는 보험사고)<br>①회사는 다음 중 어느 한 가지의 경우에 의하여 보험금 지급사유가 발생한 때에는 보험금을 드리지 아니함과 동시에 이 계약을 해지할 수 있습니다.<br>1. 보험대상자(피보험자)가 고의로 자신을 해친 경우 그러나, 보험대상자(피보험자)가 정신질환 등으로 자유로운 의사결정을 할 수 없는 상태에서 자신을 해친 사실이 증명된 경우와 계약의 보장개시일 (부활(효력회복)계약의 경우는 부활(효력회복)청약일)부터 2년이 경과된 후에 자살하거나 자신을 해침으로써 장해분류표 중 동일한 재해로 여러 신체부위의 합산 장해지급률이 80% 이상인 장해상태가 되었을 경우에는 그러하지 아니합니다.<br>2. 보험금을 받는 자(보험수익자)가 고의로 보험대상자(피보험자)를 해친 경우 그러나, 그 보험금을 받는 자(보험수익자)가 보험금의 일부 보험금을 받는 자(보험수익자)인 경우에는 그 보험금을 받는 자(보험수익자)에 해당하는 보험금을 제외한 나머지 보험금을 다른 보험금을 받는 자(보험수익자)에게 지급합니다.<br>3. 계약자가 고의로 보험대상자(피보험자)를 해친 경우 제20조(소멸시효) 보험금 청구권, 보험료 또는 환급금 반환청구권 및 배당금청구권은 2년간 행사하지 아니하면 소멸시효가 완성됩니다. |

표 21-4 » 계속

| | |
|---|---|
| 제4관<br>보험<br>계약시 계약자의<br>계약전 알릴<br>의무 등 | 제22조(계약전 알릴의무 위반의 효과)<br>①회사는 계약자 또는 보험대상자(피보험자)가 제21조(계약전 알릴의무)에도 불구하고 고의 또는 중대한 과실로 중요한 사항에 대하여 사실과 다르게 알린 경우에는 회사가 별도로 정하는 방법에 따라 계약을 해지하거나 보장을 제한할 수 있습니다. 그러나 다음 중 한가지의 경우에 해당되는 때에는 그러하지 아니합니다.<br>1. 회사가 계약당시에 그 사실을 알았거나 중대한 과실로 인하여 알지 못하였을 때<br>2. 회사가 그 사실을 안 날부터 1개월 이상 지났거나 또는 보장개시일부터 보험금 지급사유가 발생하지 아니하고 2년(진단계약의 경우 질병에 대하여는 1년)이 지났을 때<br>3. 회사가 이 계약의 청약시 보험대상자(피보험자)의 건강상태를 판단할 수 있는 기초자료(건강진단서 사본 등)에 의하여 승낙통지를 한 때(계약자 또는 보험대상자(피보험자)가 회사에 제출한 기초자료의 내용 중 중요사항을 고의로 사실과 다르게 작성한 때에는 제외)<br>4. 보험을 모집한 자(이하 "보험설계사 등"이라 합니다)가 계약자 또는 보험대상자(피보험자)의 계약전 알릴의무 사항을 임의로 기재한 경우<br>②제1항의 중요한 사항이라 함은 회사가 그 사실을 알았더라면 계약의 청약을 거절하거나 보험가입금액 한도 제한, 일부 보장 제외, 보험금 삭감, 보험료 할증과 같이 조건부로 인수하는 등 계약 인수에 영향을 미칠 수 있는 사항을 말합니다.<br>제23조(계약취소권의 행사제한) 회사는 보장개시일부터 보험금 지급사유가 발생하지 아니하고 2년(진단계약의 경우 질병에 대하여는 1년)이 지났을 때에는 민법 제110조(사기에 의한 의사표시)에 의한 취소권을 행사하지 아니합니다. 그러나 계약자 또는 보험대상자(피보험자)가 대리진단, 약물복용을 수단으로 진단절차를 통과하거나 진단서 위·변조 또는 청약일 이전에 암 또는 에이즈의 진단 확정을 받은 후 이를 숨기고 가입하는 등의 뚜렷한 사기의사에 의하여 계약이 성립되었음을 회사가 증명하는 경우에는 보장개시일부터 5년 이내(사기사실을 안 날부터는 1개월 이내)에 계약을 취소할 수 있습니다. |
| 제5관<br>보험금 지급<br>등의 절차 | 제25조(보험금을 받는 자(보험수익자)의 지정)<br>이 계약에서 계약자가 보험금을 받는 자(보험수익자)를 지정하지 아니한 때에는 보험금을 받는 자(보험수익자)를 제14조(보험금의 종류 및 지급사유) 제1호 및 제2호의 경우는 계약자로 하고, 동조 제3호 내지 제5호의 경우는 보험대상자(피보험자)로 하며, 보험대상자(피보험자)의 사망시는 보험대상자(피보험자)의 상속인으로 합니다. |

## 4) 보험과 세금

보험에 있어 세금이 관련되는 부분은 크게 세 가지이다.

우선 보장성보험료(연금저축 포함)에 대한 소득세 공제제도와 연금상품들에 대한 여러 과세제도가 있다. 이것은 '세금계획' 부분과 '노후위험의 관리와 은퇴경영' 부분에서 각각 자세히 다룬다. 다음으로 보험차익에 대한 소득세 과세제도가 있고, 마지막으로 보험금에 대한 상속세 및 증여세 부분이 있다.

### (1) 보험차익에 대한 과세

보험상품이 일반적인 보장기능 외에 저축 혹은 투자상품으로서의 성격을 가지는 경우 만일 투자(이자)소득이 발생한다면 다른 금융상품과 마찬가지로 투자(이자)소득에 대해 소득세가 적용되어야 한다. 그런데 우리나라의 경우 일정기간 이상 가입기간을 가지는 보험상품에 대해 이른바 보험차익이라 불리는 투자이익에 대해 비과세혜택을 부여하고 있다.

소득세법(시행령)에서 말하고 있는 보험차익에 대한 내용을 정리해보면 저축성보험에 해당되며 만기에 받는 보험금(만기환급금) 또는 보험계약의 해약에 따른 해약환급금에서 기존에 납입한 보험료를 차감한 금액이라고 정의할 수 있다. 보험차익에 대한 과세란 만일 최초로 보험료를 납입한 날부터 만기일 또는 중도해지일까지 기간이 10년 미만인 경우(납입한 연금보험료를 근거로 10년 경과 이전에 연금을 받기 시작하는 경우도 포함) 보험차익에 대해서는 (이자)소득세가 부과된다는 것이다.

그러나 피보험자의 사망, 질병, 부상 기타 신체상의 장애 등과 같은 생명보험사고, 그리고 자산의 멸실 또는 손괴와 같은 손해보험사고로 인해 받는 보험금, 즉 보장성보험을 통해 받는 보험금에 대해서는 소득세가 부과되지 않는다. 보장성보험의 경우 보험사고 발생 이후 받게 되는 보험금이 납입보험료보다 커진 것은 이자소득의 발생으로 말미암은 것이 아니기 때문이다.

한편 유니버셜보험의 경우 비록 10년 경과 이전에 중도인출을 하더라도 보험차익에 대해 소득세를 부과하지 않는다.

그림 21-4 » 보험과 세금

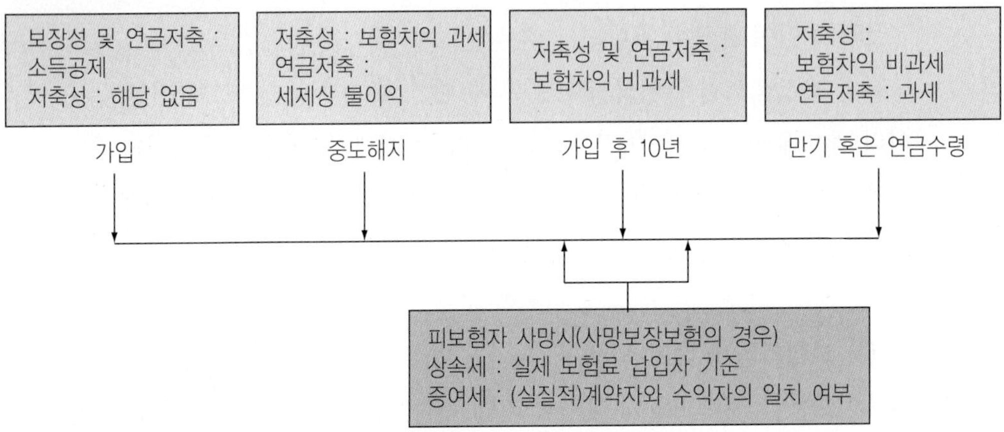


### (2) 보험금과 상속세 및 증여세

보험사고의 발생으로 인해 받게 되는 보험금은 간주상속재산 혹은 간주증여재산으로 분류되어 상속세 및 증여세의 대상이 될 수 있다.

먼저 상속재산을 제공하는 사람(피상속인)이 피보험자가 되어 가입된 생명 및 손해보험에서 피보험자가 사망한 경우 보험료를 납부한 사람(즉 보험계약자)이 피보험자이거나 혹은 피상속인이 비록 보험계약자가 아니더라도 실질적으로 보험료를 납입한 사람이라면 이때의 보험금은 상속재산으로 간주된다.

다시 정리하면 피보험자의 사망으로 인한 보험금과 관련하여 상속세부과 여부를 결정하는 기준은 보험료불입을 누가 했느냐가 된다는 것이다. 예를 들어 경제적 능력이 없는 배우자나 자식이 보험계약자가 된 경우 피보험자인 아버지가 보험료를 납입한 것으로 볼 수 있고 이때 아버지의 사망으로 인한 보험금은 상속재산에 포함되며 보험금을 수령하는 보험수익자가 누구인지는 관계가 없다.

몇 가지 참고할 사항은 위의 경우 보험금은 금융재산에 속하여 상속세 계산에 있어 물적공제의 대상이 된다는 것이며, 또한 보험금은 본래의 상속재산에 속하지 않으므로 보험수익자로 지정된 상속인이 비록 부채의 과다 등으로 말미암아 상속포기를 하더라도 보험금을 받을 수 있는 자격은 여전히 남아 있다는 것이다.

다음으로 증여세는 보험료를 납입한 보험계약자와 보험금을 받는 보험수익자의 일치 여부를 기준으로 부과된다. 즉, 보험금을 받을 수 있는 조건을 만든 보험료 납입자가 보험금을 받는 사람과 다르다면 보험금이 증여되었다고 보고 증여세가 적용된다.

그런데 보험계약자와 보험수익자가 일치하더라도 만일 보험수익자가 보험계약기간 내에 다른 사람을 통해 보험료를 납입한 경우라면 여전히 증여세 과세에 해당되며, 이때 보험금의 증여시기는 보험료를 납입한 시점이 아니라 보험금을 받는 시점이 된다. 예를 들어 자식이 보험계약자이자 보험수익자인 경우 자식의 경제적 능력이 없다면 보험료납부가 부모를 통해 이루어졌다고 볼 수 있으며 따라서 그 결과 발생하는 보험금은 증여로 간주한다는 것이다.

그리고 보험료 납입능력이 없는 사람이 보험계약기간 전에 증여받거나 혹은 부모 등으로부터 빌린 돈으로 보험료를 납입한 경우도 일정기간(5년) 내에 발생한 보험사고에 대해서는 대부분의 경우 보험료를 제외한 나머지를 증여금으로 간주한다.

## 3. 제3보험

### 1) 제3보험의 중요성

최근 들어 상해보험을 제외한 질병보험(의료보장보험, 치명적 질병보험[CI보험], 소득보상보험을 포함) 및 장기간병보험 등 이른바 건강보험 혹은 생활보험에 대한 수요가 늘어나고 있으며, 또한 이것들에 대한 일반인들의 관심이 커지고 있는 실정이다.

따라서 이러한 보험 분야에 대해 좀 더 자세히 알아볼 필요가 있는데, 먼저 그 이유를 설명해줄 시장환경적 변화를 나열하면 다음과 같다.[105]

#### (1) 급속한 인구노령화

평균수명의 연장과 노인인구의 증가는 이미 전 세계적인 현상인데 이것은 노인성 질환의 발생건수가 증대됨과 함께 노인의료비용의 상승으로 연결되고 있다. 노인성 질환은 질병기간의 장기화, 치매와 일상생활의 장해상태 등으로 말미암은 간병의 필요 등을 그 주요 현상으로 한다.

#### (2) 질병형태의 변화와 새로운 의료항목에 대한 비용의 발생

생활양식의 변화와 경쟁사회 및 산업사회로의 진화 등은 순환기계질환, 근골격계 및 결합조직질환, 정신 및 행동장애 등으로 질병의 형태가 변화하는 결과를 낳고 있다. 따라서 이러한 의료항목에 대한 진료비용을 집중적으로 담보해줄 수 있고 또한 비록 공적보험인 국민건강보험에서 일부를 부담하고 있다고는 하나 의약분업, 의료수가의 인상 등으로 인해 전체 의료비가 증가하는 현실 속에서 자동적으로 늘어가는 본인부담비용을 커버해줄 수 있는 보험상품이 필요하다. 참고로 우리나라의 공적 의료보험의 경우 보장대상에 해당하는 입원과 통원 의료비에 대해 전체비용의 각각 80% 및 45-70%를 부담하고 있다.

#### (3) 가족구성의 변화 노인간병문제의 대두

핵가족화의 급진전으로 노인부부가구와 독거노인가구가 확대되고 있으며 여성의 사회진출로 노인간병이 점차 가족 외부에 의존하지 않을 수 없게 되고 있다.

### 2) 제3보험의 개요[106)]

제3보험이란 사람의 신체에 대하여 발생하는 보험사고들, 예를 들어 사망 및 후유장해 등과 같은 상해와 여러 질병, 그리고 이러한 것들이 원인이 되어 발생한 간병의 필요상태 등으로 말미암은 손해를 보상하기 위한 보험을 말한다. 여기서 후유장해란

105) 보험연수원, 『제3보험상품해설』, 2005, pp. 104-105 참조.
106) 보험연수원, 위의 책, pp. 6-15 · 112-115 참조.

상해가 치유된 후 직접결과로서 사고일로부터 1년 이내에 신체의 일부를 잃었거나 또는 그 기능이 영구히 상실된 상태를 말한다.

이러한 제3보험에는

i) 상해보험(재해상해보험)

ii) 질병보험(의료보장보험, 치명적 질병보험, 소득보상보험)

iii) 장기간병보험(장기간병보험) 등 세 종류가 있다(괄호 안은 실제 판매되는 보험상품을 가리킨다).

그리고 실무적으로 봤을 때 질병보험과 장기간병보험은 건강보험 혹은 생활보험으로 불린다.

그림 21-5» 제3보험

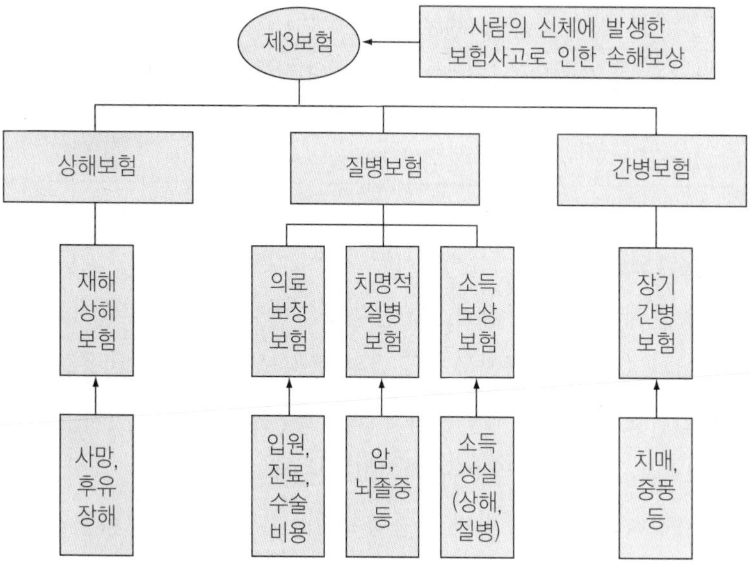


### (1) 상해보험

급격하고도 우연한 외래적 사고로 말미암아 사망, 후유장해 등의 상해사고가 발생한 경우 상해의 치료비용이나 이로 말미암은 경제적 손실을 보상하기 위한 보험을 말한다. 상해보험은 보험사고의 발생 여부 자체가 불확실하기 때문에 사망과 생존을 보험사고로 하여 발생 자체는 확실하지만 그 시기가 불확실한 생명보험과 구분된다.

상해보험의 계약상의 특징을 보면

i) 계약체결시나 보험수익자의 지정, 변경시 피보험자의 동의를 얻도록 하고 있는 것

ii) 피보험자의 중대한 과실에 의한 사고라 할지라도 보험금을 지급하도록 한다는 것

iii) 중복적 보험가입에 따른 문제점이 없다는 것 등이 있다.

**표 21-5** » 상해보험 주계약 사례

| 구분 | 지급사유 |
|---|---|
| 교통재해 사망보험금 | 교통재해를 직접적인 원인으로 사망시 |
| 재해사망보험금 | 교통재해 이외의 재해를 직접적인 원인으로 사망시 |
| 교통재해 장해급여금 | 교통재해를 원인으로 장해분류표에서 정한 각 장해지급율에 해당하는 장해상태시 |
| 재해장해급여금 | 교통재해 이외의 재해를 원인으로 장해분류표에서 정한 각 장해지급율에 해당하는 장해상태시 |
| 만기급여금 | 보험기간이 끝날 때까지 생존시 |

### (2) 질병보험

건강상 문제가 나타난 상태, 즉 건강하지 못하거나 신체의 기능상 장애가 있는 상태를 보험사고로 하여 일정금액의 급부 또는 실제 소요된 비용보상을 약속함으로써 보험사고가 초래하는 경제적 손실을 보장해주는 보험을 말한다.

질병보험의 필요성은 갈수록 커지고 있는데 그 이유로는 위에서 언급한바 질병보험에서 보장하는 병들의 발병 가능성 증가, 본인부담 의료비용의 증가 외에도 의료기술의 발달에 의한 사망시점까지 치료기간의 확대, 그리고 진단기술의 향상에 따른 발병기간의 연장 등이 있다.

질병보험에는 치명적 질병보험(CI보험), 의료보장보험, 소득보상보험, 그리고 암, 건강보험 등이 있다.

㉮ **치명적 질병보험**

치명적 질병(Critical Illness)이란 암, 뇌졸중, 심근경색, 관상동맥수술 등과 같은 치명적 중병상태를 의미한다. 이 보험이 사망시에만 보험금을 지급하는 일반 생명보험과 다른 특징은 치명적 질병발병시 사망보험금의 일부(50-100%)를 선지급하거나 생활보험금(Living Benefit)을 생전에 지급한다는 것인데, 이것은 고액의 치료비 지불을 도와 고객의 생존을 돕고 이외에도 실직에 따른 소득보전, 신체장해에 따른 집안내부 개조, 채무변제 등에 유용하게 쓰일 수 있도록 하는 역할을 한다.

**표 21-6** » 치명적 질병보험(CI 보험) 주계약 사례

| 구분 | 지급사유 | 지급금액 |
|---|---|---|
| 사망 보험금 | (CI가 발생하지 않는 경우)<br>보험기간 중 사망 또는 장해지급률 80% 이상의 장해상태시 | 기본보험금+가산보험금 |
| | (CI가 발생한 경우)<br>보험기간 중 사망 또는 장해지급률 80% 이상의 장해상태시 | 50%(80%) 선지급형 :<br>기본보험금의 50%(20%)+ 가산보험금 |
| CI 보험금 | 제1보험기간 중(80세 이전) 중대한 질병, 중대한 수술, 중대한 화상 및 부식발생<br>(최초 1회에 한함) | 50%(80%) 선지급형 :<br>기본보험금의 50%(20%)+ 가산보험금 |

이러한 보험금의 선지급이 가지는 의미는 근간에 들어 의료기술이 발달함에 따라 치명적 질병 발병 이후에도 생존 가능성이 점차 높아지고 있다는 데 있다. 예를 들어 뇌졸중 진단 후 70%가 1년 이상 생존하고 암진단 이후에도 거의 반 정도가 5년 이상 생존하며 심근경색의 경우도 20% 정도는 6년 이상 생존하기 때문이다. 치명적 질병(Critical Illness)은 i) 암, 심근경색 등과 같은 치명적 질병, ii) 관상동맥수술, 심장판막수술 등과 같은 치명적 수술, iii) 혼수상태, 사지마비와 같은 치명적 장해 등 세 가지로 나뉜다.

### ㉯ 의료보장보험(Health Insurance)

의료보장보험은 의료비용보상에 제한을 둔 우리나라의 공적 의료보험인 국민건강보험을 개인적으로 보충할 수 있도록 하는 의도에서 시작되었다. 입원의료비와 외래진료비, 수술비 등에 대한 보조를 통해 입원이나 수술 등에 따르는 막대한 의료비용에 대한 부담을 덜어준다.

**표 21-7** 의료보장보험 주계약 사례

| 급부명칭 | 지급사유 |
|---|---|
| 치료자금 | 5대 질병 진단시(각각 1회 한) |
| 수술자금 | 10대 주요 성인질환으로 수술시(1회당) |
| 입원급여금 | 질병으로 4일 이상 입원시(3일 초과 1일당) |
| 납입면제 | 5대 질병 진단시 또는 동일한 원인으로 50% 이상 장해시 |
| 만기축하금 | 보험대상자(피보험자)가 만기 생존시 |

### ㉰ 소득보상보험(Disability Income)

소득보상은 상해나 재해 등으로 말미암은 소득상실을 보상하기 위한 상품이며 의료기술의 발달 등으로 인한 사망률의 감소와 밀접한 관계를 가지고 있다. 그러나 현재 소득보장보험은 아직 도입초기 단계에 머물러 있는 상태이다.

### (3) 장기간병(Long Term Care)보험

장기간병보험은 질병보험과 달리 질병의 유무가 아니라 와상상태에서 이동하기, 식사하기, 화장실 이용, 목욕하기, 착탈의 등 일상생활에 있어서의 장해상태나 치매상태 등과 같이 신경계통의 기능, 정신 또는 신체에 현저한 장애가 남아 항시 타인의 보살핌을 필요로 하는 경우를 보험사고로 한다(〈표 21-8〉 참조).

**표 21-8** 일상생활 기본동작(ADLs) 제한 장해평가표

| 유형 | 제한정도에 따른 지급률 |
|---|---|
| 이동 동작 | • 특별한 보조기구를 사용함에도 불구하고 다른 사람의 계속적인 도움이 없이는 방 밖으로 나올 수 없는 상태(지급률 40%)<br>• 휠체어 또는 다른 사람의 도움 없이는 방 밖으로 나올 수 없는 상태(30%)<br>• 목발 또는 walker를 사용하지 않으면 독립적인 보행이 불가능한 상태(20%)<br>• 독립적인 보행은 가능하나 파행이 있는 상태, 난간을 잡지 않고는 계단을 오르고 내리기가 불가능한 상태, 평지에서 계속하여 100m 이상을 걷지 못하는 상태(10%) |
| 음식물 섭취 | • 식사를 전혀 할 수 없어 계속적으로 튜브나 경정맥 수액을 통해 부분 혹은 전적인 영양공급을 받는 상태(20%)<br>• 수저 사용이 불가능하여 다른 사람의 계속적인 도움이 없이는 식사를 전혀 할 수 없는 상태(15%)<br>• 숟가락 사용은 가능하나 젓가락 사용이 불가능하여 음식물 섭취에 있어 부분적으로 다른 사람의 도움이 필요한 상태(10%)<br>• 독립적인 음식물 섭취는 가능하나 젓가락을 이용하여 생선을 바르거나 음식물을 자르지는 못하는 상태(5%) |
| 배변 배뇨 | • 배설을 돕기 위해 설치한 의료장치나 외과적 시술물을 사용함에 있어 타인의 계속적인 도움이 필요한 상태(20%)<br>• 화장실에 가서 변기 위에 앉는 일(요강을 사용하는 일 포함)과 대소변 후에 화장지로 닦고 옷을 입는 일에 다른 사람의 계속적인 도움이 필요한 상태(15%)<br>• 배변, 배뇨는 독립적으로 가능하나 대소변 후 뒤처리에 있어 다른 사람의 도움이 필요한 상태(10%)<br>• 빈번하고 불규칙한 배변으로 인해 2시간 이상 계속되는 업무(운전, 작업, 교육 등)를 수행하는 것이 어려운 상태(5%) |
| 목욕 | • 다른 사람의 계속적인 도움 없이는 샤워 또는 목욕을 할 수 없는 상태(10%)<br>• 샤워는 가능하나, 혼자서는 때밀기를 할 수 없는 상태(5%)<br>• 목욕시 신체(등 제외)의 일부 부위만 때를 밀 수 있는 상태(3%) |
| 옷 입고 벗기 | • 다른 사람의 계속적인 도움 없이는 전혀 옷을 챙겨 입을 수 없는 상태(10%)<br>• 다른 사람의 계속적인 도움 없이는 상의 또는 하의 중 하나만을 착용할 수 있는 상태(5%)<br>• 착용은 가능하나 다른 사람의 도움 없이는 마무리(단추 잠그고 풀기, 지퍼 올리고 내리기, 끈 묶고 풀기 등)는 불가능한 상태(3%) |

**자료** : 표준약관(생보), 2005년 2월 개정.

보험급여의 종류로는 간병상태의 사망 또는 간병상태가 발생한 경우에 약정보험금을 지급하는 정액보험, 간병기간에 따라 간병연금 등의 간호비용을 지급하는 실손형 정액보험, 건강자에게 지급되는 각종 생존급부금 등이 있다.

표 21-9 » 장기간병보험 주계약 사례

| 급부명칭 | | 지급사유 |
|---|---|---|
| 발병후 | 장기간병 일시금 | "일상생활장해상태" 또는 "치매상태"로 최초 진단확정시(단 최초로 발생한 1회의 진단확정에 의함) |
| | 정기간병 연금 | "일상생활장해상태" 또는 "치매상태"로 최초 진단확정 후 매월 지급사유 발생 해당일에 생존시 |
| | 장기간병 위로금 | "일상생활장해상태" 또는 "치매상태"로 최초 진단확정 후 3, 6, 9년 도차 생존시 |
| 만기축하금 | | 장기간병일시금, 장기간병연금, 장기간병위로금의 보험금지급사유가 발생하지 아니하고 만기까지 생존시 |

## 4. 손해보험

손해보험은 재산의 손실 및 타인에 대한 배상(property and liability)이 가져오는 경제적 위험으로부터 보호받기 위한 장치이다. 예를 들면 재산의 손실과 관련된 보험의 경우 화재보험을 필두로 하여 해상보험 등이, 배상문제에 있어서는 근로자 재해보상책임보험, 자동차보험(대인 및 대물배상) 등이 대표적이다.

그런데 우리나라의 손해보험회사에서 실제로 판매하고 있는 보험상품은 생명보험상품이라 할 수 있는 연금보험을 포함하여 매우 다양하며 실무적으로 다음과 같이 구분된다.

## 1) 손해보험의 종류

### (1) 장기저축성 보험

운전자보험, 건강보험, 가정종합보험, 어린이보험, 근로자우대저축상해보험, 암보험

### (2) 특종보험

상해보험, 여행보험, 배상(생산물, 임원, 의사)책임보험, 건설공사보험, 기계보험, 풍수재보험, 동산종합보험, 도난보험, 보증보험

### (3) 화재보험

### (4) 해상보험

선박보험, 적하보험, 운송보험, 항공보험

### (5) 연금보험

연금저축 손해보험

## 2) 손해보험의 내용과 구입

손해보험에는 위에서 본 바와 같이 다양한 상품이 있다. 그런데 실제적으로 개인과 관계되는 보험은 생명보험에서 이미 다룬 것들을 제외하고는 자동차보험 등 몇몇 상품에 한정된다. 따라서 아래에서는 자동차보험을 위주로 설명하고자 한다.

손해보험을 구입하는 경우도 일반 보험과 마찬가지로 최대보장금액을 포함하는 보장내용이 적절하다는 조건하에 보험가입에 따른 비용과 보험에 의해 보장되는 영역, 즉 혜택을 비교하여야 할 것이다.

## 3) 자동차보험

자동차보험이란 운송수단인 자동차의 소유, 사용, 관리로 인해 발생할 수 있는 각종 경제적 위험들, 예를 들어 타인이나 자신 등에게 미친 신체적 사상이나 재물의 손실로부터 보호받기 위한 것이다. 그러나 자동차보험에 가입하면 이러한 보장 외에 피해자의 사망이나 10대 중대교통법규위반 등과 같은 중대한 과실이 없는 한 형사적 책임으로부터도 면제시켜주며 자동차 견인 등과 같은 각종 보험회사의 서비스를 받을 수도 있어 자동차를 필요로 하는 현대생활에 있어 불가결한 요소가 되고 있다.

### (1) 자동차보험의 종류

자동차보험은 타인에게 입힌 손해에 대해서 가능한 한 보상이 이루어지도록 하는 것을 목적으로 하여 국가에서 강제적으로 가입하도록 하는 의무보험과 개인의 의사에 따라 가입 여부를 선택할 수 있는 임의보험으로 크게 나뉜다. 〈표 21-10〉은 자동차보험 종류에 따른 각각의 담보종목에 대해서 설명하고 있다.

표 21-10 » 자동차보험의 종류

| 종류 | 항목 | 담보내용 | 비고 |
|---|---|---|---|
| 의무보험 | 대인배상1 | 피보험자가 피보험자동차를 소유, 사용, 관리하는 동안 제3자에게 입힌 상해(사망, 부상, 장해)를 보상 | 상해별 보상한도액 있음. 단, 사고당 한도액은 없음 |
| | 대물배상 | 피보험자가 제3자에게 입힌 재물피해를 보상 | (1천만-무한)보상한도를 선택 |
| 임의보험 | 대인배상2 | 위의 대인배상1로 보상할 수 없는 초과손해를 보상 | (무제한 포함)보상한도를 선택 |
| | 자기신체사고 | 피보험자동차와 관련하여 피보험자 스스로의 과실로 인해 자신 및 가족에게 발생한 상해를 보상 | 상해(사망, 후유장해, 부상) 각각에 대한 보상한도액 있음 |
| | 자기차량사고 | 피보험자동차에게 발생한 손해(차제손상 및 도난 등)를 보상 | 보험가입금액 한도 내에서 실손 보상 |
| | 무보험차상해 | 뺑소니 및 무보험차량에 의하여 피보험자에게 발생한 상해보상 | 1인당 최고한도액(2억) 있음 |

담보종목 각각에 대해 보험사고시 보험회사로부터 보장받을 수 있는 사람들, 이른바 피보험자들은 보험증권에 기재된 기명피보험자 외에도 여러 사람이 있는데 주요 피보험자들은 〈표 21-11〉과 같다(자세한 규정은 약관을 참조할 것).

주의할 점은 가족한정특약 등을 통해 운전자의 범위를 제한하는 경우 보장받을 수 있는 사람이 특약의 범위 내로 대폭 축소된다는 사실이다.

**표 21-11** 보험종목별 주요 피보험자의 범위

| 항목 | 피보험자의 범위 |
|---|---|
| 대인배상Ⅰ, 대인배상Ⅱ, 대물배상 | • 보험증권에 기재된 피보험자(기명피보험자)<br>• 기명피보험자와 같이 살거나 살림을 같이 하는 친족으로서 피보험자동차를 사용 또는 관리중인 자<br>• 기명피보험자의 승낙을 얻어 피보험자동차를 사용하거나 관리중인 자(약관 참조)<br>• 기명피보험자의 사용자 또는 계약에 의하여 기명피보험자의 사용자에 준하는 지위를 얻은 자(약관 참조) 등 |
| 자기신체사고 | • 대인배상Ⅱ의 피보험자+피보험자의 부모, 배우자 및 자녀 |
| 무보험 자동차 | • 기명피보험자 및 기명피보험자의 배우자(피보험자동차 탑승 중 여부는 불문)<br>• 기명피보험자 또는 그 배우자의 부모 및 자녀(피보험자동차 탑승 중 여부는 불문)<br>• 피보험자동차에 탑승중인 경우로 기명피보험자의 승낙을 얻어 피보험자동차를 사용 또는 관리중인 자(약관 참조) |
| 자기차량손해 | • 보험증권에 기재된 기명피보험자 |

그런데 비록 보험에 가입되어 있다 하더라도 보상을 받지 못하는 경우가 있다. 약관상 피보험자로 인정되지 않는 사람이 운전한 경우 외에 대표적인 경우가 고의적 사고, 천재지변, 전쟁 등으로 인한 사고 등이다(〈표 21-12〉 참조).

한편 음주운전의 경우는 대인배상과 대물배상에 있어 본인부담금이 있다.

**표 21-12** » 보험회사가 보상하지 않는 주요사항(면책사항)

| 구분 | 보상하지 않는 주요 사항 |
|---|---|
| 공통 사항 | • 보험계약자 또는 피보험자의 고의로 인한 손해<br>• 전쟁, 혁명, 내란, 사변, 폭동, 소요 및 이와 유사한 사태에 기인한 손해. 지진, 분화, 태풍, 홍수, 해일 등의 천재지변에 의한 손해. 핵연료물질의 직접 또는 간접적인 영향에 기인한 손해(단, 자기신체사고 및 자기차량손해의 경우 태풍, 홍수, 해일 등의 천재지변에 의한 손해를 보상)<br>• 피보험자동차를 시험용, 경기용 또는 경기를 위해 연습용으로 사용하던 중 생긴 손해. 다만, 운전면허시험을 위한 도로주행시험용으로 사용하던 중 생긴 손해(대인배상 I 제외)<br>• 요금이나 대가를 목적으로 반복적으로 피보험자동차를 사용하거나 대여한 때에 생긴 손해(대인배상 I 제외)<br>• 무면허운전(의무보험과 자기신체사고는 제외. 자세한 내용은 약관 참조)<br>• 마약, 약물 등의 영향(대인배상 I, II 및 대물배상 제외. 약관 참조) |
| 대인 배상Ⅱ | • 다음에 해당하는 사람이 죽거나 다친 경우 : 기명피보험자, 피보험자동차를 운전 중인 자(운전보조자를 포함), 기명피보험자로부터 허락을 얻어 피보험자동차를 운행하는 자(각각의 경우 그 부모, 배우자 및 자녀 포함)<br>• 배상책임이 있는 피보험자의 피용자 혹은 피보험자가 피보험자동차를 사용자의 업무에 사용하는 경우 그 사용자의 업무에 종사중인 다른 피용자로서 산업재해보상보험법에 의한 재해보상을 받을 수 있는 사람. 다만, 그 사람이 입은 손해가 동법에 의한 보상범위를 넘어서는 경우에는 그 초과손해는 보상함 |
| 대물 배상 | • 피보험자 또는 그 부모, 배우자 및 자녀가 소유, 사용 또는 관리하는 재물에 생긴 손해<br>• 피보험자가 사용자의 업무에 종사하고 있을 때 피보험자의 사용자가 소유, 사용 또는 관리하는 재물에 생긴 손해<br>• 피보험자동차에 싣고 있거나 운송중인 물품에 생긴 손해<br>• 남의 서화, 골동품, 조각물, 기타 미술품과 탑승자와 통행인의 의류나 휴대품에 생긴 손해<br>• 탑승자와 통행인의 분실 또는 도난으로 인한 소지품에 생긴 손해. 그러나, 훼손된 소지품에 대하여는 한도 내에서 실손 보상 |
| 자기 신체 사고 | • 피보험자가 범죄를 목적으로 피보험자동차를 사용하던 중 또는 싸움, 자살행위로 그 본인이 상해를 입은 때. 이 경우 당해 피보험자에 대한 보험금만 지급하지 아니함<br>• 상해가 보험금을 받을 자의 고의로 생긴 때에는 그 사람이 받을 수 있는 금액 |

**표 21-12** » 계속

| | |
|---|---|
| 자기 차량 사고 | • 사기 또는 횡령으로 인한 손해<br>• 피보험자동차에 생긴 흠, 마멸, 부식, 녹, 그 밖의 자연소모로 인한 손해<br>• 피보험자동차의 일부 부분품, 부속품, 부속기계장치만의 도난으로 인한 손해<br>• 동파로 인한 손해 또는 우연한 외래의 사고에 직접 관련이 없는 전기적, 기계적 손해<br>• 피보험자동차를 운송 또는 싣고 내릴 때에 생긴 손해<br>• 음주운전(자세한 내용 약관 참조) |
| 무보험 자동차 | • 피보험자가 범죄를 목적으로 피보험자동차를 사용하던 중 또는 싸움, 자살 행위로 생긴 손해<br>• 피보험자가 마약 또는 약물 등의 영향에 의하여 정상적인 운전을 하지 못하는 상태에서 운전하던 중 생긴 사고로 인한 손해<br>• 기명피보험자나 보험증권에 기재된 범위내의 운전자가 아닌 사람이 피보험자동차를 운전하였을 때 생긴 사고로 인한 손해 |

### (2) 자동차보험계약상 주의사항

자동차보험 약관상에는 보험회사는 몇 가지 경우에 보험계약을 해지할 수 있다고 기술하고 있으며 해약이 실제로 이루어지는 경우 사고발생시에 보장을 받을 수 없게 되므로 주의해야 한다. 몇 가지 대표적인 사항들을 나열해보면 다음과 같다.

#### ㉮ 보험계약자가 계약전 알릴 의무를 위반한 경우

우선 해당 보험계약을 맺는 담보종목의 보상내용과 전부 또는 일부가 일치하는 다른 보험계약(공제계약을 포함합니다)을 맺고 있을 때는 그 계약사항을 알려야 한다. 이외에도 보험료의 계산에 영향을 미칠 수 있는 사항들에 대해 사실대로 알려야 한다.

하지만 다음의 경우에 보험회사는 보험계약을 해지하지 못하도록 되어 있다.

i) 보험계약을 맺은 때에 보험회사가 보험계약자가 알려야 할 사실을 알고 있었거나 보험회사의 중대한 과실로 알지 못하였을 때

ii) 보험계약자가 보험금을 지급할 사고가 발생하기 전에 보험청약서의 기재사항에 대하여 서면으로 변경을 신청하여 보험회사가 이를 승인한 때

iii) 보험회사가 보험계약자가 계약전 알릴 의무를 이행하지 아니한 사실을 안 날로부터 보험계약을 해지하지 아니하고 1월이 경과한 때

iv) 보험회사가 보험계약을 맺은 날로부터 보험계약을 해지하지 아니하고 3년이 경과한 때

v) 보험계약자가 알려야 할 사항이 보험회사가 위험을 측정하는 데에 관련이 없는 때 또는 적용할 보험료에 차액이 생기지 아니한 때

**㉯ 보험계약자가 계약 후 알릴 의무를 위반한 경우**

i) 이 보험계약을 맺는 담보종목의 보상내용과 전부 또는 일부가 일치하는 다른 보험계약(공제계약을 포함합니다)을 맺게 된 사실

ii) 용도, 차종, 등록번호, 적재정량, 구조 등 피보험자동차에 관한 사항이 변경된 사실

iii) 피보험자동차에 화약류, 고압가스, 폭발물, 인화물 등의 위험물을 싣게 된 사실

iv) 기타 위험이 뚜렷이 증가하거나 또는 적용할 보험료에 차이를 발생시키는 사실

그러나 다음의 경우에는 보험계약을 해지하지 못하도록 되어 있다.

i) 보험회사가 보험계약자가 계약 후 알릴 의무를 이행하지 아니한 사실을 안 날로부터 보험계약을 해지하지 아니하고 1월이 경과한 때

ii) 보험계약자가 알려야 할 사실이 뚜렷하게 위험 또는 적용보험료를 증가시킨 것이 아닌 때

**㉰ 보험계약자가 정당한 이유없이 법령에서 정한 자동차검사를 받지 아니한 경우**

한편 자동차보험계약이 유효한 기간은 보험료를 받고 시작되는 보험기간의 첫날 24시부터 마지막 날 24시까지이다. 그러나 자동차보험에 처음 가입하는 자동차의 경우는 보험료를 받는 순간부터 시작된다.

### (3) 자동차사고와 보험

자동차사고는 대부분 교통사고이며 고의가 아닌 과실에 의한 것이지만 결과적으

로 타인에게 피해를 입혔기 때문에 민 · 형사적인 문제가 따를 수 있으며 특히 대인 사고가 그러하다. 그러나 이 경우 만일 피해자와 원만한 합의가 이루어지거나 보험(무제한 보상)을 통해 이것이 이루어졌다고 간주할 수 있는 경우는 형사적인 책임을 면해주고 있다. 한편 중상해의 경우는 보험가입과 관계없이 형사합의가 반드시 이루어져야 하는데, 여기서 중상해란 신체의 상해로 인해 불구 혹은 난치의 질병에 이르는 경우를 말한다.

그런데 몇 가지 경우에 있어서는 이러한 예외가 인정되지 않고 있으니 예를 들어 뺑소니운전, 사망사고와 함께 10대 중대교통법규 위반을 동반한 인명피해사고이다. 10대 중대교통법규 위반은 a) 신호 및 지시위반 b) 중앙선침범 및 고속도로 또는 자동차전용도로에서의 횡단, 회전, 후진위반 c) 속도위반(최고제한속도를 시속 20km 이상 초과) d) 무면허운전 e) 음주운전 f) 횡단보도사고 g) 앞지르기 위반사고 h) 건널목 통과방법 위반 i) 인도 돌진 j) 개문발차 등이다.

한편 다른 사람의 차량을 운전하다가 사고가 발생하는 수가 있다. 이때 만일 자신이 구입한 자동차보험이 있고 여기에 무보험차상해가 가입종목으로 들어 있다면 이 종목에 의해 담보되는 다른 자동차운전담보특약에 의해 보장을 받을 수 있다. 이외에 추가적으로 발생한 교통사고 후유증, 미성년자의 사고, 일반 뺑소니 사고, 건강보험과의 관계, 소지품에 대한 손해 등에 대해서는 약관이나 보험회사를 통해 보험금 지급 여부를 일단 확인할 필요가 있다.

또한 약관에서는 자동차보험과 관련하여 피보험자가 피해자 즉 손해배상청구권자에게 법률상의 손해배상책임을 지는 사고가 생긴 때에는 손해배상청구권자가 보험회사에 직접 보험금을 청구할 수 있도록 하고 있다.

참고로 자동차사고가 발생하였을 경우 보험금의 지급 등에 관해 보험회사와 보험계약자, 피보험자, 손해배상청구권자, 기타 이해관계인과의 사이에 분쟁이 발생할 수 있는데 이때 금융감독원에 설치된 금융분쟁조정위원회의 조정을 받을 수 있다.

### (4) 자동차보험의 구매

자동차보험의 구매에 있어서는 가격인 보험료, 서비스, 그리고 보험금을 지불할 금융기관으로서 보험회사의 지불능력 혹은 재무건전성을 고려해야 한다.

먼저 보험료와 관련하여 살펴보면 현재 자동차보험료는 〈그림 21-6〉에서 보는 바와 같이 다양한 요인에 의해 결정되고 있다.

**그림 21-6» 자동차보험료의 계산방법**

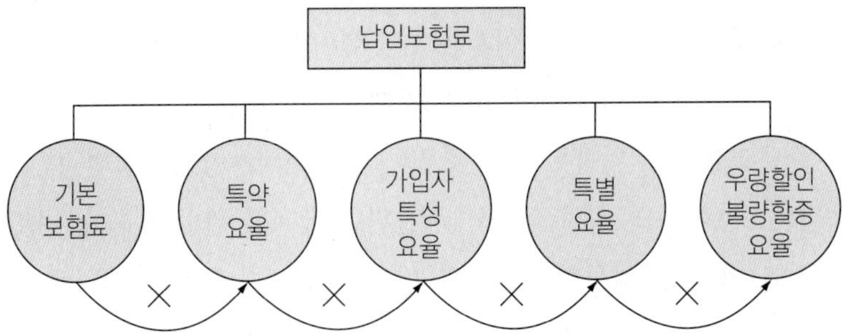


기본보험료 : 차종, 용도, 보험가입금액, 성별, 연령 등
특약요율 : 운전자 연령제한, 가족특약 등
가입자 특성요율 : 보험가입기간, 법규위반경력
특별요율 : 자동차구조, 운행실태 등 특별사항
우량할인과 불량할증 : 사고발생실적 등

이러한 내용을 볼 때 보험료를 낮추고자 한다면 기본적으로 사고발생을 줄여야 하며 운전자를 가족이나 특정연령 이상의 사람에 국한시킬 필요가 있다.

그러나 같은 조건하에서도 보험회사별 서비스의 내용과 가격 차이가 있을 수 있다. 왜냐하면 보험료의 경우 보험료산정에 있어 기초가 되는 사고횟수, 사고금액 등의 통계자료가 각 보험회사마다 다를 수 있기 때문이다. 그러므로 보험구매를 결정하기 전 몇 군데 보험회사의 견적서 비교를 통한 검토가 필요하다.

한편 보험회사가 만일 파산하는 경우는 보험사고 발생시 예금자보호법에 따라 5천만 원 한도에서 보상받을 수 있으며 사고가 발생하지 않은 경우는 잔여보험기간에 해당하는 보험료를 환급받게 된다.

보험가입시 확인사항은 다음과 같다.

자동차사고 발생시 보상문제가 발생할 소지가 있으므로 차량등록증상의 소유주와 기명피보험자는 동일하게 할 필요가 있다. 그리고 보험료를 고려하여 운전자를 제한하는 문제에 대해 생각해볼 필요가 있다. 보험료는 제한의 폭이 좁을수록 내려가며, 아울러 어떤 사람이 기존에 사고발생기록이 있어 할증이 적용된 경우라면 3년 동안 적용된다는 것도 고려할 필요가 있다.

선택의 여지가 있는 보험항목들, 예를 들어 자기신체사고의 가입금액, 대물배상의 크기에 대해서도 사고가 날 것을 예상하여 판단해야 한다. 대물배상의 경우 근간에 고가의 수입자동차가 늘어나면서 대물배상의 크기 역시 커지고 있다는 것을 염두에 둘 필요가 있다. 보험가입기간은 1년 이하의 기간도 가능하며 이 경우 1년 계약에 비해 기간대비 보험료가 상대적으로 높다.

그리고 보험계약의 승계에 대해서도 알아둘 필요가 있다. 보험계약의 승계는 보험기간 중에 i) 피보험자동차를 양수하는 사람이 기존의 보험계약을 인수하거나 ii) 피보험자동차를 다른 자동차로 교체(대체)하는 경우에 해당된다. 승계는 새로운 보험을 구매하는 데 따르는 번거로움이나 추가적 비용 발생을 막아주는 역할을 한다.

보험회사가 위 i)의 승계에 대해 승인을 하는 경우에는 피보험자동차의 양수인에게 적용되는 보험요율에 따라 피보험자동차의 양도 전의 보험계약자에게 보험료를 반환하거나, 피보험자동차의 양도 후의 보험계약자에게 추가보험료를 청구한다.

우리 모두의 미래상 : 중국 전통극인 경극을 보고 있는 중국의 노인들

멋지게 나이가 들어간다는 것은 하루를, 그리고 하나의 계절을 온전히 경험하는 것입니다. … 세상이 우리의 이해수준을 벗어날 정도로 변하고 주위의 사랑하는 사람들을 잃게 된 후에도 계속 살아 있다면 그 삶은 얼마나 공허할까요? – 엘리자베스 퀴블러 로스, 『인생수업』에서

영국에서 가장 행복한 사람은 은퇴해서 안락하게 살 수 있을 만큼의 경제적 여유가 있으며 건강하고 현재의 집을 떠날 생각이 없는 사람이었다.
– 리즈 호가드, 『행복』에서

# 제 22 장

# 노후위험의 관리와 은퇴경영

# | 들 | 어 | 가 | 기 | 에 | 앞 | 서 |

사람들은 노후라는 인생의 특정시기가 살다 보면 언젠가 다가오리라는 사실을 인식하고 있다. 하지만 대부분의 경우 여기서 한걸음 더 나아가 어떻게 살 것인가에 대한 문제제시나 문제해결을 구체적으로 시도하지는 못하고 있는 편이다. 아마도 지금과는 분명히 다른 육체적, 정신적 변화가 다가온다는 사실에 대한 비현실감, 부정적 미래를 인정하기보다 외면하고 싶다는 현실도피, 아니면 당장 눈앞에 닥친 현안문제의 우선적 해결 등을 이유로 말이다. 그러나 노후는 피할 수 없는 현실이며 좀 더 냉정히 말하자면 인생의 험난한 계곡, 혹은 어두운 골목이 될 가능성이 많은 시기이다.

노후는 인생의 자연스러운 부분이 아니라 위험의 시기로 인식되고 준비되어야 한다. 노후는 과거와 달리 매우 길고도 또한 어려운 시기이지만, 다행히도 인생의 다른 위험들과는 달리 미리 예고된 위험의 시기라는 특징이 있다.

한편 사람들은 대부분 노후를 경제적 위험 측면에서만 접근하려는 경향이 있다. 물론 노후는 건강 등의 문제로 인해 경제능력이 상대적으로 낙후된 시기임에는 틀림이 없다. 그러나 이 시기 역시 젊을 때와 거의 변함이 없는 인간적 욕구를 가지므로, 이에 따라 노후에 대한 좀 더 종합적인 차원에서의 접근이 필요하다.

## 1. 노후준비의 필요성과 위협요소

### 1) 노후준비의 필요성

개인자산관리의 핵심적인 두 가지 가정은 인간의 삶이 유한하다는 것과 인간은 궁극적으로 행복을 추구한다는 것이다. 그런데 만일 또 하나를 추가한다면 그것은 행복은 시간의 가중치를 가진다는 것인데, 인생 후반부의 행복은 전반부에 비해 상대적 크기를 달리한다고 볼 수 있다.

개인자산관리의 목적이 인생 전체의 효용, 즉 행복감을 최대화함에 있다면 은퇴계획 혹은 은퇴경영의 문제만큼 중요한 것도 사실 없다. 피터 드러커 역시 인류의 노령화 현상 및 노후문제와 관련하여 "인류역사에 있어 처음으로 개인들은 그들이 속한 기관 혹은 조직보다 더 오래 존속할 수 있음을 예상할 수 있게 되었고 이것은 전적으로 새로운 도전을 우리에게 던져주고 있다. 즉, 인생의 후반부에 우리가 무엇을 할 것인가 하는 것이다"[107]라고 하여 노후문제는 이제 심각히 다루어야 할 이슈가 되었음을 알린다.

은퇴경영의 문제가 중요해진 이유를 구체적으로 나열해보면, 우선 노후란 대부분의 사람들에게 있어 어떤 가능성을 가진 하나의 사건이 아니라 반드시 이루어지는 현실적 사실이라는 것이다. 사고나 병 등과 같이 삶의 만족감을 위협하는 문제들은 어쩌면 피해갈 수도 있는 것들이지만 노후란 전혀 그렇지 못하다. 게다가 이 시기는 시간이 지날수록 상황이 악화된다는 특징이 있다.

다음으로 노후란 20-30년 정도 지속될 수 있을 정도로 그 기간이 상당히 길며 또한 질병이나 여타 노후관련문제들이 현실화될 가능성이 매우 크기 때문에 예상 외의 많은 자금이 소요될 수 있다는 것이다.

107) Peter F. Drucker, 앞의 책, p. 380.

마지막으로 노후란 생산활동에 종사하는 젊은 시절과는 달리 소득을 창출할 능력이 많이 저하되어 있는 시기이며 또한 정신적, 육체적, 심리적으로 매우 약화되어 있는 상태이기 때문에 금전적 안정감이 가져다줄 효용이 상대적으로 더 커진다는 것이다.

### 2) 노후준비의 위협요소

그러나 이러한 사실에도 불구하고 노후란 적절한 대비를 함에 있어 몇 가지 위협적인 요소를 가지고 있다.

가장 대표적인 위협은 비현실감이다. 즉, 노후란 비록 대부분의 사람들이 무엇인가 준비되어야 할 인생의 위험요소라는 것을 인정하면서도 제대로 대처하지 못하는데 그 이유는 많은 경우 시간적으로 아직 여유가 있다고 생각하거나 상당히 막연한 일 또는 일종의 우연한 사고처럼 받아들이기 때문이다.

그런데 이러한 비현실감처럼 개인의 재정문제에 위협적인 것도 없는데, 이것을 우리의 육체적 건강에 있어 암과 같은, 즉 초기에 별다른 느낌이 없는 질병에 비유할 수 있다. 안일한 생활습관으로 발생하는 부채문제에서도 볼 수 있지만 비현실감 역시 단기간에 가시적으로 다가오는 외부적 충격에 비해 대처하기가 더욱 힘들고 막상 현실화되었을 때는 암처럼 문제를 해결하기가 상당히 어려운 상태라는 것이다.

한편 비현실감으로 인한 노후준비의 지연, 즉 노후용 저축을 미룸으로써 생기는 문제점은 투자에 있어 시간이 가진 힘을 제대로 활용하지 못한다는 측면에서 더욱더 심각성을 띠게 된다. 흔히 노후준비에 있어 유일한 지원군은 시간이요, 시간을 낭비하는 것은 돈을 낭비하는 것이나 다름없다고들 말한다. 복리라고 하는 금융세계의 일반적인 룰은 이자에 이자를 더함으로써 시간이 길어질 경우 엄청난 위력을 발휘하는데 여기에 대해서는 이미 살펴본 바 있다.

노후준비의 두 번째 위협요소로는 돈과 같은 눈에 보이는 자산들에만 집중하는 경향을 꼽을 수 있다. 노후에 많은 재산이 있으면 겉으로는 풍부하고 여유가 있어 보이겠지만 이 시기 역시 젊을 때와 다를 것이 별로 없이 삶의 여러 요소들이, 예를 들면 삶의 의미와 함께 경제적 도움을 주는 일과 직업의 보유, 그리고 가족을 비롯한 주위 사람들의 사랑의 확보, 그리고 더 이상 설명이 필요 없는 건강의 유지 등이 함께 충족되어야 한다. 더구나 이 시기가 날이 갈수록 길어지는 현실에 있어서는 더 말할 나위가 없다.

게다가 이러한 요소를 반드시 고려하지 않을 수 없는 까닭은 그 자체로 중요한 의미를 갖기도 하지만 만일 이 요소에 문제가 생기는 경우 재정상 큰 손실을 입기도 하기 때문인데, 건강과 자식 문제는 주위에서 흔히 볼 수 있는 문제이다. 따라서 개인의 삶에 있어 가장 분주한 40대에 직업적 성취나 명예를 위해 그리고 노후의 재정적 문제해결을 위해 노력하는 것도 중요하지만 자식이 제대로 성장할 수 있도록 시간을 내어 배려하고 건강을 크게 해치지 않는 것도 못지않게 중요하다는 사실을 인식해야 한다.

한편 은퇴 후의 일의 문제와 관련하여 드러커는 "인생의 후반기를 경영함에 있어서는 한 가지 필요조건이 있다. 그 일을 시작하기 오래전부터 그 일에 관련되어야 한다는 것이다. 많은 사회적 활동가들은 본래의 일에서 정상에 이르기도 전에 자신들이 선택한 두 번째 일을 하기 시작했다"라고 하여 오랜 기간을 두고 미리 계획하고 준비하는 것의 필요성을 역설한다.[108]

노후준비는 세 번째 위협요소는 젊은 시절에는 별로 문제가 되지 않지만 노후에는 경계해야 할 실질적인 경제적 위험들이 존재한다는 것이다. 대표적인 것이 장수위험과 인플레이션위험이다. 의료기술의 발달 등으로 인한 인간수명의 연장은 노후의 기간이 얼마나 될 것인지 알 수 없게 하고 있으며, 향후 지금과는 달리 인플레이션위협이 다시 도래하는 경우 이것은 실질소득의 감소를 가져와 경제적 문제를 야기시키게 된다.

따라서 이러한 경제적 위험들에 대해 대비가 필요한데 국민연금을 제외한 은퇴용 금융상품의 경우 두 가지 중에 하나의 위험에 대해서만 방어가 가능하거나 아니면 두 가지 모두에 대해 별다른 대책을 제공하지 못하고 있다.

---

108) Peter F. Drucker, 앞의 책, p. 283.

노후준비의 마지막 위협요소로는 노후재정문제에 관한 환경적, 제도적 변화를 들 수 있다. 과거 노후문제는 주로 정부가 관여하는 것으로 되어 있었는데 이는 노후문제가 사회 전반적 문제라기보다 일부에게만 현실화될 수 있는 문제였기 때문이라고 볼 수도 있다. 그런데 노령화가 본격화된 현대에 들어서서는 은퇴 후 재정이 점차 가족이나 정부에 대한 의존에서 벗어나 개인이 금융시장이나 여타 금융기관을 통해 은퇴를 준비하는 추세로 옮겨가고 있다.[109)]

## 2. 노후준비의 핵심적 고려사항

은퇴와 노후문제에 있어서는 고려해야 할 사항들이 많다. 그중에서 우리가 반드시 검토하고 넘어가야 할 핵심적 고려사항 혹은 오류들이 있다.

**㉮ 노후의 휴지기를 노동 후의 안락한 휴식과 동일시해서는 안 된다**

이것은 외면상 유사하다고 해서 당사자가 실제로 느끼는 결과 역시 같을 것이라고 생각하는 일종의 오류현상으로서 그 둘 사이에 현격한 차이가 있을 것이라는 사실은 상식적으로도 이해할 수 있다. 단순하게 설명하자면 전자는 일종의 방치되는 느낌과 함께 존재감에 대한 갈증으로 말미암아 심적 소모를 가져오는 반면에, 후자는 내일에 대한 준비라는 느낌을 통해 삶의 충전이라는 결과를 낳는다.

**㉯ 연착륙 환상(soft-landing illusion)**

흔히 사람들은 은퇴와 인생의 종말인 죽음 사이에 하나의 선을 그려놓고 이 둘 사이에 자연스럽게 나타나는 기하적 하강과정이 바로 은퇴기간에 해당할 것이라고 상상한다. 즉, 〈그림 22-1〉의 점선처럼 비록 하강과정이지만 소일거리와 한가한 여유

109) Zvi Bodie, 앞의 논문, p. 5 · 10.

로 채워져 있기 때문에 별다른 충격은 없을 것이라고 간주하는 것이다. 그러나 실제로 나타나는 은퇴현실은 대부분의 경우 악순환의 가속화현상을 보여준다. 즉, 활력이 배제된 은퇴생활은 무기력함으로 연결되고 이것이 다시 정신적, 육체적 나약함을 불러오는 이른바 악순환의 고리가 형성되는 것이다. 이 부분은 이미 언급한 바와 같이 인간의 행복은 단지 현실의 여건뿐만 아니라 미래에 대한 계획과 꿈을 통해서도 상당한 영향력을 받는다는 사실을 상기시킨다.

그림 22-1» 은퇴문제에 있어 연착륙 환상

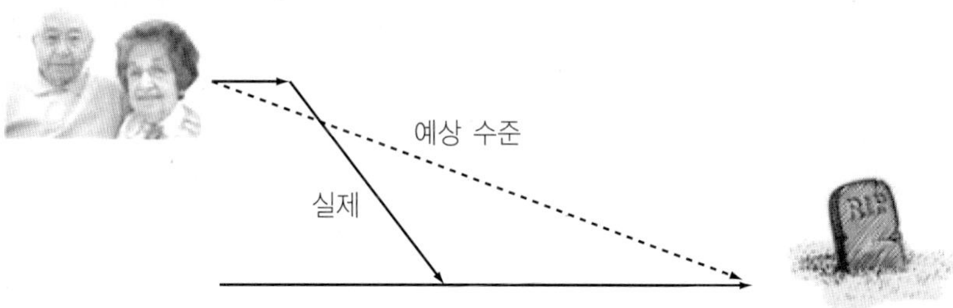


### ㉰ 인간의 본질적 목표는 은퇴 후에도 변하지 않는다

마지막으로 행복한 은퇴를 위해 우리가 기억해야 할 고려사항은, 행복을 기준으로 하는 경우 그것의 정도를 결정하는 요소들은 은퇴 전과 후가 거의 다르지 않다는 사실이다.

종종 우리는 은퇴와 노후를 기준으로 사람의 감정이 바뀌고 사고방식의 전환이 이루어진다고 생각하며 가끔 이것을 노인들에게 사회적으로 강요하는 경우도 있다. 그러나 현실을 보면 여러 여건의 변화로 말미암아 다소 감정의 침체나 억제가 있을망정 인간의 본질적 모습은 결코 변하지 않음을 충분히 알 수 있다.

따라서 지금까지 자주 언급되었던바 개인자산관리에 있어서 기본적 가정, 즉 인간은 궁극적으로 행복을 추구하고 행복의 원천이 주로 사랑이라는 것을 인정한다면, 행복한 삶이라는 측면에서 봤을 때 제대로 된 노후준비에 있어 가장 중요한 기준은 내가 어떻게 노후에도 다른 사람의 사랑을 얻을 수 있을까 하는 것으로 귀결된다.

한편 사랑을 받게 되는 여건을 만드는 데 있어 가장 중요한 기준은 '내가 무엇을 줄 수 있느냐'에 있다는 것을 다시금 인식할 필요가 있다. 그리고 인간의 사랑과 관심은 일반적으로 상대방으로부터 내가 무엇을 받느냐에 따라 그 공급량이 달라진다고 봐도 과언은 아니다. 결국 노후준비라는 문제의 핵심은 내가 노후에 다른 사람에게 무엇을 줄 수 있느냐에 놓여 있는 것이다.

그런데 문제는 유 · 무형의 자산을 모두 고려하는 경우 인간은 나이가 들수록 가난해지고(자산의 크기가 줄어들고) 이에 따라 제공할 수 있는 그 무엇이 계속 줄어든다는 사실이다. 예를 들어 인간은 외모를 중시하며 상대방의 아름다움을 통해 만족감을 얻는데 노인들은 이 부분에서는 대부분 열악한 상태에 있다. 그리고 기존에 축적한 유형의 자산을 제외하고 추가적인 재산을 만들기도 용이하지 않다.

정리하면 노후문제의 해결이란 늙어서도 타인에게 무엇을 제공할 수 있느냐의 여부 혹은 다른 말로 표현하면 노인들의 '매력'을 찾거나 만들어내는 것에 그 출발점을 두고 있다. 그리고 이렇게 노인을 나이가 많은 사람이 아니라 '매력'이 적은 사람으로 간주하는 것이 노후문제의 핵심에 좀 더 접근할 수 있다.

그런데 비록 노인들이 많은 자산을 보유하지 못할 가능성이 크다고 하더라도 타인에게 줄 수 있는 자산은 그 종류가 다양하다는 사실을 인식할 필요가 있다. 그리고 자산의 양과 질은 투자기간과 상당히 비례한다. 따라서 제대로 된 노후준비를 하고자 한다면 먼저 내가 노후에 무엇을 제공할 수 있을지에 대해 진지하게 강구하고 가능한 한 오랫동안 이것을 준비하는 데 초점을 맞추어야 한다.

## 3. 노후를 위한 소요자금의 계산

노후를 위한 자금은 얼마나 필요하며 이를 위해 지금부터 얼마나 준비해야 할 것인가에 대한 의문은 누구에게나 있을 수 있다. 그런데 문제는 이것을 계산하기 위해 개인의 수명을 포함해서 투자수익률, 물가상승률 등 미래의 경제적 환경까지 예상해야 한다는 것이다. 물론 이것은 불가능하며 비록 필요한 숫자들을 가능한 한 합리적이고 과학적인 방법을 동원하여 계산을 한다 하더라도 어디까지나 예상수치일 뿐이다.

하지만 이러한 시도는 분명히 의미가 있다. 왜냐하면 비록 정확하지는 않더라도 대강의 은퇴자금규모를 산출할 수 있고 무엇보다 이러한 계산을 하는 과정에서 자신의 노후계획을 생각해보며 또한 앞에서 언급한 비현실감에서 비롯되는 안일함에서 벗어나 저축을 위한 각오를 다질 수 있기 때문이다.

대체적인 자금규모 계산을 위한 순서는 다음과 같다.

### 1) 예상되는 지출규모 산출

먼저 노후에 필요한 자금규모가 매년 어느 정도인지 추정해야 한다. 가장 좋은 방법은 개인의 노후 라이프스타일을 고려하여 직접 예상지출내역을 만들어보는 것이지만 은퇴까지의 기간이 몇 십 년 가까이 되지 않는다면 간단히 저축을 제외한 현재 소비규모의 몇 퍼센트, 예를 들어 70%, 80% 등으로 가정할 수도 있다. 물론 이렇게 계산된 금액은 지금시점의 가치(현재가치)로 표시된 것이다.

### 2) 예상되는 노후 고정수입과 지출규모와의 차액 산출

다음 순서는 지출을 가능하게 하는 수입, 그중에서도 먼저 예상되는 고정수입을 계산해보는 것이다. 대표적인 고정수입은 우리나라의 사회보험으로서 노령연금을 제공하는 국민연금과 이외에 퇴직연금 가입자나 개인연금 가입자가 받는 연금이나 부동산임대수입, 이자 등이 있을 수 있다.

여기서 주의할 점은 만일 지출이 지금시점의 가치로 표시되었다면 수입 부분도 지금시점의 가치로 표시되어야 한다는 것이다. 국민연금의 경우는 매년 물가상승률만큼 연금액이 상승되므로 연금관리공단에서 알려주는 연금액을 그대로 사용하면 된다. 하지만 개인연금, 퇴직연금 등의 경우는 미래시점의 가치로 나타낸 것이 대부분이므로 지금시점의 가치가 얼마인지를 확인해야 한다.

위의 예상지출규모에서 노후 고정수입을 제외하면 당연히 매년 부족금액이 된다. 현재 즉 은퇴를 계획하는 시점을 기준으로 했을 때 필요한 은퇴자금의 규모는 집과 같은 다른 자산을 고려하지 않을 경우 매년 부족금액에 예상되는 사망시점까지의 기간을 곱하면 될 것이다. 하지만 기간을 알 수 없기 때문에 보다 안전한 방법은 전체 은퇴자금의 매년 투자수익 혹은 이자로서 매년 지출액을 충당하는 방법이 될 것이며, 은퇴시점까지의 필요 저축액을 계산함에 있어서는 아래의 방법을 사용하고자 한다.

### 3) 차액보충을 위한 은퇴시점의 총소요자금 계산

먼저 차액보충을 위한 총소요자금을 계산해보자. 이것을 위해서는 은퇴기간 동안의 투자수익률을 가정해야 한다. 예를 들어 투자수익률이 5%라고 한다면 총소요자금의 규모는 매년 부족금액을 5%의 이자율로 나눈 값이 된다. 예를 들어 1년 부족액이 600만 원이라면 총소요자금은 600만 원/0.05=1억 2천만 원이다. 단 이 금액은 은퇴를 계획하는 현재시점에서의 돈의 가치로 표시된 것이다.

다음으로 총소요자금을 채우기 위해 은퇴 전까지 매년 저축해야 할 금액이 얼마인지를 알아봐야 한다. 이를 위해서는 먼저 현재시점의 가치로 표현된 총소요자금을 향후 은퇴시점의 가치로 환산해볼 필요가 있다.

두 개의 서로 다른 시점에서 동일한 가치 혹은 구매력을 가지지 위해서는 물가상승률을 고려해야 한다. 수식상 현재의 1원이 n년 후에 동일한 구매력을 가지기 위해서는 물가상승률 r일 때 $(1+r)^n$원이 되어야 한다. 예를 들어 물가상승률이 3%와 5%일 때 위의 총소요자금을 n년 후의 동일한 가치의 금액으로 환산하기 위해서는 〈표 22-1〉에 있는 승수를 곱해준다.

**표 22-1** » 물가상승률 기준 승수

| 기간(년) | 물가상승률 | 승수 | 물가상승률 | 승수 |
|---|---|---|---|---|
| 1 | 0.03 | 1.03 | 0.04 | 1.04 |
| 2 | 0.03 | 1.06 | 0.04 | 1.08 |
| 3 | 0.03 | 1.09 | 0.04 | 1.12 |
| 4 | 0.03 | 1.13 | 0.04 | 1.17 |
| 5 | 0.03 | 1.16 | 0.04 | 1.22 |
| 6 | 0.03 | 1.19 | 0.04 | 1.27 |
| 7 | 0.03 | 1.23 | 0.04 | 1.32 |
| 8 | 0.03 | 1.27 | 0.04 | 1.37 |
| 9 | 0.03 | 1.30 | 0.04 | 1.42 |
| 10 | 0.03 | 1.34 | 0.04 | 1.48 |
| 11 | 0.03 | 1.38 | 0.04 | 1.54 |
| 12 | 0.03 | 1.43 | 0.04 | 1.60 |
| 13 | 0.03 | 1.47 | 0.04 | 1.67 |
| 14 | 0.03 | 1.51 | 0.04 | 1.73 |
| 15 | 0.03 | 1.56 | 0.04 | 1.80 |
| 16 | 0.03 | 1.60 | 0.04 | 1.87 |
| 17 | 0.03 | 1.65 | 0.04 | 1.95 |
| 18 | 0.03 | 1.70 | 0.04 | 2.03 |
| 19 | 0.03 | 1.75 | 0.04 | 2.11 |
| 20 | 0.03 | 1.81 | 0.04 | 2.19 |
| 21 | 0.03 | 1.86 | 0.04 | 2.28 |
| 22 | 0.03 | 1.92 | 0.04 | 2.37 |
| 23 | 0.03 | 1.97 | 0.04 | 2.46 |
| 24 | 0.03 | 2.03 | 0.04 | 2.56 |
| 25 | 0.03 | 2.09 | 0.04 | 2.67 |
| 26 | 0.03 | 1.03 | 0.04 | 1.04 |
| 27 | 0.03 | 1.06 | 0.04 | 1.08 |
| 28 | 0.03 | 1.09 | 0.04 | 1.12 |
| 29 | 0.03 | 1.13 | 0.04 | 1.17 |
| 30 | 0.03 | 1.16 | 0.04 | 1.22 |

### 4) 총소요자금 조달을 위한 매년 적립자금 계산

이제 총소요자금을 충당을 위해 은퇴 전까지 매년 저축해야 할 금액을 계산해야 한다. 이를 위해서는 이 기간 동안의 투자수익률과 투자기간에 대한 가정이 필요하다. 예를 들어 투자기간이 n년이고 투자수익률이 r이라면 매년 말 필요한 저축액은 수식상으로 $\dfrac{\text{총소요자금}}{\dfrac{(1+r)^n-1}{r}}$이 된다.

〈표 22-2〉는 매년 적립자금 계산을 위한 승수를 나타내고 있다. 예를 들어 투자수익률이 5%이고 투자기간이 20년이라면 매년 적립해야 할 금액은 총소요자금에 〈표 22-2〉의 수 0.03을 곱한 것이 된다. 따라서 만일 위의 경우처럼 총소요자금이 1억 2천만 원이라면 20년 동안 매년 3백60만 원(1억 2천만 원×0.03) 정도를 저축해야 한다는 결론이 나온다.

**표 22-2 » 매년 적립자금 계산을 위한 승수**

| 기간(년) | 투자수익률 | 승수 | 투자수익률 | 승수 |
|---|---|---|---|---|
| 1 | 0.05 | 1.000 | 0.07 | 1.000 |
| 2 | 0.05 | 0.488 | 0.07 | 0.483 |
| 3 | 0.05 | 0.317 | 0.07 | 0.311 |
| 4 | 0.05 | 0.232 | 0.07 | 0.225 |
| 5 | 0.05 | 0.181 | 0.07 | 0.174 |
| 6 | 0.05 | 0.147 | 0.07 | 0.140 |
| 7 | 0.05 | 0.123 | 0.07 | 0.116 |
| 8 | 0.05 | 0.105 | 0.07 | 0.097 |
| 9 | 0.05 | 0.091 | 0.07 | 0.083 |
| 10 | 0.05 | 0.080 | 0.07 | 0.072 |
| 11 | 0.05 | 0.070 | 0.07 | 0.063 |
| 12 | 0.05 | 0.063 | 0.07 | 0.056 |

**표 22-2** » 계속

| 13 | 0.05 | 0.056 | 0.07 | 0.050 |
|---|---|---|---|---|
| 14 | 0.05 | 0.051 | 0.07 | 0.044 |
| 15 | 0.05 | 0.046 | 0.07 | 0.040 |
| 16 | 0.05 | 0.042 | 0.07 | 0.036 |
| 17 | 0.05 | 0.039 | 0.07 | 0.032 |
| 18 | 0.05 | 0.036 | 0.07 | 0.029 |
| 19 | 0.05 | 0.033 | 0.07 | 0.027 |
| 20 | 0.05 | 0.030 | 0.07 | 0.024 |
| 21 | 0.05 | 0.028 | 0.07 | 0.022 |
| 22 | 0.05 | 0.026 | 0.07 | 0.020 |
| 23 | 0.05 | 0.024 | 0.07 | 0.019 |
| 24 | 0.05 | 0.022 | 0.07 | 0.017 |
| 25 | 0.05 | 0.021 | 0.07 | 0.016 |
| 26 | 0.05 | 1.000 | 0.07 | 1.000 |
| 27 | 0.05 | 0.488 | 0.07 | 0.483 |
| 28 | 0.05 | 0.317 | 0.07 | 0.311 |
| 29 | 0.05 | 0.232 | 0.07 | 0.225 |
| 30 | 0.05 | 0.181 | 0.07 | 0.174 |

다음의 〈그림 22-2〉는 앞의 과정들을 차례대로 정리한 것이다.

**그림 22-2» 은퇴소요자금 및 부족액충당을 위한 적립금의 계산**

**자료 :** L. J. Gitman, M. D. Joehnk and R. Billingsley, *Personal Financial Planning*, The Dryden Press, 1999.

1. 예상되는 지출규모 산출(현재 시점의 가치)
   a. 은퇴까지의 기간 ____________
   b. 저축을 제외한 현재 지출금액 ____________
   c. 현재 지출금액 대비 은퇴 후 소비금액(%) ____________
   d. 연간 은퇴 후 지출금액(b×c) ____________

2. 은퇴 후 연간 예상수입(현재 시점의 가치)
   e. 국민연금(연간) ____________
   f. 퇴직연금, 개인연금 등 연금(연간) ____________
   g. 기타 소득(연간) ____________
   h. 연간 수입의 합계(e+f+g) ____________
   i. 고정수입과 지출규모와의 차액(d－h) ____________

3. 차액을 은퇴시점의 동일 가치로 전환
   j. 은퇴 전 기간의 예상 연간 인플레이션율 ____________
   k. 물가상승률 승수(표 22-1)
   *(　　)년의 은퇴 이전 기간(a)과 (　　)%의 물가상승률(j) 기준
   l. 물가상승률로 조정한 연간 차액(i×k) ____________

4. 차액보충을 위한 은퇴시점의 총소요자금과 총소요자금 조달을 위한 매년 적립자금 계산
   m. 은퇴 이후 투자수익률 ____________
   n. 은퇴시점의 총소요자금(l/m) ____________
   o. 은퇴 전 투자수익률 ____________
   p. 적립자금 계산을 위한 승수(표 22-2)
   *(　　)년의 은퇴 이전 기간(a)과 (　　)%의 은퇴 이전 투자수익률(o) 기준 ____________
   q. 총소요자금 조달용 매년 적립자금(n*p) ____________

## 4. 노후재정준비의 실제

### 1) 은퇴 후 소득원의 확인

은퇴 후 소득원으로는 기본적으로 국민연금과 같은 공적연금(공무원연금, 사학연금, 군인연금 포함)이 있다. 그리고 직장인의 경우 추가적으로 퇴직연금 등이 있으며, 이외에도 개인이 직접 가입하는 개인연금 등이 있을 수 있다.

이러한 연금들 중 국민연금과 같은 공적연금이나 혹은 종신연금으로 가입된 퇴직연금이나 개인연금은 지속적으로 지급되기 때문에 은퇴 후 재정문제를 고려하는 경우 가장 먼저 따져봐야 한다.

#### (1) 국민연금

국민연금은 강제적 사회보험이며 노후자금의 기초를 제공하고자 하는 의도를 가지고 있다. 또한 다른 연금상품과 달리 장수위험과 인플레이션 위험에 대한 방어기능도 있음을 이미 언급하였다. 따라서 노후자금을 고려하는 경우 노후의 최저생계비를 확보한다는 차원에서 반드시 가입기간, 수급 여부, 그리고 예상연금액을 확인해야 한다. 그리고 국민연금액의 투자수익률은 실제 어느 정도인지를 따져보는 노력도 필요하다.[110)]

한편 국민연금제도는 하나의 사회보험제도로서 일정한 규칙을 가지고 있으며 이에 따라 주목해야 할 사실들이 몇 가지 있다. 우선 노령연금을 수령하기 위해서는 반드시 가입기간이 10년 이상이 되어야 한다. 현재의 연금산식을 기준으로 볼 때 연금과 일시금(10년 이하의 가입기간 등)간에는 투자수익률상 상당한 차이가 있다. 다음으로 연금보험료 연체기간은 일정한도를 넘지 않도록 하여 불이익을 당하는 일이 없

---

110) 국민연금에 대한 자세한 내용은 신종욱, 『노후에 자식보다 든든한 연금재테크』, 국일증권경제연구소, 2006을 참고하기 바란다.

해야 한다. 그리고 조기노령연금이나 재직자노령연금의 경우 65세 이전에 월소득이 일정금액(주로 가입자 평균소득) 이상이라면 연금지급이 정지(조기노령연금)되거나 감액(재직자노령연금)된다는 것도 유념할 필요가 있다. 물론 이외에도 임의가입문제 등 가입자들이 알고 있어야 할 제도적 사항들이 많다.

국민연금은 노령연금 외에 경우에 따라 장애연금, 유족연금, 사망일시금, 반환일시금 등이 지급될 수 있다. 노령연금의 경우 〈표 22-3〉에서 보는 바와 같이 몇 가지 종류로 나뉜다.

표 22-3 » 노령연금의 종류

| 구분 | 수급요건 | 급여수준 |
|---|---|---|
| 완전 노령 연금 | • 가입기간 20년 이상, 60세에 도달한 자(65세 이전까지는 소득이 없을 경우에 한함) | • 가입기간이 20년 이상인 경우<br>기본연금액 100% + 부양가족연금액 |
| 감액 노령 연금 | • 가입기간 10년 이상 20년 미만으로 60세에 도달한 자(65세 이전까지는 소득이 없을 경우에 한함) | • 가입기간이 10년인 경우<br>기본연금액 50% + 부양가족연금액<br>* 가입기간이 1년 증가시 지급률 5%씩 증가 |
| 재직자 노령 연금 | • 완전노령연금수급권자 또는 감액노령연금수급권자가 65세 이전에 소득이 있는 업무에 종사하는 경우(소득 있는 업무 종사하지 않으면 완전노령이나 감액노령연금으로 전환) | • 가입기간이 10년, 60세인 경우<br>– 기본연금액 50%×50%(재직자연령별지급률)<br>* 가입기간(연령) 1년(1세) 증가시 지급률 5%(10%)씩 증가<br>• 가입기간이 20년인 경우 수급연령에 따라 기본 연금액의 50–90%<br>• 부양가족연금액은 지급되지 않음 |
| 조기 노령 연금 | • 가입기간 10년 이상, 연령 55세 이상인 자가 소득이 있는 업무에 종사하지 아니하고, 60세 도달 전에 청구한 경우(60세 전에 소득 있는 업무종사시 그 기간 지급정지하고, 60세 이후 65세 이전에는 재직자노령연금으로 전환) | • 가입기간이 10년, 55세인 경우<br>기본연금액 50%×70%+부양가족연금액<br>* 가입기간 1년 증가시 지급률 5%씩 증가<br>* 수급개시연령 1개월 초과시마다 지급률 0.5%(년 6%)씩 증가(개정 전 연간 5%. 재가입에 따른 지급률도 연간 6%로 인상됨) |
| 분할 연금 | • 가입기간 중 혼인기간이 5년 이상인 노령연금수급권자의 이혼한 배우자가 60세 이상이 된 경우 | • 배우자였던 자의 노령연금액(부양가족연금액 제외) 중 가입기간 중 혼인기간(5년 이상)에 해당하는 연금액의 1/2 |

**자료** : 국민연금공단, 『알기 쉬운 국민연금』, 2008.

국민연금의 급여크기를 결정하는 연금산식은 몇 차례에 걸쳐 개정되었다. 참고로 국민연금 중 노령연금의 크기를 결정하는 것으로 1998년에 개정된 급여산식은 다음과 같다.

$$(연간)기본연금액=1.8\times(A+B)\times(1+0.05n)$$

(A : 연금수급직전 3년간 전가입자 평균소득월액,
B : 연금수급자의 가입기간 중 표준소득월액의 평균액,
n : 국민연금 실제 가입년수−20)

한편 가장 최근인 2007년에 이루어진 추가적인 연금법개정에서는 2008년 이후부터 수식의 앞부분이 1.5(A+B), 1.485(A+B) 등으로 매년 감소 수정되어 2028년 이후 1.2(A+B)이 적용되었는데, 이것은 급여크기의 축소를 통한 연금재정문제의 완화를 시도한 것이다.

### (2) 퇴직연금

퇴직연금은 기존의 퇴직금제도를 대체할 수 있도록 하는 제도이다. 즉, 퇴직금제도가 〈그림 22-3〉에서 보는 바와 같이 확정급여형(DB) 혹은 확정기여형(DC) 두 가지로 나뉘는 퇴직급여제도로 바뀌거나 개인퇴직계좌(IRA)형태로 변환된 것이다.

**그림 22-3» 퇴직금제도와 퇴직연금제도**

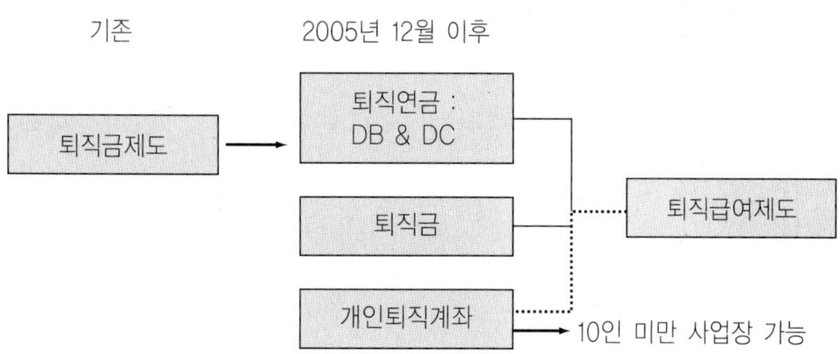

여기서 DB란 퇴직금제도와 유사하다. 즉, 기업이 근로자들에게 퇴직 후 일정한 금액을 제공하기로 약속하는 것으로 이 약속은 미리 정해진 급여공식에 따라 이루어진다. 한편 DC란 DB처럼 일정한 금액을 근로자에게 주기로 약속하는 대신에 근로자의 퇴직계좌에 일정금액을 매달 적립해주는 제도를 말한다. 따라서 DB와 DC의 가장 큰 차이는 결국 누가 투자에 대한 위험을 질 것인가 하는 데 있다.

퇴직연금의 특징은 무엇보다 기존의 퇴직금제도에 비해 연금수급의 가능성을 높였다는 것을 들 수 있다.

그런데 퇴직연금은 기존의 퇴직금제도를 바탕으로 하기 때문에 특별히 퇴직자금 규모상 달라질 것은 없다. 다만 은퇴 이전에 이직을 하는 경우라도 이때 수령하는 퇴직금을 IRA를 통해 과세 없이 임시로 적립할 수 있도록 하고 있어, 연금수급 가능성의 확대라는 사실을 동시에 고려하는 경우 퇴직연금이 노후자금으로 사용될 가능성은 한층 높아졌다고 볼 수 있다.

퇴직연금의 가장 큰 장점은 세제상의 혜택이다. 즉, 〈그림 22-4〉에서 보는 바와 같이 적립금에 대한 소득공제와 함께 투자소득에 대한 과세이연을 허락한 것이다. 그렇지만 퇴직연금의 본래 목적이 은퇴자금의 제공에 있는 만큼 적립된 자금이 본래 목적에 합당하게 사용되도록 하기 위하여 다양한 제한조건을 두고 있다.

노후 경제적 위험의 관리라는 차원에서 볼 때 퇴직연금은 가능한 한 최대한 적립하는 것이 바람직하다. 노후문제에 관한 한 근시안적인 성격을 갖게 되는 일반인들의 경우 직장이 주선해주고 자동가입과 자동저축이라는 체계화된 시스템을 가진 퇴직연금제도에 돈을 적립하는 것은 큰 노력 없이도 젊은 시기의 돈을 노후의 가치 있는 자금으로 바꿀 수 있는 장치를 이용하는 것과 같다. 게다가 퇴직연금제도에 주어진 세제혜택은 퇴직연금이 일반적인 금융상품에 비해 상대적 우위에 있도록 한다. 한편 직장을 이전하는 경우는 동일한 세제혜택이 있는 개인퇴직계좌(IRA)에 보관하여 노후자금으로 계속 연결되도록 해야 한다.

### (3) 개인연금

개인연금이란 간단히 연금지급을 기본적 목적으로 하여 보험회사나 은행 등에서 판매하는 금융상품이다.

그림 22-4» 개인연금의 종류

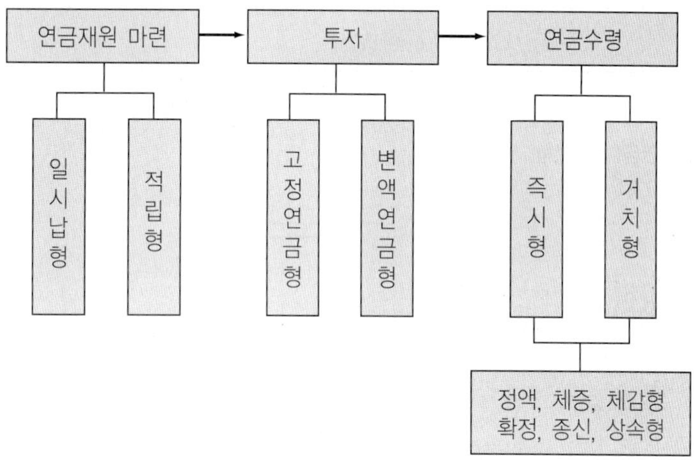


개인연금은 보험형(보험회사)과 신탁형(은행, 투신운용사, 증권투자회사)으로 크게 나눌 수 있다. 신탁형의 특징은 원금을 보장하는 실적배당형으로 일정기간 동안만 연금을 지급하는 형태라는 점이다. 보험형은 최저이율을 보장하고 확정기간형, 종신기간형 모두 가능하며 보험회사가 제공하는 상품이기 때문에 다양한 보험기능이 추가되어 있다.

개인연금이 노후에 연금이라는 고정적 수입원이 된다는 특징 이외에 노후자금준비용으로 사용되는 이유, 즉 일반금융상품과 구별되는 차이가 있다면 그것은 연금 자체가 노후자금으로 사용되는 만큼 세제혜택을 주고 있다는 것이다.

개인연금의 세제혜택은 〈그림 22-5〉에서와 같다. 여기서 적격연금은 연금저축을, 그리고 비적격연금은 연금보험과 변액연금 등을 말한다. 그런데 이러한 세제혜택은 퇴직연금과 마찬가지로 제한조건을 가지며 어긋나는 경우 페널티를 가하기도 한다.

**그림 22-5 » 개인연금의 세제혜택**

• **적격연금(연금저축, 연금신탁)**

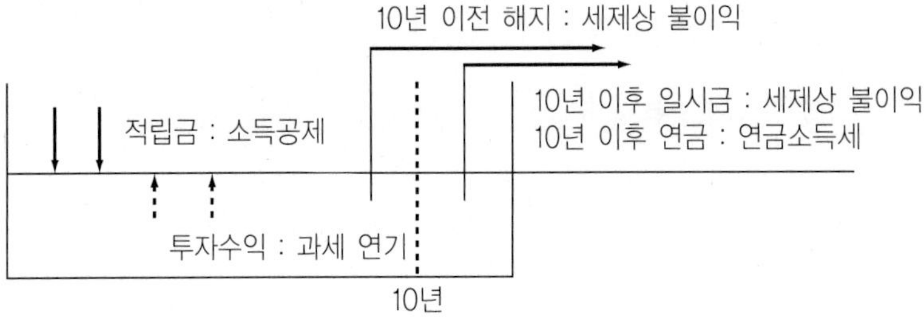


• **비적격연금(연금보험, 변액연금)**

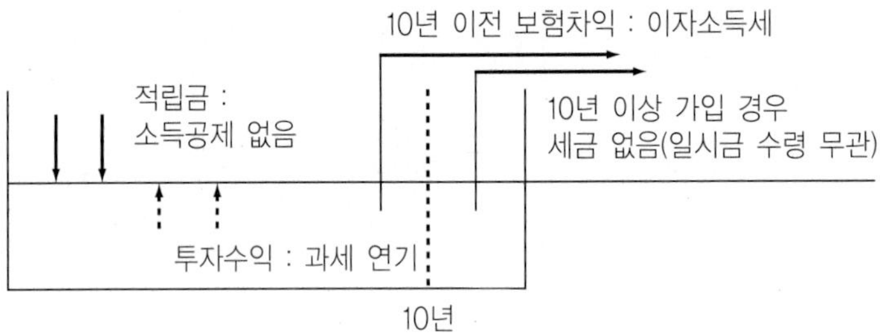


한편 노후재정문제와 관련하여 많은 사람들이 변액연금과 펀드투자 사이에서 고민하는 경우가 있다. 왜냐하면 변액연금은 실적 배당형이라는 측면에서 펀드와 유사한 성격을 가지고 있기 때문이다. 둘 중 어느 것을 선택할지는 단순하게 금전적인 비교만 가지고는 곤란하다. 왜냐하면 변액연금과 펀드는 해약에 따른 불이익, 위험에 대한 보장기능, 원금보장 등의 측면에서 각각 다른 면을 가지고 있기 때문이다. 그러나 금전적, 비금전적 내용들을 종합하면 〈표 22-4〉와 같이 정리할 수 있다.

### (4) 역모기지론 및 기타

주택 외에 다른 노후재원이 없는 사람이 노후에도 현재 살고 있는 집에서 계속 거주하면서 이 집을 담보로 하여 연금형태의 생활비를 매달 혹은 정해진 시기마다 받을 수 있는 방법이 있다. 이른바 역모기지론이라는 것으로, 집을 담보로 하여 목돈을 대출받고 원금과 이자를 상환하는 기존의 주택 관련 대출방식(모기지론)과 반대의

**표 22-4** 변액연금과 적립식펀드의 비교

| | 기준 | 추천 대상 |
|---|---|---|
| 예상 투자기간 | 최소 10년 초과 | 변액연금 |
| | 10년 이하 | 적립식펀드 |
| 은퇴 후 목돈의 필요 가능성 | 변액보험 해약환급금의 50% 이상 필요 예상시 | 적립식펀드 |
| 은퇴 후 세금의 고려 | 저소득 예상 | 적립식펀드 |
| | 중 · 고소득 | 변액연금 |

**자료 :** 신종욱, 앞의 책, p. 273.

형식을 취하기 때문에 이러한 이름이 붙었다.

이러한 노후재원조달방법의 장점은 집을 담보로 하여 대출을 받고 이 돈을 통해 종신형태의 개인연금을 구입하는 것 등의 대안에 비교했을 때 원금상환의 부담이 없고 전체 비용이 상대적으로 저렴하다는 것이다.

연금의 지급은 주택금융공사의 보증을 통해 비록 담보주택의 가격을 상회할 정도로 오래 살더라도 계속될 수 있도록 하고 있어 이른바 장수위험으로부터 보호를 해주고 있다. 또한 주택가격이 상승하는 경우에는 기존 계약을 해약하고 새로운 역모기지론 계약을 할 수 있는 권한이 주어지고 있다. 이러한 혜택과 아울러 몇 가지 세제혜택은 역모기지론을 신청할 수 있는 자격조건에 대한 제한조건으로 연결되는데 나이, 1가구 1주택, 주택가격 등 몇 가지 요건을 만족시켜야 한다.

# 세금관리

## Ⅵ

이미 시작된 세금의 세계 : 필리핀의 두 아이

세상에 확실한 것은 죽음과 세금밖에 없다.

– 벤저민 프랭클린

# 제 23 장

# 세금관리의 유용성

# | 들 | 어 | 가 | 기 | 에 | 앞 | 서 |

주로 부자들의 자산관리를 컨설팅하고 있는 PB(Private banking) 담당자들에 의하면 부자들이 자산관리에 있어 가장 관심을 갖는 부분은 수익률 향상 즉 어떻게 하면 내 재산을 조금이라도 더 불릴까 하는 것이 아니라, 세금부분이다.

물론 부자들의 세금은 적지 않을 것이며 이에 따라 세금에 주목하는 것은 당연할 것이다. 그러나 부자들이 세금에 관심을 기울이는 주된 이유는 아마도 투자수익률을 올리는 것과 세금을 줄이는 것의 차이를 분명히 구분하고 있기 때문이 아닐까 한다.

그 차이는 무엇일까? 이미 누누이 언급한 바와 같이 투자수익률의 제고는 결코 공짜로 얻어지는 것이 아니다. 이 세상에는 투자전문가들이 많지만 장기적으로 봤을 때 결코 100%의 승률을 가질 수 없으며 어쩌면 60%의 이상의 승률을 가지기도 쉽지 않을 것이다. 즉, 고수익률을 기대한다면 높은 손실의 가능성 이른바 투자위험(risk)을 감수해야 한다. 그러나 제대로 된 세금전략은 이러한 투자위험의 동반 없이 절세를 통해 전체 수익률을 올릴 수 있다는 특징이 있다. 이것은 수익률제고에 있어 '지식'이 가지고 있는 힘을 보여준다.

## 1. 세금관리의 의의[111)]

세금관리는 궁극적으로 세금이 개인에게 미치는 영향력을 최소화하는 방법을 찾는 것이다.

이것은 대부분 소득공제나 기타 제도적으로 허용된 모든 수단을 동원하여 세금의 크기를 줄이는 방향으로 모색되지만 동일한 금액이라도 시기와 시간에 따른 영향력을 갖기 때문에 반드시 전체 금액을 줄이는 것만이 목표라고는 할 수 없다. 예를 들어 같은 1만 원의 세금이라고 하더라도 젊고 소득의 창출이 용이한 현재와 은퇴 후는 다르게 느껴질 수밖에 없기 때문이다. 따라서 세금관리 역시 금액보다는 효용성(utility) 혹은 만족도라는 개념에서 바라봐야 한다.

세금관리는 퇴직연금 등과 같은 은퇴용 제도나 장기주택마련저축 등과 같은 절세용 금융상품의 이용 등 여러 방법을 통하여 세금을 i) 절약하거나 ii) 다른 사람에게 이전하거나 iii) 이연 혹은 연기시키는 세 가지 경우를 주로 의미한다. 이 세 가지 방법은 직접적으로 세금의 크기를 줄이거나 세금을 내는 사람을 바꾸거나 혹은 세금이 발생하는 시점을 변경시킴으로 최대한의 만족을 얻고자 하는 것으로 정리할 수 있다.

사실 세금관리는 투자나 은퇴 등 개인재무관리의 여러 분야와 밀접하게 관련되어 있으며, 세금이 미치는 영향력이 갈수록 커지고 있는 현 상황에서는 개인재무관리의 핵심 부분이 되고 있다.

그런데 세법은 항상 변하고 있으며 어떤 경우에는 너무나 복잡하여 세무사와 같은 전문가의 도움을 필요로 한다. 하지만 절세의 방향만큼은 특별한 경우를 제외하고는 그다지 전문적 지식 없이도 알 수 있기 때문에 어느 정도의 세법지식은 생활인으로서 가지고 있어야 한다.

---

**111)** L. J. Gitman and M. D. Joehnk, 앞의 책, pp. 301-308 참조.

그림 23-1 » 세금관리

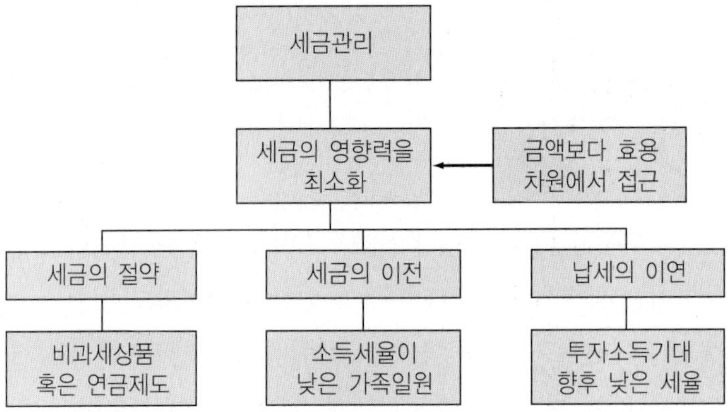


### 1) 세금의 절약

주로 비과세상품에 대한 투자나 소득공제를 해주는 금융상품의 구입, 혹은 연금제도 등에 가입하는 것을 통해 나타난다. 세금의 절약을 위해서는 필요한 자격조건, 소득공제항목들 그리고 비과세소득들에 대한 확인이 필요하다.

### 2) 세금의 이전

세금의 이전은 소득이 커질수록 세율이 더욱더 커지는 누진세문제에 대한 해결책으로 주로 접근되며, 따라서 해당 소득세율이 낮은 가족의 일원에게 소득발생을 이전시키는 것이 일반적인 형태이다.

### 3) 세금의 이연

세금의 납부를 미래로 미루는 세금의 이연이 필요한 때는 i) 향후 세율이 지금보다 낮거나 아예 면제되는 것을 예상하거나 ii) 퇴직연금 등의 경우처럼 이연된 세금을 통해 투자소득이 발생하거나 iii) 현재 세금을 납부할 형편이 되지 않는 경우 등을 들 수 있다. 그런데 세금의 이연은 각종 은퇴용 상품에서 볼 수 있는 바와 같이 은퇴를 위한 적립과 같은 본래 의도를 충족시키지 못할 경우(예 : 조기해약) 페널티를 부과하는 등 여러 제제조건이 뒤따르는 경우가 많기 때문에, 세금이연으로 얻을 수 있는 혜택(benefit)과 혹시 발생할 수 있는 불이익 혹은 비용(cost)을 면밀히 대조할 필요가 있다.

## 2. 세금관리와 주의사항

세금관리는 세금을 절약하고 이에 따라 소비를 위한 가용자원을 늘린다는 측면에서 개인재무관리상 반드시 필요한 시행사항이다. 더구나 세금의 이연 같은 경우는 돈이 가지는 효용성을 극대화할 수 있는 계기를 제공하며 특히 투자와 관련하여 세금관리는 이미 여러 차례 언급한 바와 같이 추가적인 위험의 부담 없이 전체 수익률을 올릴 수 있도록 해준다.

그런데 개인자산관리라는 차원에서 볼 때 세금관리전략은 시간이라는 자원을 사용한 대가로 이루어지는 결과라는 사실을 명심할 필요가 있으며, 만일 세금을 절약하겠다는 일념이 지나친 나머지 잘못된 결과를 낳을 경우 나머지 개인자산에도 큰 악영향을 미친다는 것을 염두에 두어야 한다.

그러면 세금계획에 있어 주의해야 할 점들에 대해 알아보자.[112)]

㉮ 세제남용을 삼가고 다른 중요한 재무적 목표들을 무시하지 않는 범위에서 이루어지도록 한다. 가끔 납세자들이 세금을 절약하겠다는 욕구 외에는 다른 경제적 의미가 없는 상태에서 세금계획을 수행하는 경우가 있다. 그러나 개인재무계획에

112) L. J. Gitman and M. D. Joehnk, 앞의 책, pp. 319-320.

있어 세금은 그 일부일 뿐이며 더욱 중요한 목적들이 있다.

㉯ 절세를 위해 지불해야 하는 각종 대가를 확인한다. 절세를 위한 조치들은 대부분 재무적 유연성(flexibility), 재무적 통제능력(control) 그리고 기타 유용한 것들의 희생을 요구한다. 따라서 재무계획을 세울 경우 스스로에게 "절세를 위해 내가 포기하는 것이 무엇인가?"라고 물어야 한다.

㉰ 절세금액이 세금계획을 합리화할 만큼 충분한지 확인한다. 또한 기대하는 절세효과가 나타나기까지 어느 정도 시간이 걸리는지 따져봐야 한다. 어떤 경우 결과가 나타나기까지 시간이 너무 길어 연 단위로 계산했을 때 사소한 것일 수 있다.

㉱ 다른 부작용은 없는지 면밀히 검토한다. 단지 기대되는 절세금액만 살피지 말고 다른 방면의 세금에 영향을 미치는 것은 없는지, 그리고 다른 위험요소는 없는지 철저히 확인한다.

# 제 24 장

# 소득세 및 재산관련 세금관리

# | 들 | 어 | 가 | 기 | 에 | 앞 | 서 |

세금관리의 중요성과 관련하여서라면 〈Always on my mind〉라는 유명한 노래를 부른 미국 컨트리 가수 윌리 넬슨(Willie Nelson)의 이야기를 하지 않을 수 없다.

이 가수는 할아버지 밑에서 자라고 목화농장에서 일하는 등 불우한 어린 시절을 보냈으며 대학을 중퇴하고는 길거리에서 성경을 팔았다고 한다. 이런 그가 가수로 성공하여 큰돈을 벌었다. 그런데 어느 날 그는 미국의 국세청으로부터 16.7백만 불의 과세통지를 받게 된다. 그 이유는 그의 세금문제를 처리해주던 회계사무소가 세금전략을 잘못 수립해주었기 때문이다. 이 세금을 갚기 위해 그가 가진 거의 모든 것이 경매에 넘어가게 되었는데 결국 남은 것은 그의 트레이드마크인 긴 머리와 수염, 낡은 청바지, 그리고 머리띠밖에는 없었다.

이 사례는 아무리 소득이 크더라도 세금관리에 대해 무지하거나 무관심한 경우 큰 문제를 겪을 수도 있음을 보여주는데 특히 고소득자의 경우 이런 상황에 처하기 쉽다. 이 장에서는 거의 대부분의 개인들이 직접 부딪치게 되는 세금이라고 할 수 있는 소득세 및 재산관련 세금에 대해 알아보고자 한다.

소득세가 적용되는 곳 : 싱가포르의 한 인도 상점

## 1. 세금의 종류

먼저 개인자산관리와 밀접한 관계가 있는 세금을 중심으로 어떤 종류가 있는지를 확인해보자.

표 24-1 » 세금의 종류(2010년 기준)

<table>
<tr><th colspan="4">국세</th><th colspan="2">지방세</th></tr>
<tr><td rowspan="14">내국세</td><td rowspan="11">보통세</td><td rowspan="6">직접세</td><td>소득세</td><td rowspan="11">보통세</td><td>취득세</td></tr>
<tr><td>법인세</td><td>등록세</td></tr>
<tr><td>상속세</td><td>레저세</td></tr>
<tr><td>증여세</td><td>면허세</td></tr>
<tr><td>종합부동산세</td><td>주민세</td></tr>
<tr><td></td><td>재산세</td></tr>
<tr><td rowspan="5">간접세</td><td>부가가치세</td><td>자동차세</td></tr>
<tr><td>특별소비세</td><td>주행세</td></tr>
<tr><td>주세</td><td>지방소득세, 지방소비세</td></tr>
<tr><td>인지세</td><td>담배소비세</td></tr>
<tr><td>증권거래세</td><td>도축세</td></tr>
<tr><td rowspan="3">목적세</td><td rowspan="3"></td><td>교육세</td><td rowspan="5">목적세</td><td>도시계획세</td></tr>
<tr><td>교통, 에너지, 환경세</td><td>공동시설세</td></tr>
<tr><td>농어촌특별세</td><td></td></tr>
<tr><td>관세</td><td></td><td></td><td></td><td>지역개발세</td></tr>
<tr><td colspan="3"></td><td></td><td>지방교육세</td></tr>
</table>

〈표 24-1〉에서 보는 바와 같이 세금에는 세금을 부과 및 징수하는 주체에 따라 중앙정부의 국세와 지방자치단체의 지방세 두 가지로 크게 나뉜다. 국세와 지방세는 세금의 특성을 기준으로 하여 다시 분류가 가능하다. 예를 들어 세금부과의 목적 유무에 따라 보통세와 목적세로 나눌 수 있고, 세금을 실제 부담하는 사람과 세금납부

자의 동일 여부를 가려 간접세와 직접세로 구분할 수 있다.

개인에게 실제로 많은 영향력을 미치고 이에 따라 자세히 알고 있을 필요가 있는 세금은 대부분 소득과 재산에 관한 것들이다(〈그림 24-1〉 참조).

그림 24-1» 개인과세 주요 세금

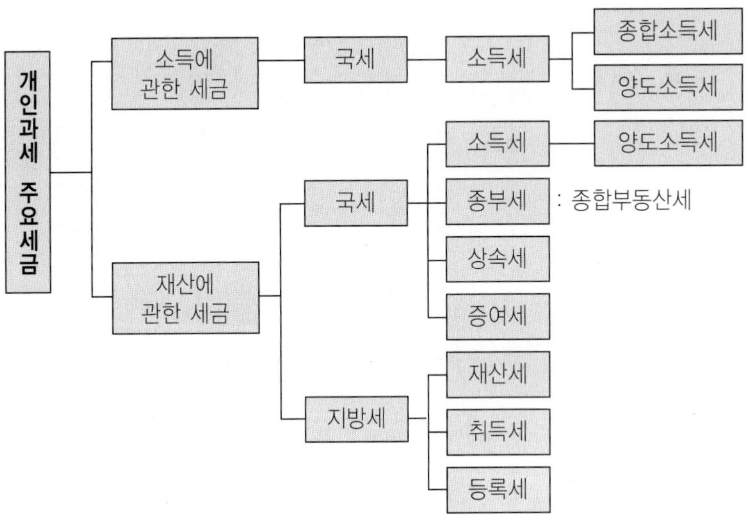


우선 소득과 관련한 세금 중에는 국세인 소득세(종합소득세, 양도소득세)가 있다. 다음으로 재산에 관한 세금으로는 국세의 경우 소득세(양도소득세)를 중심으로 상속세 및 증여세가 있고 또한 부동산이라는 재산을 소유함에 따른 종합부동산세 등이 있다. 한편 지방세 중에는 재산을 취득하거나 보유함에 따라 부과되는 취득세, 등록세, 재산세 등이 대표적이다. 국세와 지방세는 동시에 부과될 수 있는데 예를 들어 부동산과 같은 재산을 보유하고 있는 경우 국세인 종합부동산세와 지방세인 재산세 두 가지 모두에 해당될 수 있다.

## 2. 소득세

### 1) 소득세의 종류와 종합소득세

개인이 벌어들인 소득에 대하여 세금을 내는 소득세는 종합소득, 퇴직소득, 양도소득을 대상으로 한다. 퇴직소득은 퇴직금, 양도소득은 개인소유의 부동산 등을 처분 시 발생한 양도차익을 말한다. 이 두 가지 소득에 대해서는 각각 세금이 부과되지만, 이자, 배당, 사업, 근로, 연금, 기타 소득 등 모두 여섯 가지의 소득에 대해서는 모든 소득을 전부 합산한 상태에서 세금을 부과하게 되는데 이를 두고 종합소득이라고 한다.

그런데 이 여섯 가지 소득 중에서 일부는 원천징수를 통해 세금이 따로 분리되어 부과되고 종합과세 대상에서 제외될 수 있다. 이러한 분리과세에 해당될 수 있는 소득으로는 이자와 배당소득, 그리고 연금소득 및 기타소득이 있다. 그러나 분리과세 조치는 종합소득에 대해 소득이 클수록 높은 세율(누진세율)이 적용되는 우리나라의 과세체계상 일종의 혜택을 의미하기 때문에 분리과세는 일정금액 한도 내에서 이루어지며 그 이상 초과되는 금액에 대해서는 종합과세 된다.

한편 종합소득세는 부부의 경우라도 따로 부과된다.

### 2) 종합소득세의 결정과정

종합소득세가 결정되는 과정을 보면 벌어들인 소득에 대해 두 번의 조정과정이 있고, 이어 실제 세율이 적용될 최종적인 종합소득인 이른바 종합소득 과세표준이 도출된다. 구체적으로 보면 다음과 같다.

i) 여섯 가지 소득을 합하기 전에 먼저 각각의 소득에 대하여 이 소득을 얻기 위해서 들어간 각종 경비가 있음을 인정하고 이것을 공제해주는 절차가 있다. 이때

연금소득은 연금소득공제(분리과세가 적용되지 않고 종합소득에 합산되는 경우에 해당), 근로소득은 근로소득공제라고 불리는데 두 가지 모두 소득단계별로 구분하여 공제하되 소득이 커질수록 소득금액 대비 공제비율은 줄어든다. 한편 이자 및 배당소득에 대해서는 경비발생을 인정치 않는다.

**그림 24-2» 소득세 종류**

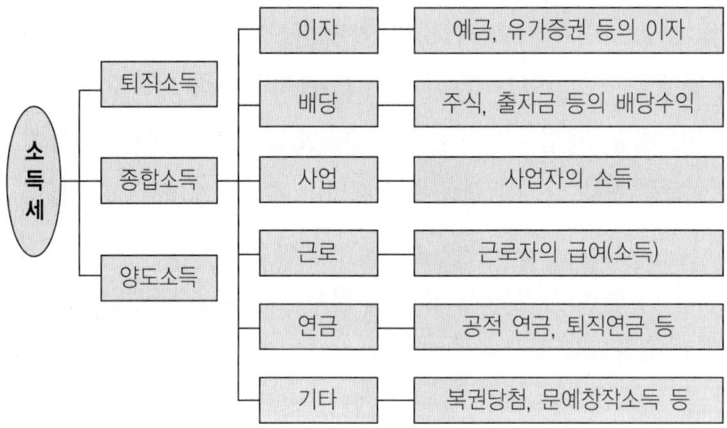


ii) 경비공제 후 나머지 금액들을 합산한 다음에는 또 한 번의 공제절차가 따르는데 이것을 종합소득공제라 한다. 이것은 부양가족이 많은 경우 그 상황을 고려하여 공제를 많이 해주는 기본공제를 포함하여 근로소득자의 경우 보험료, 교육비, 의료비 등에 대해 특별히 공제해주는 특별공제 등 몇 가지가 있다(〈그림 24-3〉 참조).

iii) 두 번의 공제가 완료된 후 남는 금액을 모두 합산하면 종합소득과세표준이 되고, 이 금액의 크기에 따라 서로 다른 종합소득세율이 적용된다.

그림 24-3» 종합소득세의 결정과정

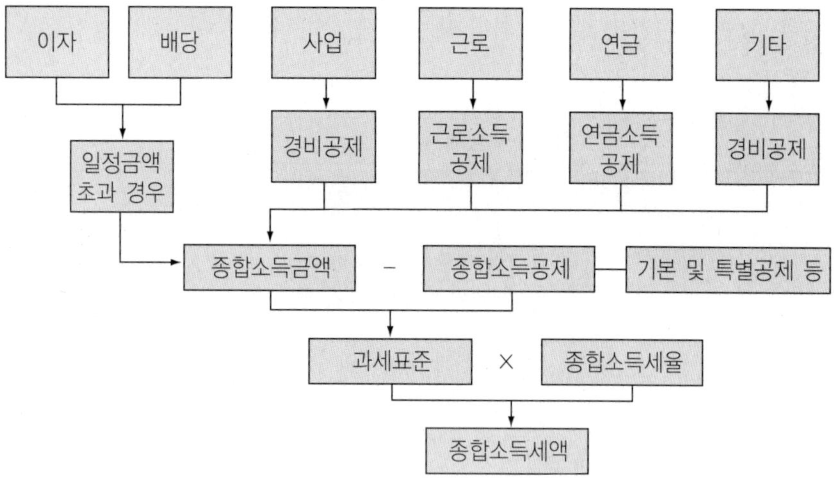


참고로 종합소득세율은 다음과 같다.

표 24-2 » 종합소득세율표

| 과세표준 | 세율 | 누진공제액 |
|---|---|---|
| 1,200만 원 이하 | 6% | – |
| 1,200만–4,600만 원 | 15% | 108만 원 |
| 4,600만–8,800만 원 | 24% | 522만 원 |
| 8,800만 원 초과 | 35% | 1,490만 원 |

**주 :** 2010년 기준.

## 3) 종합소득공제의 내용

소득세, 그중에서도 종합소득과 관련하여 세금을 절약하고자 하는 세금계획은 대부분 소득공제항목들을 어느 정도 이해하고 이를 활용하느냐에 달려 있다고 볼 수 있다. 따라서 이러한 항목들을 구체적으로 확인해볼 필요가 있다.

〈표 24-3〉에서 보는 바와 같이 종합소득공제는 기본공제, 추가공제, 연금보험료공제, 그리고 근로소득자를 위한 특별공제로 나뉜다.

**표 24-3** » 종합소득공제 항목

| | 항목 | 내용 | 비고 |
|---|---|---|---|
| 기본 공제 | | 부양가족의 수에 따른 공제. 단, 소득 및 연령에 따른 제한 있음 | • 배우자 및 부양가족(직계존, 비속) 대상<br>• 장애 여부 고려 |
| 추가 공제 | | 기본공제 대상자의 연령, 장애 여부, 소득자의 성별 등에 따른 추가적 공제 | • 다자녀에 대한 추가공제도 있음 |
| 연금보험료 공제 | | 공적연금(국민연금 등) 및 퇴직연금 불입 보험료 | |
| 기타 공제 | 연금저축 | 연금저축 불입금액 | • 조세특례제한법 |
| | 기부금 | 사회복지시설, 불우이웃돕기 등 | |
| 특별 공제 | 근로소득자에 한정되어 있음. 사업자 등은 정액 공제함<br>보험료, 의료비, 교육비, 주택자금 등 대상 | | |

**주 :** 2010년 기준.

근로자의 경우 특별공제에 대해 좀 더 자세히 알아둘 필요가 있다(〈표 24-4〉 참조). 일단 교육비 등 여기에 해당하는 금액이 적지 않고 연말정산 등을 통해 세금을 확정 지을 때 필요한 서류는 모두 본인이 제출해야 하기 때문이다. 한편 특별공제의 경우 최소한 일정금액을 공제해주는 이른바 표준공제가 있다.

### 4) 금융소득종합과세

금융소득종합과세란 이자와 배당소득을 포함하는 이른바 금융소득에 대한 과세를 말한다. 이자란 국채나 지방채, 회사채 등의 이자와 할인액, 예금(적금, 부금 등 포

**표 24-4 » 종합소득공제 중 특별공제 부분**

| 항목 | 내용 | 비고 |
|---|---|---|
| 보험료 | 보장성 보험료 대상. 기본공제대상자를 피보험자로 하는 경우임. 공제금액 한도 있음 | • 자동차, 생명보험 등<br>• 국민건강, 고용보험료는 전액 공제 |
| 의료비 | 본인과 부양가족 대상이나 연령과 소득제한 없음. 총급여액의 일정부분 초과시 초과분만 공제 | • 공제한도 있으나 근로자 본인, 경로우대자, 장애자는 전액공제 |
| 교육비 | 자녀의 공교육비(대학 포함).<br>소득이 없어야 함. 공제한도 있음 | • 본인의 교육비(대학원 포함)는 전액 공제 |
| 주택자금 | 주택청약 저축액, 융자금상환액, 장기주택저당차입금 이자상환액 등 공제. 공제한도 있음 | • 무주택자, 일정기준 이하의 주택 1채 소유자 등 기준 만족 |
| 기부금 | 이재민, 불우이웃, 사립학교 등에 대한 기부금. 한도 있음 | 사업자도 가능<br>(사업소득 등 경비) |

**주** : 2010년 기준.

함)의 이자와 할인액 등을 말하며, 배당이란 주식보유를 통해 받게 되는 이익이나 잉여금의 배당 등을 말한다. 이 금융소득은 본래 분리과세(2010년 기준 세율 14%) 되고 있지만 만일 4,000만 원을 초과하는 경우 이 초과금에 대해서는 분리과세라는 일종의 혜택을 보류하고 종합소득에 합산시킴으로써 보다 높은 종합소득세가 적용되도록 하는 과세방식이다.

그런데 만일 세금의 산출결과 분리과세 되는 경우가 오히려 세금이 크다면 분리과세 방식으로 다시 돌아가서 과세를 하게 된다. 비과세상품들과 세금우대 금융상품의 경우는 여기에 해당되지 아니한다.

그 밖에도 우리나라의 경우 연금보험(10년 이상 가입)의 투자소득이나 상장주식과 채권의 자본이득에 대해서 비록 금융소득임에도 불구하고 과세를 하지 않고 있다. 한편 금융소득 중 장기채권(10년 이상)의 이자는 분리과세를 허용하고 있다.

## 3. 재산(부동산)관련 세금

소득세를 제외하고 다음으로 개인에게 밀접한 세금은 재산, 특히 부동산에 관한 세금이다. 부동산과 관련한 세금은 부동산재산의 취득단계, 보유단계, 그리고 처분단계 각각에 부과되고 있다(〈그림 24-4〉 참조).

현재 부동산재산에 대한 세금은 공시가격이 적용되는 보유단계를 제외하는 경우 모두 실제 거래가격을 중심으로 과세되고 있으나 필요한 경우 공시지가(토지), 기준시가(주택) 등 이른바 시가표준액이 동원되기도 한다. 다음의 내용은 부동산을 중심으로 부과되는 세금을 정리한 것이다.

### 1) 부동산의 취득단계

먼저 취득세는 과세표준(실제 취득가액)의 일정비율을 기준으로 취득부동산의 종류에 따라 각각 다른 세율이 부과되고 있다. 특히 고급주택이나 비주거용 별장 등에 대해서는 취득세가 매우 높다. 취득세의 일정 부분은 농어촌특별세(농특세)라는 명목하에 따로 부과된다.

등록세는 등기세라고도 불리며 부동산의 취득, 이전, 변경 등을 등기할 때 내는 세금이다. 등록세의 과세형태는 과세표준, 세율 측면에서 취득세와 유사하다.

한편 상속과 증여에 의해 부동산 등 재산을 취득하는 경우는 해당되는 상속세, 재산세가 부과된다.

### 2) 부동산의 보유단계

취득세와 등록세가 일회성 세금임에 비하여 재산세, 종합부동산세 등 보유단계의 세금은 매년 납부해야 할 세금이며 또한 세율이 점차 높아져 그 중요성이 부각되고

그림 24-4 » 부동산관련 주요 세금

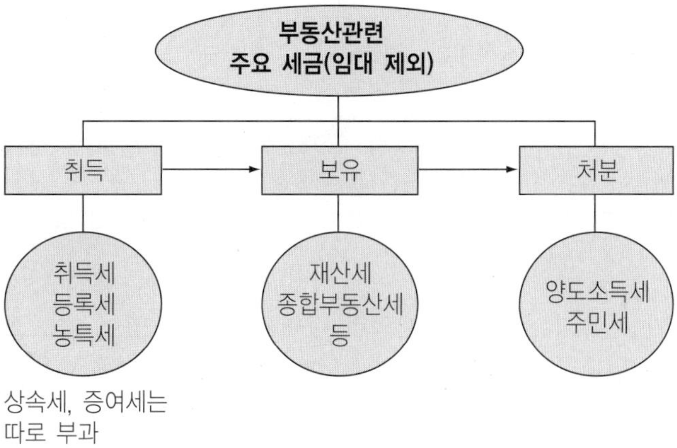


있다. 재산세는 모든 부동산을 그 대상으로 한다.

이에 반해 종합부동산세는 재산세와는 별도로 주택이나 나대지 등 특정부동산을 많이 보유하고 있는 세대에게 부과되는 세금이다. 다만 종합부동산세는 부동산의 시가표준액의 합이 일정금액을 초과하는 경우에만 추가적으로 부과된다.

재산세와 종합부동산세 모두 시가표준액이 커질수록 세율이 커지는 누진세율 방식을 취하고 있다. 그런데 재산세와 종합부동산세가 이중과세 되는 부분에 대해서는 재산세를 차감해주고 있다.

### 3) 부동산의 처분단계

부동산을 처분하는 경우 만일 원래 구매가격보다 매도가격이 높아 이른바 양도차익이 발생하였다면 이 양도소득에 대해 세금을 내야 한다. 그러나 양도소득에 대한 과세가 면제되는 여러 경우들이 있으며 〈표 24-5〉는 그 대표적인 예들을 보여준다.

〈표 24-5〉의 내용 중에서 1세대란 배우자 및 생계를 같이 하는 가족을 의미하는데 가족 구성원 중에서 30세 이상이거나 30세 미만일지라도 최저생계비 이상의 소득이 있는 경우, 그리고 결혼, 배우자 사망, 이혼의 경우는 따로 1세대를 구성할 수 있다.

표 24-5 » 양도소득세의 대표적 면제조건

| 면제 항목 | 내용 | 비고 |
|---|---|---|
| 1세대 1주택 | 단, 주거목적의 주택으로서 일정기간 이상 주택 보유 | 고가주택(일정금액 초과) 해당 없음 |
| 일시적 1세대 2주택 | 이사, 결혼, 동거봉양 등으로 인한 경우를 말함. 단, 일정기간 내에 처분해야 함 | 상속으로 인한 2주택의 경우 기존주택 처분시* |

*단, 비과세가 적용되는 기간조건을 갖춰야 하며 그때까지 처분하지 않아도 2주택으로 보지 않음.

비과세가 적용되는 경우를 제외한 나머지 경우에 있어 양도소득에 대해 부과되는 세율은 보유기간, 보유주택수 등의 기준에 따라 달라지는데 구체적인 세율은 계속 변동하고 있으므로 국세청 등의 홈페이지를 통한 지속적인 확인이 필요하다. 일반적으로 양도소득세율은 보유기간이 짧을수록, 보유주택수가 많을수록 세율이 커져서 부동산의 투기 가능성을 축소시키고자 하는 의도를 가지고 있다.

양도소득세의 계산과정은 다음과 같다.

그림 24-5» 양도소득세 계산과정

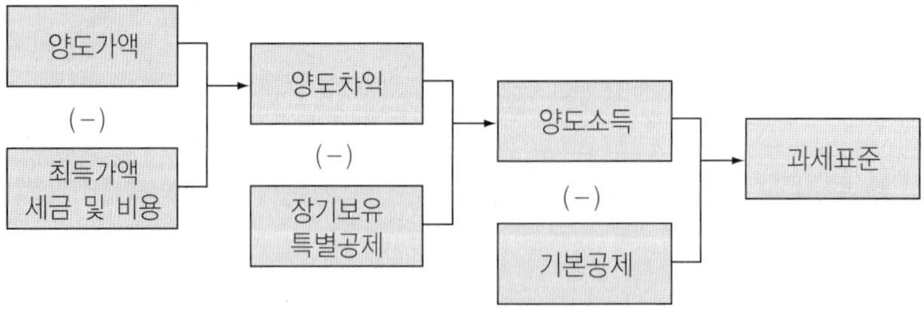


우선 부동산의 양도가액, 즉 매각금액에서 해당 부동산을 취득할 때 지불한 취득가액과 세금 등 각종 비용을 공제한 양도차익을 계산한다. 이 금액에서 두 가지 공제과정을 거치면 이른바 과세표준이 되는데 이 과세표준에 양도세율을 곱하게 된다.

그런데 공제는 보유기간에 따른 장기보유특별공제가 있고 일정금액이 공제되는 기본공제가 있다. 장기보유특별공제는 3년 이상 장기보유한 경우 양도차익의 일정부분을 공제해주는 것으로 1세대 2주택 이상 등의 경우에는 해당되지 않는다. 장기보유에 따른 특별공제비율 역시 자주 변동되는 경향이 있으므로 구체적으로 적용되는 수치는 국세청 등의 자료를 참고해야 한다.

한편 양도시점에서 가까운 기간 내에 양도소득 예정신고를 하는 경우 세액의 10%가 공제된다.

피상속인과 상속인 : 싱가포르 리틀인디언(Little Indian) 지역의 엄마와 아들

아버지의 덕행은 최상의 유산이다. - 서양 격언

아들이 유능하면 유산이 필요 없고, 무능하면 탕진한다.
- 영화배우 성룡(3,400억의 재산을 사회에 환원)

# 제 25 장

# 상속과 상속세 관리

# | 들 | 어 | 가 | 기 | 에 | 앞 | 서 |

상속세란 소득에 관한 세금으로 주로 부모가 자식에게 남긴 유산을 대상으로 하여 상속을 받은 사람(상속인)에게 부과되는 세금이다. 현재의 세법상 상속세금을 납부하게 되었다는 사실은 억 단위의 상당한 금액을 상속받았다는 것을 의미하며 따라서 세금에 대해 걱정해주기보다는 부러워해야 할 사안인지도 모른다.

당연히 상속이란 자식사랑의 전형적인 표현이다. 그러나 자식에게 필요한, 진실로 소중한 상속이란 과연 무엇일까?

사실 이 문제는 개인, 특히 어떤 자산을 상속해주는 피상속인의 가치관과 철학에 관한 문제이다. 따라서 정답이란 기본적으로 존재하지 않는다. 그러나 만일 개인자산관리의 입장에서 정리하라고 한다면 기본적인 재능교육 + 알파($\alpha$)이다. 먼저 인간이 기본적인 의식주문제와 함께 자아실현이라는 좀 더 성숙된 과제를 해결하기 위해서는 그 무엇인가를 사회에 제공해야 하고 그 무엇이 과연 무엇인지를 찾아주는 것, 이른바 기본 및 재능교육을 통해 인생항로를 밝혀주는 것은 절대적으로 부모의 역할을 필요로 한다. 이것은 마치 동물의 세계에서 갓 태어난 자식에게 사냥하는 법을 가르치는 어미의 모습과 같다. 다음으로 알파($\alpha$)란 무엇인가? 꿈, 거칠고 낯선 환경에서의 생존 및 도전정신, 낮고 겸허한 마음, 자신에 대한 긍정, 전 세계 모든 인종을 향한 열린 마음… 아무래도 유형의 재산보다는 무형의 자산들에 좀 더 가깝다.

## 1. 상속세의 내용과 계산절차

상속세란 재산을 가진 사람이 사망함에 따라 상속재산을 무상으로 받게 된 상속인이 내는 세금을 말한다. 우리나라의 상속세는 보면 간주상속재산을 포함하는 모든 상속재산을 지분을 가진 각각의 상속인에게 나눠주기 이전에 먼저 유산총액에 대해 세금을 계산한 다음 이 세금총액을 상속인 각각의 지분에 맞춰 배분과세하는 방식(유산과세형)을 취하고 있다.

상속세가 결정되는 전체적인 흐름을 먼저 보면, 우선 본래의(민법상) 상속재산 및 보험금 등의 간주상속재산 등이 모두 합쳐져서 상속재산의 크기가 결정된다.

다음에 채무 등을 비롯하여 각종 비용들이 차감되어 실질적인 상속재산 즉 상속세 과세가액이 도출되며, 이어서 다른 종류의 소득세 산출과정에서도 볼 수 있었던 각종 공제가 이루어진다. 공제에는 인적공제, 물적공제 등이 있다. 공제과정이 끝난 후 남는 금액이 이른바 과세표준이 되며, 여기에 상속세율을 곱함으로써 상속세 산출세액이 계산되고 기본적인 상속세가 결정된다.

그림 25-1» 상속세 계산의 흐름

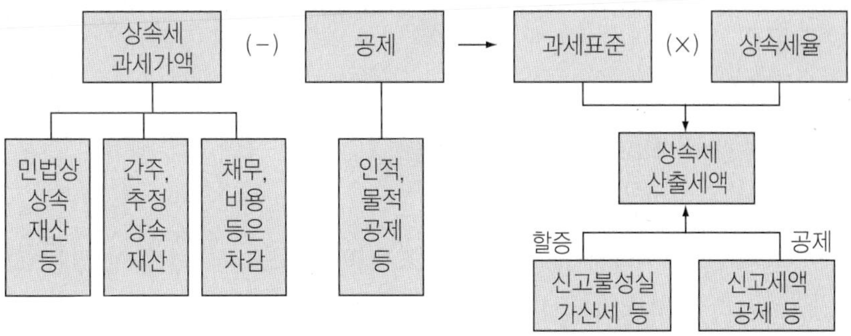

하지만 이후에도 몇 가지 상속세 공제 혹은 할증과정이 남아 있다. 대표적인 것이 할아버지의 유산이 자식을 거치지 않고 손자에게 직접 상속되는 경우의 세대생략상속 할증과세, 신고(납부)불성실 가산세, 그리고 신고세액공제 등이다. 참고로 상속세의 경우 상속세신고와 관련하여 일정기간(6개월)을 기준으로 신고소득공제(10%) 혹은 신고불성실가산세(20%) 중의 하나가 발생한다.

이상의 과정을 볼 때 상속세의 경우 제대로 세무계획을 하기 위해서는 과세대상이 되는 상속재산이 무엇이며 어떤 공제들이 있는지에 대해 자세히 알아야 할 필요가 있음을 알 수 있다.

## 2. 상속재산의 결정과 공제

상속재산은 금전으로 교환할 수 있는 경제적 가치가 있는 물건과 재산적 가치가 있는 권리를 말한다. 상속재산에 포함되는 항목은 크게 재산을 상속해주는 사람이 소유하고 있던 본래의 (민법상의) 상속재산과 간주상속재산, 그리고 추정상속재산 등으로 나눌 수 있다.

구체적으로 상속을 제공하는 사람(피상속인)의 사망 이후 비로소 그 재산의 가치가 확정되는 간주상속재산 중에는 보험금(유산제공 피보험자의 사망), 신탁재산, 퇴직금 등이 있고, 추정상속재산에는 용도가 불분명하여 상속재산으로 간주되는 재산처분액, 상속개시전 채무부담액 등이 있다. 그 밖에 사망시점 기준 10년 이내의 증여도 상속재산 속에 포함되는데 이때 합산되는 증여금액은 부동산일 경우 증여 당시의 가격(예를 들어 기준시가)이 된다.

한편 채무, 납부되지 않은 공과금(조세 및 공공요금 등) 등이 있는 경우 상속재산에서 차감되고 아울러 장례비용에 대해서도 일정금액을 한도로 차감해주도록 하고 있다. 상속세는 상속재산의 가치를 판단할 때 시가를 원칙으로 하고 있으나 시가산정이 어려운 경우 개별공시지가(토지)나 기준시가(건물 등) 적용도 가능하다.

그런데 상속세와 관련하여 가장 관심을 기울어야 하는 부분은 바로 기초공제, 배우자공제와 인적공제를 포함하는 공제 부분이다. 왜냐하면 상속세의 공제는 경우에 따라 상속세에 상당한 영향력을 미치기 때문이다.

다음 〈표 25-1〉에는 각종 인적공제 항목들을 정리해놓았다.

**표 25-1** 상속세관련 공제항목들(2010년 기준)

| 구분 | 공제항목 | 내용 및 공제금액 |
|---|---|---|
| 기초공제 | 일정금액(2억)은 조건 없이 공제 가능 | |
| 배우자공제 | 배우자 | Min(실상속액, 법정지분), 배우자 할당상속금의 크기에 관계없는 최소공제액 있음(상속포기시에도 해당) |
| 기타 인적공제 | 자녀 | 1인당 3천만 원. 동거 여부, 나이 불문 |
| | 미성년자 | 5백만×20세까지 연수. 단, 동거요 |
| | 연로자 | 60세 이상 연로자 해당. 1인당 3천만 원. 단, 동거요 |
| | 장애자 | 1인당 5백만×75세까지의 연수. 단, 동거요 |
| 일괄공제 | 배우자공제를 제외한 나머지 기초공제+기타 인적공제에 대해 일괄적으로 특정금액 공제 가능. 단, 배우자 혼자만 상속자일 경우는 제외 | |

참고로 위에서 언급한 세대생략상속의 경우는 일괄공제적용을 받을 수 없다.

기초 및 인적공제 외에도 물적공제가 있다. 물적공제에는 우선 금융재산공제가 있다. 이것은 예금, 적금, 부금, 채권, 수익증권, 어음, 보험금, 출자금 등의 금전 및 유가증권을 포함하는 금융재산이 상속재산에 들어 있는 경우 최하 2천만 원을 시작으로 하여 금융재산가액의 20%(단, 최대 2억)를 공제해주는 것을 말한다. 그 밖에 재해손실공제가 있는데 이것은 신고기한 내 발생한 화재, 자연재해로 말미암아 초래된 손실을 공제해주는 것이다.

## 3. 상속세 세율

〈표 25-2〉는 상속세 세율을 나타낸 것이다. 한편 상속세율 역시 변동 가능성이 있으며 이에 따라 지속적 확인작업이 필요하다.

**표 25-2 » 상속세 세율(증여세 세율도 동일)**

| 과세표준 | 세율 |
|---|---|
| 1억 원 이하 | 10% |
| 1억−5억 원 이하 | 1,000만 원+1억 원 초과액의 20% |
| 5억−10억 원 이하 | 9,000만 원+5억 원 초과액의 30% |
| 10억−30억 원 이하 | 2억 4,000만 원+10억 원 초과액의 40% |
| 30억 원 초과 | 10억 4,000만 원+30억 초과액의 50% |

**주** : 2010년 기준.

# 제 26 장

# 증여 및 증여세 관리

# | 들 | 어 | 가 | 기 | 에 | 앞 | 서 |

증여란 경제적 가치가 있는 재산 등을 다른 사람에게 제공하는 행위이다. 물론 우리가 증여와 증여세를 논하는 경우 대부분 부모자식 간의 증여문제 그리고 이 증여에 따른 세금을 줄이는 문제를 다루게 된다. 궁극적으로 부모와 자식 간 재산의 이전이라는 결과를 낳는다는 것, 그리고 세금 역시 증여와 상속을 하나의 묶음 속에서 바라본다는 측면에서 두 가지는 서로 엮여 있으며 큰 재산을 가진 사람들은 증여와 상속에 따른 여러 사항을 저울질하게 된다.

한편 우리는 미국 등 선진국에서 증여가 타인 간에 이루어지는 경우를 종종 듣게 된다. 물론 세제혜택 등을 통해 복지기관 등에 대한 기여 등 사회적 선을 위한 증여를 장려하고 있기도 하지만 이러한 증여는 좀 더 현실적인 측면에서 봤을 때 '부'에 대한 질시와 반감을 줄임으로써 '부' 자체가 가지는 효용을 더욱 크게 할 수 있는 소지를 만든다고도 볼 수 있다. 이처럼 타인 간 증여는 개인의 행복감 제고라는 측면에서 개인자산관리상 바람직한 행위이다. 구체적으로 봤을 때 우선 증여를 하는 순간 상대방의 감사를 통해 그 돈의 가치에 해당하는 만족감을 얻는다. 다음으로 죽음이라는 피할 수 없는 문제를 고려했을 때 상속이 아닌 생전의 증여는 이른바 마음을 '비우는' 행위를 통해 죽음이라는 무거운 현실을 좀 더 가볍게 받아들일 수 있는 여건을 제공할 수 있다.

증여와 증여세 :
싱가포르 거리의 악사와 그에게 증여하는 한 외국인

## 1. 증여세의 내용과 계산절차

증여세는 상속세와 마찬가지로 무상으로 받게 된 재산에 대해 그 취득자가 납부해야 할 세금을 말한다. 증여세는 상속세와 달리 매년 부과되고 또한 공제금액이 상대적으로 크지 않다는 차이점이 있지만 세율이나 기타 과세 측면에서 상속세와 거의 동일한 내용을 담고 있다. 왜냐하면 실제적으로 아무런 혈연관계가 없는 타인에 의한 증여가 드물다고 할 때 상속과 증여는 사망 이전 혹은 이후냐의 시간적 차이만 있을 뿐 재산의 이전이라는 결과는 같기 때문이다.

증여세는 기본적으로 사전증여를 통한 상속세의 회피방지라는 목적을 달성하고 있다. 그리고 한 단계 더 나아가 〈그림 26-1〉에서 보는 바와 같이 계속적인 공제한도 내의 증여를 통한 상속세 축소를 방지할 수 있는 장치까지 가지고 있다. 그것은 10년 내에 동일인으로부터 재차 증여된 금액은 모두 합산하여 증여세 납부 여부를 결정한다는 것이다.

그림 26-1» 증여세 계산의 흐름

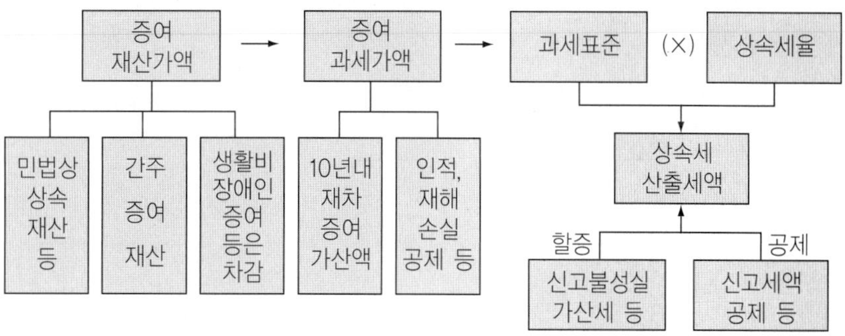


예를 들어 기존의 누적 증여금액이 공제한도 내의 금액이어서 증여세를 내지 않았더라도 추가적인 증여가 있을 경우 이것을 기존 증여액에 합산하여 증여세 공제 초

과분을 과세가액에 포함시키는 것이다.

이처럼 10년 내 증여금액 전체에 대한 증여세 정리과정은 계속되는데 만일 증여제공자가 사망하고 증여를 받던 사람에게 상속재산이 넘어오는 경우 이제는 증여세와 상속세가 서로 만나는 접점이 발생한다. 즉, 10년 이내의 기존 증여금액이 상속재산에 합산되어 기존에 받은 증여금액에 대한 최종정리가 이루어지는 것이다.

## 2. 증여재산의 결정과 공제

증여재산으로는 본래의 증여재산과 증여재산으로 간주할 수 있는 간주증여재산이 있다. 간주증여재산은 보험계약자와 보험수익자가 각각 다른 보험금, 채무면제, 혈연관계 등을 통해 현저히 낮은 이자율로 빌린 경우 이자액 차이, 저가로 인수한 재산(이른바 의제증여재산) 등이 있고, 이외에도 배우자 등에게 양도한 재산, 출처가 불분명한 재산취득자금 등 역시 간주증여재산에 속한다.

그러나 현재 증여재산의 정의는 특정항목에 국한되지 아니하며 완전포괄주의 원칙에 따라 "행위 또는 거래의 명칭 · 형식 · 목적 등에 불구하고 유 · 무형의 재산을 타인에게 무상 또는 현저하게 저렴한 대가로 이전하거나 타인의 기여에 의하여 재산가치를 증가시키는 경우"의 재산을 가리킨다.

증여재산에 대한 공제액 역시 변동이 많은 부분이므로 국세청 홈페이지 등을 통해 지속적 확인이 필요하다.

## ■저자 소개


### 신종욱

- 연세대학교 중어중문학과 졸업
- 미 Temple 대학교 보험계리학(Actuarial Science) 석사
- 미 Temple 대학교 경영학 박사(기업연금 전공)
- 현 협성대학교 금융보험학과 교수
- 전 사립학교교직원연금관리공단 운영위원, 자산운용위원
- 모세은퇴경영연구소(www.likemoses.com) 연구소장


### 저서

『노후에 자식보다 든든한 연금재테크』, 2006, 국일증권경제연구소

저자와의
협의하에
인지생략


"행복시대"를 위한 **개인자산관리의 이해**

2007년 4월 15일 초판 인쇄
2011년 8월 20일 2판 인쇄
2013년 8월 20일 2판 2쇄 발행

저 자 : 신 종 욱
발행인 : 정 광 식

발행처 : **비앤엠북스**

서울시 금천구 가산동 319번지(호서대벤처타워 B1-103)
등 록 2004. 12. 29. / 제313-2004-00298호
전 화 2627-5710~12, 팩스 2627-5720
홈페이지 www.대학교재.net
이 메 일 bnmbook@daum.net





정가 22,000원 ISBN 978-89-91879-94-2